U0506687

民间记忆

《老照片》编辑部 编

山东画报出版社
济南

图书在版编目（CIP）数据

《老照片》精选集. 卷二. 肆, 民间记忆 / 《老照片》编辑部编. -- 济南 : 山东画报出版社, 2025. 3.
ISBN 978-7-5474-4801-4

Ⅰ. K260.6

中国国家版本馆 CIP 数据核字第 2024DR2437 号

MINJIAN JIYI

民间记忆

《老照片》编辑部 编

策　　划　冯克力
责任编辑　王伟辰
装帧设计　王　芳　丁文婧

出 版 人　张晓东
主管单位　山东出版传媒股份有限公司
出版发行　山东画报出版社
　　社　　址　济南市市中区舜耕路517号　邮编　250003
　　电　　话　总编室（0531）82098472
　　　　　　　市场部（0531）82098479
　　网　　址　http://www.hbcbs.com.cn
　　电子信箱　hbcb@sdpress.com.cn
印　　刷　山东临沂新华印刷物流集团有限责任公司
规　　格　160毫米×230毫米　32开
　　15印张　348幅图　300千字
版　　次　2025年3月第1版
印　　次　2025年3月第1次印刷
书　　号　ISBN 978-7-5474-4801-4
定　　价　98.00元

出版说明

问世于1996年底的《老照片》，向以“定格历史，收藏记忆”为宗旨，勉力观照百多年来人类的生存与发展。经累年出版，已然成一回眸过往的窗口、民间史述的平台。

2017年，值《老照片》出版二十年之际，编辑部曾编纂了一套《老照片》精选集，包括《重回现场》《风物流变》《名人身影》《民间记忆》四种，系从已出版的第1辑至第110辑《老照片》里甄选而成。

这次推出的四种同名精选集，乃其续编，故以“精选集·卷二”名之。所选篇目，悉出自第111辑至第150辑《老照片》。

今后，随着《老照片》丛书的陆续出版，未来或有“精选集”之卷三、卷四……相继推出，亦未可知。

《老照片》编辑部

2025年1月

目　录

一百年前的毕业证

王亚新

日前，去太原博物馆观摩“2018 太原·故宫文物展”，其中两张直隶农务学堂的照片引起我的关注：其一，直隶农务学堂农具库（图 1）；其二，直隶农务学堂春耕教种（图 2）。照片的文字说明是：“光绪二十八年（1902）十一月，直隶农务学堂由直隶农务总局筹备成立，三十年（1904）改为高等农业学堂，是我国最早的高等农业学堂。”在这两张照片前，笔者徘徊踌躇多时迟迟不忍离去，因为这些内容唤醒了我对祖父历史的一段回忆。

祖父王硕臣，字翰卿，直隶（今河北）遵化县南岗村人。生于清光绪二十一年（1895），故于 1962 年 11 月，终年六十七岁。祖父在青年求学时期与直隶农务学堂有过不浅的缘分。因祖父去世时笔者尚未出生，而父亲在世时很少和我们姐弟提及祖父的事，只知道他是学农出身，但什么时间，毕业于哪所学校我们并不了解。还是在父亲去世后，母亲整理他的遗物时，找到一个大纸袋，里面装着祖父、父亲、大姑的四张民国年间的毕业证，其中祖父的毕业证就有两张（图 3、图 4）。这才搞清楚原来祖父毕业于直隶公立农业专门学校。但有很长一段时间，我也并不了解直隶农专的历史渊源。后来山西省图书馆在太原市文源巷的书库对读者开放了，有几年，周末下午没事的时候，就去图书馆转转。也许是天意，2004 年 8 月 28 日下午，在省图某书库的最下层，无意中找到一本民国二十五年（1936）出的《河北省立农学院一览》（图 5）。封面题字者是中国科举时代的最后一位状元刘春霖老先生。在该书第 188 页上“历年毕业生名录”中，找到了祖父的名字（图 6）。也是从这本书以及《河北教育大事记》中，我才搞明白中国最早的高等农业

图 1　20 世纪初，直隶农务学堂农具库

图 2　20 世纪初，直隶农务学堂春耕教种

畢業證書

學生王碩臣係直隸省遵化縣
人現年二十四歲在本校甲種蠶學本
科修業期滿考查成績及格准
予畢業此證

直隸公立農業專門學校校長郝元溥

中華民國八年七月　日

图 3　祖父民国八年（1919）的蚕科毕业证

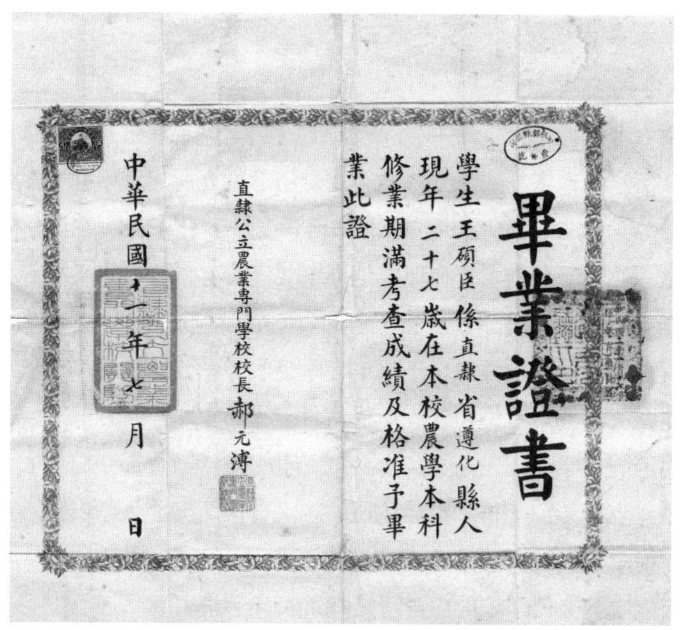

畢業證書

學生王碩臣係直隸省遵化縣人
現年二十七歲在本校農學本科
修業期滿考查成績及格准予畢
業此證

直隸公立農業專門學校校長郝元溥

中華民國十一年七月　日

图 4　祖父民国十一年（1922）的农科毕业证

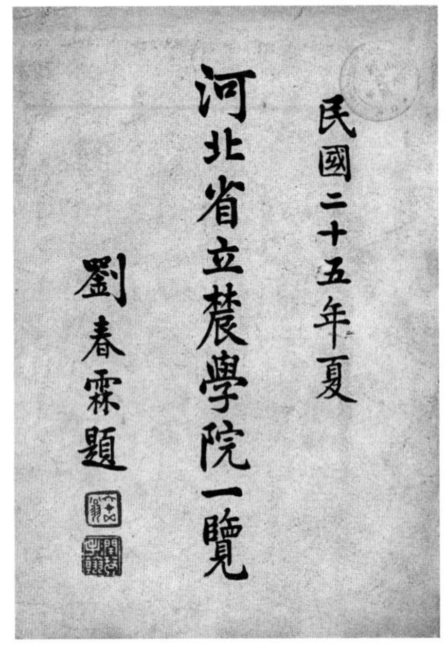

图 5 《河北省立农学院一览》，题名人为末代状元刘春霖

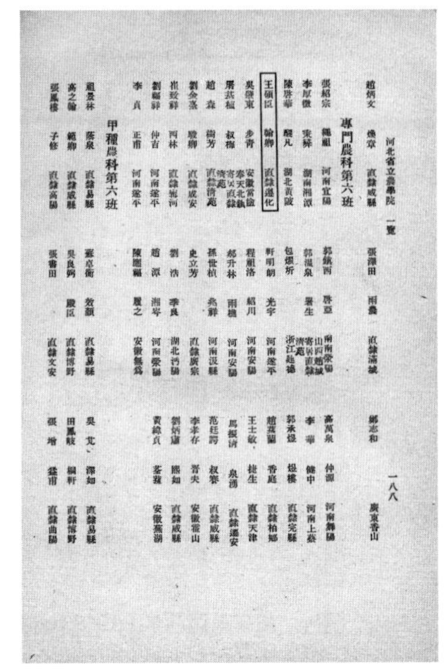
河北省立農學院一覽 一八八

趙炳文 煥章 直隸威縣	張澤田 雨農 直隸滿城	鄭志和 廣東香山

專門農科第六班

張紹宗 繩祖 河南宜陽	郭鎮西 啓亞 河南滎陽	高萬泉 仲源 河南舞陽
李厚徵 棐舜 湖南湘潭	郭溫泉 譽生 山西趙城寄居直隸	李華 健中 河南上蔡
陳啓華 醒凡 湖北黃陂	包爆圻 浙江建德寄居清苑	郭承煜 煜樓 直隸完縣
王碩臣 輪卿 直隸遵化	軒明朗 光宇 河南遂平	趙茂園 香庭 直隸柏鄉
吳維東 步青 安徽當塗	程顯洛 紹川 河南安陽	王士敏 捷生 直隸天津
馮其楨 叔梅 奉天北鎮寄居直隸	郝升林 雨樵 河南安陽	馬振濟 泉湧 直隸遷安
趙森 樹芳 直隸清苑	孫世楨 兆祥 河南汲縣	范廷琮 叔篆 直隸威縣
劉余亭 駿卿 直隸威安	史立芳 直隸廣宗	李季存 晉夫 安徽霍山
崔致祥 西林 直隸寧河	劉浩 季良 湖北沔陽	劉炳庸 熙如 直隸威縣
劉福祥 仲吉 河南遂平	趙源 湘琴 河南滎陽	黃緯貞 荃蓀 安徽蕪湖
李貞 正甫 河南遂平	陳應福 履之 安徽無爲	

甲種農科第六班

祖景林 蔭泉 直隸易縣	蘇卓衡 效顏 直隸易縣	吳艾 澤如 直隸易縣
高之綸 範卿 直隸威縣	吳良炳 殿臣 直隸博野	田鳳岐 桐軒 直隸博野
張鳳樓 子修 直隸高陽	張書田 直隸文安	張增 益甫 直隸曲陽

图 6 毕业班级中祖父名字和籍贯

学堂直隶农务学堂的来龙去脉。清光绪二十八年（1902），直隶总督袁世凯在天津、保定两地恢复和新办各类新式专门学堂九所，其中在天津恢复天津头等、二等学堂（北洋大学堂）、北洋西学堂。新建了北洋军医学堂、北洋工艺学堂、北洋警务学堂；在保定创办了北洋将弁学堂、直隶高等学堂、直隶师范学堂、直隶农务学堂。据《河北省立农学院一览》：“光绪二十八年五月，直督袁世凯创设农务局于保定，附设农务学堂及试验场。派黄憬为总办，李兆蓝为提调。”设预备、速成两科。光绪三十年（1904）遵部令改名为直隶高等农业学堂，民国元年（1912）十一月奉教育部令高等农业学堂改称直隶公立农业专门学校。以后这所学校又曾改为河北大学农科、河北省立农学院、河北农学院，1958 年后改名为河北农业大学。依上可见，祖父毕业的直隶公立农业专门学校的前身就是直隶农务学堂。

农务学堂从初创到农业专门学校时期，有农学、蚕学和林学三个专业。

图 7　中年时代的祖父

查《河北省立农学院一览》，民国四年（1915）八月，招收甲种蚕学预科第一班；民国五年（1916）八月，蚕学第一班升入本科；民国八年（1919），蚕科第一班毕业。祖父在该校拿到的第一张毕业证即是民国八年（1919）“在本校甲种蚕学本科修业期满考查成绩及格准予毕业”的证书，为蚕科第一班（图 3）。民国八年（1919）距今已整整一百年了，真令人感慨系之。拿到蚕学毕业证，祖父向学的劲头似乎意犹未尽，又于毕业当年的次月即民国八年（1919）八月再考入本校专门农科第六班学习。三年后，民国十一年（1922）毕业，拿到了农学毕业证（图 4）。不知是何原因，《河北省立农学院一览》一书中，蚕科第一班毕业生名单中，将祖父的名字遗漏了。从民国四年（1915）到民国十一年（1922），从二十岁到二十七岁，祖父足足有七年时间是在直隶公立农业专门学校度过的，拿到了两个专业的毕业证，像他这样的人在那个年代总是不多见的吧！

图 8　20 世纪 50 年代初，前排左起依次为祖母和祖父，后排左起依次为父亲、母亲和小姑

祖父自毕业后就单身一人在北京、唐山、保定地区工作，虽然回家的时间不多，但他给家乡和亲人们带来的积极影响是显而易见的。据大姑晚年回忆，父亲工作后回到村里教村民们要天天刷牙、洗脚（当年风俗，人一生只在新婚和死亡时洗两次脚），妇女要理发。为本族子弟增长见识，祖父给家里购置了很多书籍，还给家里订了份《申报》。祖父学农，一生勤勉，我家里曾存有多本他生前所写的观察日记，记录非常详尽，晚年尽管因为生病而致视力不佳且手又颤抖，都没停止写作。

祖父一生做过的职业不外两种，不是在农场做技术员就是在中学教书。抗战胜利后到 1948 年 11 月一直在保定农场工作，之后被分配至保定联中，

图 9　晚年的祖父

1949 年 2 月又被安排到保定女子中学做生物教员。1957 年“反右运动”中，据大姑说，祖父因为对当时红极一时的李森科学派谈了点不同看法而被加“右派”之冠。50 年代大姑在北京工作，有更多的机会回保定探视父母，况且她是 40 年代末北大农学院农学系的毕业生，与祖父所学一致，她说的话我想应该是可信的。从祖父生前留下的材料看，他最自豪的一件事是从未参加过任何政党或组织。谁能想到这样一个谨小慎微的人，晚年却摔了如此大的跟头，心情之抑郁苦闷可想而知（图 9），直到去世都未能摘帽。

（原载《老照片》第 129 辑，2020 年 2 月出版）

出身名门的母亲

穆 公

避难东瀛的日子

1911 年 5 月，华夏大地正处在一个非常时期，清政府濒临垮台。就在此时，北京的一座四合院里一个女婴呱呱坠地，她就是我的母亲刘厚端（字初容）。

母亲的出生，给这个书香门第带来了许多欢乐。母亲的祖父是著名小说家《老残游记》的作者刘鹗（铁云），母亲的外公是国学大师罗振玉（雪堂）。刘、罗二人在甲骨文的发现和研究上有着开先河的功绩，在其他方面也作出过卓越贡献。母亲的生父是刘鹗第四子刘大绅（季英），一位赴日留学生；生母是罗振玉的长女罗孝则（孟实），端庄贤淑的大家闺秀。母亲作为家学渊源深远家庭的长女，自小就受到家人和亲朋的宠爱，也深受中国传统文化的熏陶。

是年，由于国内时局动荡，罗振玉接受了日本朋友的建议，于 10 月初携带家眷赴日本避难。据《罗振玉年谱》第 43 页记载，“时乡人（即罗振玉）与王（即王国维）、刘（乡人长婿刘季缨）三家上下约二十人”东渡。在天津上船时“船舱已满，权栖货舱中，途中风浪恶，七日乃达神户”。母亲此时出生仅五个月左右，就经历了远赴异国他乡的长途跋涉，不知是否预示着她一生的坎坷？

母亲一家在日本京都时，起初居于田中村，后来移至神乐冈，再后来罗振玉购地自建永慕园楼房四楹、书仓一所。此后，罗、王、刘、罗四家“比

图 1　母亲年轻时

舍相居，隔篱呼答，皆作乡音”（此时，罗弟振常亦携眷东来）。虽侨居异国，却有“世外桃源”之感。大人们都忙着研究学问，孩童们也避免了战乱之扰。母亲在日本时期，玩伴甚多，除胞兄厚滋外，还有罗振常家庄、静、慧三姐妹，王国维家潜明、纪明两兄弟，以及在日本出生的罗继祖（罗振玉长孙）等。

四年后（1915 年）季英公偕眷归国，母亲随父母先后在上海、天津、北京多地居住。

私塾读了八年

母亲从来没有进过洋学堂，她在填写履历时总是带着调侃的口吻说：“我的学历是八年私塾。”

其实，那时洋学堂已有所开办，倡导者就是有中国现代教育之父称号的罗振玉，他首创了中文的《教育世界》刊物，创办了苏州师范学堂……然而，雪堂公对自己孙辈上洋学堂却有着不可理解的抵触想法。他的长孙罗继祖也没有上过洋学堂，一直带在身边培养教育。继祖的父亲罗福成对儿子上洋学堂也持否定态度。母亲作为罗振玉的第一个孙辈——长外孙女，不让她进洋学堂自是必然，而且很可能这就是罗振玉的“旨意”吧。

据笔者所知，母亲青少年时期与外公家交往甚密。我手头有多幅照片，可以证明。如母亲与罗振玉长孙女罗瑜（完白）的合影，与罗振玉夫人丁氏及女眷们的合影，与罗振玉的三女罗孝纯、五媳商静宜、侄女罗守巽一起游旅顺口的合影等。从照片上看母亲容貌姣好，衣着得体，生活是相当富裕的。

母亲的学历是“私塾八年”。按一般推测，六岁入塾，学八年即十四岁，正是母亲的儿童少年时期。母亲的私塾老师是谁？已无从考究，但她的儿时闺蜜堂姨母罗守巽晚年回忆时曾说，自己的老师是宣雨苍，也许母亲与堂姨母是同窗学友吧。八年私塾相当于现在什么文化程度？按年头算应是初二、初三，但从实际看，其数理化肯定达不到初中水平，而文史哲知识肯定高于现在的高中水准，甚至更高。据舅舅们说母亲会作诗，但已无觅处。令母亲终生遗憾的是家里六兄妹，除自己以外都是大学本科学历，三哥和四弟还是研究生，唯母亲是私塾生，不知这应怪谁？

母亲十六岁生日时，拍了一张划船的照片。厚滋舅为此题诗二首，正是她少年时快乐悠闲生活的写照：

谁说神仙事渺茫，人间何必感沧桑；乘槎从此寻天女，洗盏银河泛寿觞。

淡然空水绿空蒙，小艇兰桨系缆红；疑共神仙飞去也，翻身却在画图中。

相夫教子为人妻

母亲是在 1933 年结婚的，时年二十二岁。婚礼在天津举行，场面宏大热闹，不逊于现代婚礼。笔者手头的一张结婚照就足以说明。

父亲朱慰泰（字右民，又字守一）是江苏泰兴人，1912 年生，家道还算

图 2　后排自左至右依次为商静宜、罗孝纯、母亲、罗守巽、罗瑜，前排罗振玉夫人丁氏与她的孙子

殷实，朱家是泰兴四大姓之一，在城里开有钱庄，乡下还有土地。但父亲早年丧父，十余岁就只身北上，投靠天津舅父蔡仲琦，白天在金城银行当练习生，晚上在青年会学会计、英语。

母亲曾和我们说过老朱家提亲的事：她说男方第一次托人来说媒，被外婆罗孝则一口拒绝，理由是门户不当，嫌父亲家不是书香门第。后来知道是蔡仲琦的外甥，就松口了。蔡仲琦当时是华新纱厂的股东，家住天津山西路耀华里，也算是有身份的人家。但外公有个条件：不许相亲（即男女双方婚前不能见面）！还说：我家闺女样样都好，就是一个缺点，是大近视眼。只要你们同意，八字合上就算定了。其实，蔡舅爷爷早就打听到刘家大小姐纵不是天仙，也绝非残疾，一口应允。这就是我父母的包办婚姻经历。

母亲和父亲共同生活了三十多年，生下了我们七个兄弟姐妹。大姐朱骏四岁时因病夭折，其余六人均长大成人。大哥椿龄，因属牛，小名叫大牛。其余三兄弟依次沿用，各为二牛、三牛、四牛。抗战胜利那年生下个女儿，

图3　父母婚礼

图 4　父母立照

初时叫美龄，意与宋美龄同名，新中国成立后改名梅龄。此女是大名鼎鼎妇产科专家林巧稚接生的，林为母亲做了结扎手术。不料人算不如天算，两年后又生下最小的九龄妹，那是 1947 年初夏。

劳其筋骨甘当工人

新中国成立前，父亲在北京太平保险公司供职，从小职员做起，一直当到襄理兼总稽核，收入较丰，足以养家糊口。母亲是全职太太，一边相夫教子，一边掌管家务。那时家里有一位保姆，姓赵，我们叫她赵妈。另一位男仆是人力车夫（后改蹬三轮车），也姓赵，我们就叫他拉车赵叔。但 1949 年后，保险公司倒闭，父亲失业，外公家经商失败，损失惨重。为谋求生路，父亲跟随外公一家南下，欲在苏州、杭州、上海等地谋职。几经波折，工作虽有了，但收入当然大不如前，甚至到了入不敷出的地步。为养活这一大家子，母亲只有靠变卖财物补贴家用。记得我上初一时，她托亲戚黄三舅到岳王路市场去卖东西，起初变卖首饰，后来卖物品，父亲的皮袍子、夜光表都卖了，再后来就变卖生活用品，连家里摆设的一对景泰蓝花瓶也卖了。记得我还到东坡路古旧书店去卖过一本《孔庙碑帖》。十多年下来家里穷得一塌糊涂，几近家徒四壁了。

母亲从小养尊处优，四体不勤，结婚后还是千手不动的大姑奶奶。我家南下后赵妈和赵叔都没有跟来，其实我们已雇不起佣人，一切家务都是母亲做。不会做就学，从洗衣吊水到买菜做饭，从收拾打扫到缝补衣衫，最让我们记忆深刻的是，母亲天天为全家倒马桶，那硕大的马桶先要从楼上拎到楼下，再穿过几道天井，拎到大门口，待农民兄弟粪车来倾倒后，还要当街把马桶刷干净。这对普通家庭妇女来说不算事，但对从小缺乏锻炼的母亲来说可谓是脱胎换骨的改造了。倒马桶这活儿母亲不愿让我们兄弟干，她觉得这是女人家做的事。

母亲受了我们的拖累，无法去工作，她就想法找活儿在家里干，挣点钱以补家用。

母亲年轻时学过绘画，会绣花，会缝纫。我手头有一本母亲的描花本，

图 5　母亲和学生陈波

本子有四开大，几百页厚，边上还编有英文字母。我记得抗战胜利后，她曾和朋友们合开过天襄女子工艺社，搞一些工艺品向国外销售，赚了点钱买了几台美国圣加缝纫机分给大家。那缝纫机是长梭的，比较老式，我家那台一直用到 20 世纪 50 年代中期才被淘汰。起初，母亲为别人缝补衣裤，做小孩的衣服。后来就自编讲义，教起了裁剪（母亲的裁剪讲义是我帮助刻版油印的）。她的学生主要是来自农村的女孩。记得有富阳的阿英，有象山的陈波，这些徒弟后来都在家乡成了万元户。母亲教裁剪是未经登记的，是私下的，但为生活所迫也只有明知故犯了。一天，家里来了一群人，自报家门说是工商局的，一顿责骂后就动手抬缝纫机。母亲心虚，自知理亏，无从反抗，眼睁睁地看着好不容易买的新缝纫机被没收，从此教学生裁剪的事再也不敢干了。

母亲凭着“八年私塾”文化底子，常常帮助居委会、居民小组做点事，居委会对她印象很好，知道她家庭困难，就介绍她去大众帽厂工作，当了一位名副其实的缝纫工，那是1958年“大跃进”时期。但好景不长，父亲病倒了，她只好重归家庭。父亲离世后，她才到居民区办的缝纫小组去工作，每月只有十几元工资。开始时做些简单的衣裤，后来专门锁扣眼兼记账开票。

图6　母亲与缝纫组同事合影

她十分喜爱这份工作，称缝纫组是“老来乐”“穷开心”。她很珍惜这份工作，直到母亲心脏病发作住进铁路医院抢救时，她还叮嘱我们兄弟，不要把她的工作辞掉。其实那时我家的经济情况已好转许多，六个孩子都有了工作，都成了家，不用母亲再去如此辛苦了。母亲在缝纫小组，一干就是二十年，她常常自豪地说：“我现在是工人阶级的一员了！”

母爱与孝心

母亲把我们六个孩子拉扯大，我们个个都争气。其中两个大学本科，两个师范毕业，一个高中，一个初中；从职称看，四个副高，一个中级，可谓“英出”了。母亲曾告诉我，她教育孩子就是四个字——“恩威并济”。确实如此，记得小时候在北京西京畿道 2 号住时，一天爸妈出门了，我们哥儿四个玩骑马打仗，武器就是老爸的红木手杖，结果把手杖柄把儿打掉了。爸妈回来后，罚我们跪，一溜儿地跪了四个，大约有半个小时，还是赵妈说情才饶了我们。罚跪好像是母亲最严厉的惩罚了。她没打过我们，我们有孩子了，她叮嘱我们“打小孩不能打头，只能打屁股”。还说“吃饭时别骂孩子”，“孩子哭时，别喝令不许哭”，等等。如今琢磨这些话均不无道理。我上初二以后，已成为家里的重要劳动力，挑水、背米等重活儿都是我干（因大哥在外地工作，后来又住校就读）。一天我和母亲去买米，看到有个老头儿卖胡琴（二胡），我不知怎么大了大胆子，向老妈提出买胡琴的要求。出乎我的意料，母亲竟答应了，花了三千元（旧币）。从此二胡成了我的好朋友，如今我已年近八旬，还会拉几下胡琴来娱乐晚年生活呢。母亲对几个孩子一视同仁，没有偏心谁。要说有偏心，小时候偏心老大，那是因为孩子少，“物”以稀为贵。我们长大后，母亲对老四柏龄、老小九龄多了些关爱，因为一个最早下乡支农，一个去宁夏插队落户，吃得苦头最多呗。20世纪六七十年代，是我们兄弟长身体，或初入职场的时期，也是国家和家庭经济最困难的时候，我常会感到胃里“刮”，总是饿，母亲就会给我开小灶，吃“养油蛋”。她把鸡蛋打进水里煮，蛋熟了放一小勺猪油、一点酱油，吃下养油蛋，胃里就舒服多了。我们哥儿四个都分别享受过母亲的小灶，“养油蛋”的滋味让我们终生难忘。

母亲既爱子女，也尊敬长辈。外公在世时，和我们住斜对门，几个舅舅都不在杭州，母亲每天都要向老人家请安，嘘寒问暖，有一点好吃的，首先想到的是外公。五舅厚祜有一首诗记录了母亲的这片孝心：

> 早晚趋庭问著书，中郎有女对门居；
> 盘飧每憾无兼味，瓶汲携来双鲤鱼。
> （原诗注：大人与伯姐共住杭之清波巷，对门而居，早晚趋庭，每以食淡为忧，一夕，携双鲤鱼来为大人佐膳。此五十年代事也。）

我家南迁时，奶奶留在天津叔叔家，爸妈十分挂念老人，但又无力奉养。母亲常和我们说，这是她的一块心病。还说等条件好些时，一定要接奶奶到杭州来住住。

图7　1950年春，老朱家全家福。摄于天津

图 8　父亲和叔叔

久病面前有贤妻

母亲的愿望被残酷的现实打破，壬寅年（1962）春节后突然接到父亲单位从上海发来的急电，说父亲因脑膜炎住进了医院。母亲交代我们几句，就只身去了上海。从此父亲的病反复发作，最后查出是患了恶性脑瘤，只有开刀一条路。1963 年父亲在上海华山医院做了开颅手术，那些年，母亲一直陪伴在父亲身边。父亲原租住在一个过街的阁楼上，上下楼要爬梯子，从地板上开的方洞进出。母亲那时身体已经发福，爬梯子十分不便；后来又租借了农民的平房，地面是泥地，屋内阴暗潮湿。在父亲生病期间，母亲不仅是全职太太，更是全职护工，要管吃喝拉撒，还要陪诊就医，煎药喂药，身体劳累还不算，精神负担尤其沉重。那时虽然我们三兄弟已经工作，但还有老四和老小两个在农村，梅龄还在上大学，月月前吃后空，还不完的债务。术后父亲在单位劝说下提早退职，回到杭州休养。一年后，父亲身体渐渐好转，生活基本能自理了。母亲催促父亲给奶奶写信报告平安，然而，脑子开过刀的人总不如常，行动也迟钝，信纸上写了许多“母亲大人”，再也写不下去了。母亲终于下了决心，让父亲到北方去了一趟，了却父亲和自己十余年的心愿。但因经济原因，出不起路费，母亲无法陪伴。只好一路上安排亲友逐段接站送行。父亲经过上海、南京，终于到达天津见到奶奶、舅爷爷和叔叔一家，了却了十余年的夙愿。

1968 年 11 月父亲因脑癌复发，离我们而去，母亲悲痛欲绝，写下这样的挽联：

卅余年结发恩情　奈泪尽牛衣　方盼到儿孙贤孝　满期共乐桑榆　朝露溘然君竟去

整五载沉疴痛楚　忆缠绵病榻　最难忘开眼吞声　纵有他生缘会　悼亡先赋我何堪

此联不仅表达了母亲对父亲的深厚情感，更展示了母亲深厚的古文功底。

“文革”中的遭遇

母亲的性格爽朗，办事果断，遇事时不失冷静，总能从容应对，娘家人都尊称她“大姑奶奶”。个中有尊敬，也有钦佩，当然有时也会是调侃，母亲总是一笑置之。

最让母亲难熬的日子应该是“文化大革命”初期了。1966 年红卫兵大破四旧，“横扫一切牛鬼蛇神”，杭州著名的灵隐寺都险些被砸。当时母亲在上海，闻风连夜赶回杭州来清理旧物。家里的古书、字画、旧照片不少，还有一些新中国成立前的股票凭证，等等。母亲和我一同处理“四旧”，卖的卖，烧的烧，撕的撕，毁的毁……当时，线装的四书五经当废纸卖二分钱一斤，收废品的人还不要书套，仅书套就剩了一大麻袋。家藏的《老残游记》二稿照片也当“四旧”撕了。最让老妈棘手的是祖上留下来的一些手抄本书籍，如刘鹗传下来的《周氏遗书》等。这些东西都是文物，毁坏就再不能传世了。老妈让我去文化局打听，让四弟到图书馆咨询，最后决定赠送给浙江图书馆，现在《周氏遗书》已编入浙江省善本书目，成为国内孤本。

母亲心里记挂着病中的父亲，第三天就赶回上海。后来得知，我单位的红卫兵那晚曾派员来我家“侦察”，只要楼上有什么动静，大队人马立即出动抄家。好险！那不堪回首的“文革”，让我永生难忘。

清理阶级队伍时，外调人员找上门要向我父亲了解情况。当时父亲旧病复发，脑子时清时浑，两手不停地“抓空”。母亲对外调人员说：“他糊涂了，你们有问题就问我好了。”外调人员哼了一声道：“你们刘家没有一个好东西！”表示对母亲不信任。母亲说：“那就请便吧！”外调人员问了个把小时，没问出一点东西来，只好悻悻地走了。母亲的好心被人当成驴肝肺，她会反感是自然的。

大哥是南京的造反派头头，曾被打成“五一六分子”，两度关进监狱。

图 9 “文革”中的合影。前排老爸和老妈，后排右一笔者妻子立宁、右二笔者、右三笔者儿子朱宏、左一小妹九龄

从娃娃桥转到老虎桥，前后达两年之久。南京的军管人员还到杭州来抄家，说是查找枪支。毛兄弟（柏龄）也被莫名其妙地关进拘留所三个月，据说是有攻击“中央领导（‘四人帮’）”的言论，后来“四人帮”被揪，此事也不了了之。父亲最后一次发病，是因我和三弟参加造反派游行。邻居传言说游行发生武斗，打死了人，老爸听说心里一急就犯病了，一下子晕了过去，从此一蹶不振。

穷也要开心

母亲是个乐观的人，在沉重的生活压力下，她能保持良好心态，不怨天尤人，有时还会和我们开个玩笑，制造快乐。记得母亲在一次吃粽子时，误把咸盐当白糖，她没有隐瞒这次“事故”，反当笑话讲给我们听，逗得大家笑了半天。家里买不起零食，母亲就买些葵瓜子、番薯、螺蛳给我们吃，美其名为“穷人美”。母亲从不忌口，她爱吃肥肉，特别是自家做的四喜肉。母亲会抽烟，虽然烟瘾不大，但也不肯戒。到了晚年还照样吃肉照样抽烟，她说：“活着就好好享受，什么也不敢吃，做人有什么意思？”还说：“就算得心脏病，死起来快点儿，不会拖累你们子女。”

母亲的厨艺是不错的，平时做家常菜还显不出来。有一年，我单位同事轮流坐庄，请客吃饭。母亲为我出主意并亲自下厨烹饪，这顿饭吃得同事们夸了好几年。菜单是：狮子头、四喜肉、八宝菜、葱焖鱼，最后一道是“百鸟朝凤汤”。这几乎就是我家传统年夜饭的菜谱了。母亲做菜的手艺是向我外婆和我奶奶学来的，应属淮扬菜系。红烧狮子头又名“粘肉”，讲究的是肥而不腻，入口即化；四喜肉也叫“扒肉”，口味与做法和“东坡肉”相仿。“百鸟朝凤汤”就是鸡汤里下饺子，现代人都知道，但那时却鲜有人知。母亲还会做“霉黄豆”，把煮熟的黄豆放在蒲包里，再置于温暖的火炉旁边，十天左右，黄豆长毛了，发出特殊的香气就可吃了。吃时要放上佐料和麻油。但母亲没有把做臭豆子的诀窍传下来，真是可惜。母亲还会做苏北点心，如包饼和粯（xiàn）子粥，这是父亲的最爱，但父亲过世后再没有做过。

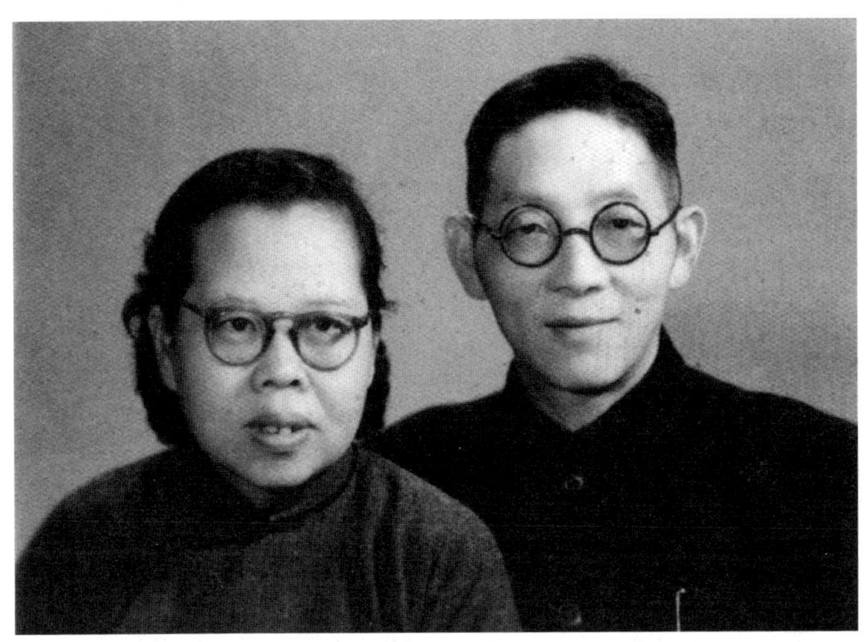

图 10　父母五十

母亲的信仰

我上初一时，学校发下一张表格要填写，其中有“宗教”一栏，我问母亲，这怎么填？母亲略想了一下说，你填“儒教”吧。我不懂儒教是什么，连儒字都不会写，母亲代我填了。从此“儒教”在我脑海里留下不灭的印象。

长大后，我才知道母亲真的是信奉“儒教”的。她所说的“儒教”，就是“儒教”的最后一个分支——太谷学派。母亲的祖父刘鹗、父亲刘大绅都是太谷学派的拜门弟子，一生信奉儒学，一生研学儒学，太谷学派已成为老刘家的家学，刘家的兄弟姐妹都是太谷学派的弟子，就连我们小时候，父母也教我们吟诵学派师长的诗作，如《登虎丘怀古》等。

母亲有空时常常吟诵学派诗文，还告诉我们危难时可背诵学派格言：“知天命知在躬……知太和之气知在性……”还说这是获得学派真传的钥匙。母亲笃信太谷学派，关照我们子女说父亲和她火化时，一定要在手心或衣袋里

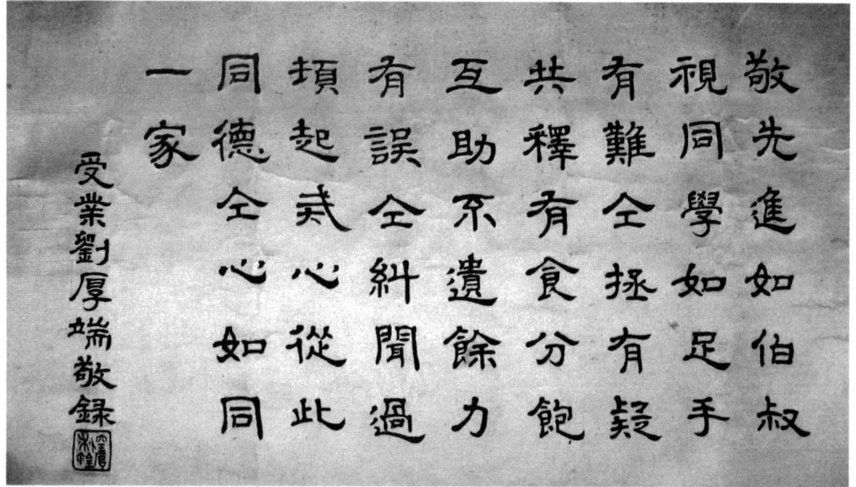

图 11　母亲所书太谷学派训言

放一小纸条，上书“归群弟子”字样，这样在天上就可以找到师门了。

母亲为敦促自己和家人修学，把学派训言绣成匾额悬于客厅上。训言是：“敬先进如伯叔，视同学如足手，有难同拯，有疑共释，有食分饱，互助不遗余力，有误同纠，闻过顿起戒心，从此同德同心如同一家。”这是门人弟子应遵守的道德规范。训言字体是隶书，母亲用黑色丝线一针针绣成，针法细密，宛如墨书。

我想，母亲的这一信仰就是她人生力量的源泉，不管是顺境还是逆境，她都会按师长的教导修身养性，待人接物。母亲的一生是平凡的，也是坦荡的，是值得尊敬的，是必须感恩的。母亲离开我们已经四十多年了，托她老的福，子孙们都安好，我们唯一的愿望就是：愿父母在天之灵能够安息。

（原载《老照片》第 116 辑，2017 年 12 月出版）

我的少年时光

何康 口述　何达 何迪 整理

“远游良多艰，壮心未能已”是父亲何遂十五岁时写的一首诗中的结尾两句。六十年后，他重抄此诗时，加了一段注：“此于 1903 年，由蜀返闽，舟过瞿塘所作。今已历六十年矣，以生平遭际一何近似乃尔。”回望一生，用父亲这首诗描述我的少年时光也是很恰当的。

一、父亲何遂

尽管父亲是福建人，但与北方，特别是河北结下了不解之缘。1907 年，他十九岁时以第一名的成绩考入了保定陆军随营军官学堂（后改为陆军大学）第二期，与来自直隶高阳的孙岳同班，并与他成为挚友，孙岳后来成为我大哥的干爹。就在这一年，父亲在孙岳家加入了中国同盟会。辛亥革命时，父亲作为北方革命党人、北洋第六镇统制吴禄贞的亲信参谋参加了起义，在石家庄截断了清廷南下的军火列车，有力地配合了武昌起义军的行动。1915 年，应北洋政府黎元洪的邀请，他回到北京，任陆军大学教官，后被派往欧洲观战二十个月。1922 年 4 月，直奉战争爆发，父亲作为十五混成旅旅长兼冀南镇守使（俗称大名镇守使，辖四十二个县）孙岳的参谋长，又回到了河北，驻守邯郸。1923 年 2 月 23 日（农历正月初八），我在大名降生了。在我满月的照片上，父亲写道：“小三以正月八日生，方面大耳巨头，目光耿然有神，啼声极大。命者云是富贵寿考相。年十八即当发轫，为社会英终其身，无蹇运也。”看来，父亲对我的出生与未来寄托了很大希望。

图 1　我满月时的照片。右为大哥何旭，左为二哥何鹏

母亲只管生孩子，自己不带，将我交给了从保定来的奶妈高爱带着。而父亲是个待不住的人，在我尚不记事的幼儿时他四处奔走，干了几件大事情。头一件是参与策划了 1924 年的北京政变，驱逐了贿选上台的总统曹锟，将小皇帝溥仪赶出了紫禁城，迎接了孙中山北上；第二件是当了一年北洋政府的航空署署长，开辟了西北的航线；第三件是受了蒋介石的委托，说服直系军阀靳云鹗等反水，配合了北伐，深得蒋介石的赞誉。

黄埔军校随北伐进展，一部先迁武汉，后去南京，在广州的校本部急需一位代行蒋介石校长、李济深副校长领导责任的代校务（即代理校长）。蒋介石在几位候选人中选派了父亲，于是 1928 年春天，我随父母来到了广州。我已经五岁，开始有了较清晰的记忆。那时家住广州长堤，父亲每天早上乘专用的小火轮到长岛上班，副官苏鸿恩总是跟着，另外还有警卫。我还没有上学，父亲喜欢带我去上班。记得一上码头不远就是学校大门，往左走是一幢有宽走廊的二层小楼，就是父亲办公的地方；进大门往右走，就是礼堂，父亲常常在礼堂里讲话。此时我在宽敞的校园里玩，礼堂对面的小山上有座

图 2　时任北洋政府航空署署长的父亲（左一），在开辟西北航线的飞机前和同事留影

图3　母亲陈坤立（左一）、父亲何遂（左二）带着五岁的我在黄埔军校，牵着我的手的是黄谦

亭子，是我常去的地方。父亲穿军装，有时也穿便服，我最熟悉的教官是黄谦，父亲称他菊生，福建人，黄家的孩子黄夏、黄宋，和我们弟兄都很熟，父亲总是把我托付给他。最严肃的是教育长李扬敬。所有的人包括汽艇上的水手都喜欢我，水手还满足了我提出的驾驶汽艇的要求。

这期间给我留下印象最深的事情是，父亲在办公室用脸盆盛墨，把白纸铺在地板上，用扫帚写下七个大字："和平奋斗救中国。"父亲很兴奋，先教我认字，又对我说："孙总理弥留之际还念叨这七个字，这是他最后的遗言！"这七个大字按原样，刻在了父亲主持兴建的孙总理纪念碑的东侧，也深深地刻在了我的头脑里。父亲还主持兴建了军校师生北伐阵亡烈士纪念碑、东征阵亡烈士纪念坊，坊中两米多高的碑文是他用颜体楷书书丹的。这些，至今仍为广州黄埔军校旧址中的盛景。

二、小学生活

大约在1929年秋天，父亲辞职不干了。我随父母先到上海接祖母（祖母本住在上海四叔何缵家里），然后回到北平住西城察院胡同 29 号老宅。我进入东铁匠胡同女师大附属小学开始上学。大哥、二哥仍在汇文中学读书。

家很大，前院南房是个大厅堂，前面有很高大的假山石，父亲在假山顶修了一个“慈恩塔”，供着祖母的青丝（头发），后院内宅房子很多。舅父陈裕时住在我家，他是清末湖北革命团体中最年长的同志，因为辛亥时期极力主张向袁世凯妥协，逼孙中山把临时大总统位子让给袁，引起众多党员（国民党员）的不满，袁称帝，他游说湖南汤芗铭、四川陈宧通电反袁。此后他对政治失去兴趣，当了居士。九一八事变后，他号召佛教徒抗日，当时是北平佛教协会的会长。他爱喝酒，经常在家里会见老朋友，还曾请过九世班禅到家住、开讲堂。父亲不管儿女，整天忙着考古，母亲忙着打牌，家中事均由祖母发号施令。为逃避祖母的监管，大哥、二哥经常住在湖北宜昌会馆。

1931 年，父母带我和妹妹先坐火车到郑州，转陇海线的专列，经三门峡、潼关至西安。我见一位全副武装的军官向迎上去的父亲行了一个军礼，叫了一声：“老师！”后来才知道他就是杨虎城。我们被安排住在菊花园，一个

图 4　黄埔军校苏制飞机前留影。右三为母亲，后面军人抱着的是我

图 5　父亲在黄埔军校和同事一起规划作战时的情形

四合院，杨虎城的家也住在菊花园，但他每天都坐车到西安新城去办公。杨夫人谢葆真（原名宝珍）漂亮而和蔼，杨的一个儿子杨拯民和我同班（小学三年级），每天有汽车送我们到学校上学。

父亲看上去公事不多，杨对他很好，有事情总是派车来接去新城，不是开会就是应酬吃饭。平常跟着父亲的有三个人：一个叫叶迺奇，教父亲画国画；一个叫贾班侯，帮父亲练字；另一个叫高尚穆，原本是卖古董的，专门陪父亲找古董，搞考古。

父亲的主要精力都放在画画、考古和旅游上，父亲多次带我登上西安古城，踏访“咸阳古道”，游乾陵、华清池，还去了一次终南山。父亲的游兴很浓，专门去寻找王宝钏等候薛平贵的寒窑，发现传说中的那地方立着一个旗杆，旗杆上拄着一个斗——木头制的圆东西；又专门去寻找项羽给刘邦设鸿门宴的地方，帐外也有斗。父亲还带我去了渭河边的一片古战场，暮色苍茫，驼铃阵阵，荒草漫漫，父亲让我在地上寻找箭镞。我居然真的找到了一个，青铜的，锈迹斑斑，我幼小的心中突然感到一抹苍凉。父亲的记忆力非常之好，不但古诗词，就是《左传》《战国策》等，也能成篇地背下来，他并不把我当孩子，而是满怀激情、滔滔不绝地讲着他的感受、他的见解，抒发他的感情。身处“大漠孤烟直，长河落日圆”的环境里，听着父亲激情的讲述，我常常感到内心里像种子遇到喜雨般，生发出对祖国广袤大地和悠久历史的热爱。

九一八事变打乱了我们全家人生活的节奏。大哥从沈阳逃回来，讲述了他在九一八事变中的经历，他像换了一个人，发疯一般投身学生抗日活动，他是我们弟兄的“领头羊”，二哥总是紧跟他走，我则跟着两个哥哥走。

他们多次带我去参加抗日集会，其中有叫“飞行集会”的，就是在热闹的大街上突然集会演讲、唱歌，警察一来，就一哄而散。大哥和二哥一人拉住我一只手，跑的时候，我感到真的是足不沾地。大哥、二哥经常在宜昌会馆里刻蜡版，印传单，有时塞给我一沓，让我到学校去散发。我就起个大早，到学校时教室里连一个人都没有，我就把传单一张张放进空着的课桌里。我学会了不少抗日歌曲、进步歌曲，我最爱唱的是《少年先锋队歌》，每天一觉醒来我就高唱：“走上前去啊！曙光在前……”我最喜欢的一句是：“通红的炉火烤干净了我们的血汗！”记得约在壬申年（1932）春节前后，父亲带着大哥到前线去慰问东北义勇军了。傍晚时分，家里突然闯入多名黑衣大汉，黑色的长衫、黑色的帽子，有的拿短枪，有的扛长枪。他们不由分说，把全家老小都赶到后院厨房旁边的一间储藏室里，说是要“借盘缠”。妈妈怀抱达弟护住祖母，很平静地说：“你们要钱财，家里的东西随便拿，但不能伤人，

图 6　父亲带我参加黄埔军校集会

伤了人你们一个也跑不了！”

大哥不在，二哥是年龄最大的，他想借敬烟去夺看守的枪，又想溜出去报警，都被母亲制止了。天黑下来，直到躲在外面的花把式（花匠）进来，才知道强人已经走了。母亲清点财物，发现只少了父亲在欧洲观战期间英国人发给他的一枚勋章，还有一只苏联代表团赠送给他的水晶盘子，我记得盘子里有一片绿叶，叶上有一只昆虫，工艺很细的。还有几件并不值钱的东西，

图 7　全家与祖母孙弄琴在慈恩塔前合影。祖母膝前为妹妹何嘉

显然这不是劫财。父亲接到电报回来，愤愤地说，这不是抢劫，是恐吓！后来透露出，来抢的人中有北平行营卫队中的人。从此家里多了几名保镖，走江湖的，会打拳，常在院子里一展拳脚。

1933 年热河失陷， 父亲已决定南迁，先让我去南京住在黄谦家里，由北平汇文小学转入南京白下路小学四年级，与黄宋同班，走读。那一年的暑假，全家人到庐山避暑。庐山有个“庐林书院”，是宋代朱熹的读书处，有几个学者在那里办学，既读四书五经，也读现代文，是寄宿制的，要求很严。父亲把我一个人放在了庐林书院，一个月后，全家人都走了。我无人管，一个人在那里天天读古文，“子曰：学而时习之，不亦说乎”，心里很是悲伤。那时祖母已随四叔住在上海，祖母喜欢跟四叔住，因为四叔会讨她的欢心。我直接给祖母写了一封信，讲自己在这里很孤单很苦，最后画了一个小人，跪在祖母面前。两三天后，我在溪水边洗完脸，回到教室正大念“子曰”，电报就来了，说父亲接到电报：“祖母病重，望康儿归。”于是我到了上海祖母身边。

三、马尾海军学校

此时，大哥和二哥都在上海。大哥考入了南京中央陆军军官学校第十期，二哥进入吴淞中学读书，我考入上海南洋模范中小学。从 1933 年暑假至 1935 年初，我都在南洋模范中小学读书，该校很严格，一律住校，每四个星期回家一天，学生不许在校吃零食，家里送来的东西一律放在训导处，每天下午四点，一个学生发四块饼干。学习方面，要求非常严格，五年级上学期，开始念英文。1935 年上学期，我考入了南京金陵中学初中一年级，这时全家已迁至普陀路四号。我上学不久，突然发烧，是肺病，于是休学。从 3 月到暑假，我到湖州莫干山四叔的别墅里养病。四叔很有钱，不但在上海、杭州有房子，在莫干山也有两幢别墅，姑姑、祖母都住在四叔家。此时，海军部要办所模仿英国朴次茅斯海军学校的福建马尾海军学校，从多省招收学生。海军部部长是陈绍宽，福建人，当年与父亲同去欧洲观战的海军上校，参加过英国和德国的海战。父亲从他那里获得消息时，福建的名额已经满了，我就用湖北（舅爹所在地）的名额、以贡噶活佛保送的名义参考。一共只收一百名学生，每个省两个名额，五十名学航海、五十名学轮机。考场就设在海军部里，考试由陈绍宽亲自主持，我有点近视，在测视力时，陈绍宽把我推前了几步，最后我考入了轮机班。学制八年，完全是英国式的，航海班念五年书，上舰实习三年；轮机班念六年半书，上舰实习一年半。考进去的学生军衔是上士，实习时是少尉，毕业时是中尉。毕业考前十名送英国朴次茅

图 8　父亲（右二）访鸿门宴旧址

斯海军学校深造。学校的地址就在福州马尾港，校名是“海军部海军军官学校”。我考取了轮机班，在家里一下子成了小英雄。按规定满十四岁才能参考，二十二岁毕业，当时我十三岁多一点，差一点。

记得是 1936 年 6 月出发，我剃了一个小光头，发了两套制服、衬衣、皮鞋、袜子、白色的包。两套制服中，一套属礼服，在检阅或举行重要活动时穿，另一套较差，平时穿，帽子是黑呢子的，帽檐外面有一道白色的箍。陈绍宽非常注重仪表，每一个铜扣子都要擦得锃亮。父母亲自送我去报到，几日后，我乘坐“通济”舰赴福州马尾港。“通济”舰是一艘练习舰，排水量一千九百吨，有高高的桅杆，动力为柴油机，时速十五海里。

我们住的船舱在甲板下，双层床，一个人发一个铁罐子放东西，四个人一间屋。早点名，晚点名，吃得也比较好。五十个人为一队，学生中有队长和副队长，教官是个上尉，姓蒋。刚开始在长江里航行，顺江而下，船行比较平稳。出了吴淞口，驶入大海，船便大摇起来，所有的学生都吐得不亦乐乎，我还算好的。走了三天，过舟山，到了马尾。马尾是个军港，学校就在军港的旁边，大门前有一棵大榕树，进门摆着一尊钢炮，一条长廊，房子是二层楼房，品字形，四方的院落。楼上住宿，楼下为教室。

校长是一名海军少将，姓李，训导主任叫周宪章，是个上校，是英国朴次茅斯海军学校毕业的。教官均为中校或少校，还有四名英国籍教官。学习和生活纪律都抓得很严，除了语文念古文、修身课念四书五经，几何、代数之类的数学课也要学，包括实验课都讲英文，授课的也多为英国教官。1936年8月末，学生到齐，分为一个个队，分别叫“成功队”“则徐队”“宗棠队”“继光队”等。学习抓得很严，每学年考两次。一般上午是文化课，下午游泳。刚开始在大游泳池游，而后乘运输舰到近海，在海里游。一年级五百米及格，每多游五百米，奖励大洋一元，游泳不及格便除名。每个星期天的上午整理内务，下午放假，可到马尾市里去吃一点米粉。一出校门就要换上礼服，每个铜扣子都要擦洗锃亮，皮鞋也要擦得锃亮。

四、向往延安

这期间，我在上海南洋模范中小学读书时的一位姓张的同学，家里是资本家，他寄了很多书报给我，我的大哥、二哥也不断寄一些报刊给我，所以我成了同学中消息最灵通的人。

1937年七七事变爆发，二哥寄来大量报刊，同学们得知消息，群情激愤，纷纷要求走出校门游行，表示支援抗战。校长对大家说：“这只是局部战争，相信上峰会妥善处理，你们都是学生，军校的学生就要安心学习，不得参与外面的各种活动。”

这时候，我与同学何世庚、赖坚组成了一个小社团，名叫“三人”，就用钢笔在稿纸上抄小字报，在同学中传阅，看到的人当然并不多。我们又发展了一个同学，叫谭毓枢。

八九月间，日本来空袭马尾军港，军港损失虽然不大，却吓坏了学校领导，因为学校就在军港旁边，他们觉得不安全，于是将全校迁到了离马尾约二十里路的鼓山涌泉寺。从此，我们便在涌泉寺大门口的场地上操练，用竹篾子挡住菩萨，在大庙的佛堂里上课了。

自从迁入涌泉寺，学校就很难管住学生了，一帮子小皮猴，有的学生挤

图 9　父亲（山上居中者）与义勇军将领冯占海（山下居中者）等合影

到和尚身边去打坐，还可以混上菜包子吃，和尚不敢惹这帮军哥，后来干脆蒸了包子送给军哥们吃。

校方的管理松弛了，学生们便满山遍野地开小会。此时，大哥、二哥还有上海的张同学不断寄来各种宣传抗日的材料，我发现其中有范长江的《塞上行》和《中国的西北角》，如获至宝，由此知道了在陕北有红军，这时的思想发生了明显的改变。从家庭方面说，由于父亲思想比较开明，家庭氛围是和谐而民主的。我读了一些托尔斯泰的小说，特别是《复活》，深受托尔斯泰“勿抗恶”思想的影响。而此时，我还读了讲述产业革命的图书，有了阶级的观念。在“三人”小团体中，何世庚家是城市贫民，父亲是个工人，很早就劳累而死了。他讲到他父亲死的时候，脸是蜡黄的，家徒四壁，墙也是蜡黄的。我便对阶级有了实际的感受，何世庚一家就是下层，而自己是生活在社会上层的，这就是社会的不平。我的思想朦朦胧胧开始从“勿抗恶”

图 10　父母带我们游过庐山、黄山、终南山等名山大川。坐者左起依次为大哥何旭、母亲陈坤立、二哥何鹏、父亲何遂抱着我

图 11　1936 年 6 月我复学了，当时是十三岁多一点

转向要革命，要改变不平，这是思想升华的一个起点，但不是很清晰。更为现实的是，学校不许学生抗日，而共产党是主张坚决抗日的，于是萌生了到延安去的想法。

这时，学生已经发了枪，每天要在大庙前面的广场上操练。下午不上课时，“三人”便跑到“渴水岩”开小会，抗战了，海军却上了山，我们不能再在这个学校待下去了。我们一致决定走，可如何走呢？学校有规定，考试不及格就开除。所以，我们决定到大考时罢考，交白卷，就可以名正言顺地走了。

我们开始做准备，考虑到北方冷，便把学校刚发下来的棉褥子里的新棉花抽了出来，买了布，准备到马尾城里一人做一件棉大衣。再把床上铺的被单刷上一层桐油和一层绿油漆，做成了绿油布。我与谭毓枢拿着东西，下山到马尾城里去找裁缝铺，刚好被队长看见，我们不顾阻拦地跑了。回来以后，就被叫到训导处，李校长和周教导主任对我说："你的父亲拜托过我们，你千万不要乱闹，犯了事，我们也帮不了你。"为此，学校以擅自离校为名，给了我和谭毓枢各记大过一次的处分。我们依旧每天只穿一件单衣，去爬山练脚力。

终于到了年终大考，我们原本准备故意考不及格，明明会答的题目，故意瞎答。考到最后一天，休息时，同学们唱起了抗日歌曲，队长是一个上尉，他抓住年纪最小的谭毓枢，怒斥道："为什么要扰乱考场！"说着就要拿竹尺子打谭，我立即冲上去，把竹尺子抢下来，大喊："不许打人，我们唱抗战歌曲有什么错！"那个上尉怒吼道："你怎么敢对长官这样？你出去！"

图 12　十五岁辍学共赴延安的同学再聚首。摄于 1960 年。前左赖坚、前右何进（何世庚）、后左何康、后右何澄石

图 13　从马尾海军学校跑出来后，找到在长沙外国语补习所的大哥何旭（右）和二哥何鹏

我说："出去就出去，我们不考了！"我愤然走出"教室"，好几个同学跟我一齐走了出来，罢考了。很快，学校就张贴公布告，说我临场犯规，侮辱师长，着即开除，限二十四小时以内离校。当天下午，我与谭毓枢、赖坚、何世庚等背上绿背包，高唱抗日歌，昂首挺胸，大步走下了鼓山。走到半山腰，听到教堂的钟声敲响了，这天正是 12 月 25 日，圣诞节。

我有一个叔叔住在福州苍前山，我们便先集中借住在他家两天。大家一算账，如果乘船坐车去武汉，钱根本不够，不满十五岁的我与谭毓枢年龄最小，就让我们两人乘船坐车去，赖坚与何世庚联络其他要去的同学共约十人，组成一个宣传队，步行去。

1937 年 12 月 28 日，我与谭毓枢乘装有发动机的平底木船从福州溯闽江直达水口，上面的河道就窄了，只能换乘小船，也是机器驱动的。到达南平后上岸，改乘汽车到建瓯，再换车到浦城，辗转到达江山。江山已属浙江，是浙赣路上的一个大站，我们一算账，发现买火车票的钱不够。不过，此时浙北的杭嘉湖已经失守，大批难民拥到这里，整个火车站乱成了一片，根本无法买票，谁有本事谁挤上车。我与谭毓枢带着四个包爬上了一列火车的车顶，火车一路上走走停停，开了两三天才到长沙。

我知道大哥二哥所在的外国语补习所已迁至长沙的岳麓山庄上课，便到那里找到了他们。大哥、二哥见到我很意外。我告诉他们，海军学校一打仗居然上了山，我们要抗日，准备到延安去。大哥二哥也觉得国难当头，再在后方学外语没有意义。于是在岳麓山住了两天后，他们和我俩一起从长沙乘火车前往武汉。由于突然咯血，母亲担心我肺病复发，将我扣在家中，第一次去延安的努力因此中辍。

五、“抗宣七队”

不久，大哥随父亲到郑州第一战区司令长官部，当了政训处处长李世璋的机要秘书；二哥则通过林伯渠的秘书林居先介绍，到延安进入了抗大第四期。父亲带我去汉口的租界中街八路军办事处，在这里我知道了“孩子剧团”，并于 1938 年春节加入了“拓荒剧社”。

我接到通知，带着简单的行李到武昌的育婴堂集合，同行的有我舅爹的女儿陈怀端（我叫她端姐）和谭毓枢，到了武昌育婴堂才知道，“拓荒剧社”已正式改为政治部第三厅下属的“抗宣七队”，后来更名为抗敌演剧第三队，归政治部第三厅领导。队长光未然（张光年）尚未到任，由副队长徐世津和另一个副队长王虹梓主持，在他们之后，赵辛生（赵寻）、彭后嵘也担任过副队长。队员里有很多人后来成为文艺界的知名人士，如人艺的著名演员田冲、胡宗温、胡丹沸、邬析零、史民、兰光、田雨、黎霞（后在山西牺牲了）、陈璧（陈怀端）、钱辛道（画家，日本留学生）等。后来，“抗宣七队”在光未然的带领下渡过黄河，奔赴延安。由此，光未然写下了著名的《黄河大合唱》的歌词，由邬析零担任指挥，“七队”在延安做了《黄河大合唱》的首场演出。

在“抗宣七队”里，我印象最深的是周德佑，他的父亲周苍柏是湖北武汉著名的银行家和实业家，也是剧团的主要资助者，捐了二千银元。周德佑参加“抗宣七队”时，只给父母留了一封信，可以看出他行事的果断。周德佑当时只有十八岁，却已是共产党员了，而且是徐世津的主要助手。他的姐姐周小燕是著名的歌唱家，哥哥周天佑是钢琴家。他见我与谭毓枢年纪小，

图 14　“抗宣七队”合影。后排右一是我，左一是胡宗温。我是宣传队里年龄最小的演员，胡宗温比我大三个月

对我们十分关照。

春节后，我们坐汽车从汉口出发，一路上雨雪纷纷，第一站是汤池（温泉），那里有一个共产党主持的训练班，负责人是陶铸。我们在训练班住了半个多月，听了形势报告等，一边政治学习，一边排练节目。生活上是实行共产主义，每个人带的钱全部交出，由负责生活和财务的副队长王虹梓管理，王虹梓的夫人汪霓也是队里的演员。每个人每月发两元零花钱，每天每人的菜金是一毛二分。这期间，周德佑主动借给我好几本书，有高尔基的《童年》、艾思奇的《大众哲学》、莱昂捷夫的《政治经济学教程》等，这些书完全把我吸引住了，连上厕所手里都攥着一本。

过了半个多月，我们进发到应城。应城有一个膏盐矿，竖井打入地下，一层石膏一层盐，把石膏采上来，把水注下去，盐溶于水，再把水吸上来，晾晒，浓缩，整制成一块一块的岩盐。矿主很有钱，听说是从武汉上面来的，给我们摆了丰盛的接风宴，而且把附近一座富丽堂皇的法国教堂的神父请出来作陪。看起来，他们的生活是很奢侈的，一个个都穿着缎子做的长袍马褂。可是工人的生活非常困苦，我和周德佑、谭毓枢都到一二百米深的膏盐矿看过，工人几乎是赤裸的，终日不见阳光，而且巷道低矮，直不起身子来。联想到矿主奢华的生活，内心产生了强烈的不平。这期间，我的思想发生了明显变化，进一步抛弃了"勿抗恶"的理念，产生了要起来反抗，改变社会不平的想法。

我们到应城的第一场演出，就是在膏盐矿，向工人宣传抗战的道理。后来，许多工人通过汤池政治训练班的培养，转到新四军去，有的成了新四军的骨干。

在应城待了约一个月，我们又去皂市继续演出。由皂市继续到六七十公里外的天门县（现天门市），正好赶上下雨，道路泥泞，全体团员艰难地步行了两天才到，住在一所学校的教室里，大家都累坏了。此时，天门附近岳口镇一支由土匪收编的部队殷切地要求我们去演出，队上决定战胜劳累去做抗日宣传。我们就在岳口镇汉水边上搭了台，白炽的汽油灯很明亮，所有演员都很卖力气。我们仍然演周德佑编剧、徐世津导演的抗日剧，我扮演的抗日小英雄被日本兵抓住了。演日本兵的是高高大大的田冲，当演到"日本兵"

图 15 周德佑所作“抗战演剧第七队”部分成员漫画手稿。前排为周德佑（左）、徐世京（中）、田冲（右），第二排为赵寻（左）、邬析零（中），后排左一是我

用皮带抽我时，他糊涂地把皮带拿反了，用皮带的铜头抽我，疼得我真的大哭起来，表情极为真切。在白炽的汽油灯下，黑压压的士兵们有的愤怒地举起了枪，高喊“打倒日本帝国主义”。田冲下场后，抱着我说：“我弄错了，我错了！”我一生都记得这件事。

在天门县，周德佑病倒了，发高烧，当地医疗条件差，徐世津派人把他送回了汉口。但不久，噩耗传来，周德佑竟因伤寒病加过度劳累，医治无效，去世了。我记得 1938 年 3 月 20 日《新华日报》为此出了专版，刊登了他父亲周苍柏和母亲董燕梁的讲话。周恩来、邓颖超、董必武、叶剑英都参加了葬礼。周德佑非常关心我，一路上帮扛东西，借书给我，还把他用小字写的学习笔记、作的诗歌给我看。他是我的启蒙人。听到他去世的消息，全队一片哭声。直到现在，我想起他的音容笑貌，依然悲痛不已。

在天门县期间，副队长徐世津还宣布了一个惊人的消息：那就是另一位副队长王虹梓和汪霓携款潜逃，把周苍柏捐给队里的两千银元和大家上缴的

图 16　1938 年，我在武汉到重庆的船上过三峡时留影

钱全部卷走了。徐世津说，王虹梓吹嘘他是坐过大牢的左翼文人，但现在查明，他只是上海的一个文化痞子，他被逮捕坐牢是因为桃色事件。他生活腐化，大家反映他经常和老婆下馆子、开房间，看到风声不对，便卷了大伙的钱，跑得无影无踪了。

这件事对全队的打击很大，但大家并没有屈服，一路边筹钱边演出宣传抗日。先到岳口，乘船溯汉水而上，到达钟祥县（现钟祥市）。县政府比较友好，支持我们在县政府里演戏，给我们做饭吃。我们吃得狼吞虎咽的，因为从岳口到钟祥，为了补助队里的经费，包括我在内，很多人都参加了拉纤挣钱，体力消耗很大。数日后，钟祥县的领导用小汽船把我们送到了襄阳。就在从樊城到襄阳的路上，我突然发起了高烧。

襄阳是个较大的城市，医疗条件比较好，检查发现，我得了伤寒症，肺部还有阴影。前有周德佑的教训，徐世津立即派人顺汉水把我送回武汉，暂住在武昌的“海光农圃”里疗养（海光农圃原为周苍柏的私家花园）。那里有一幢小洋房，一位姓戚的大姐负责管理，周德佑的坟墓就在东湖的半岛上，在楼房前面立了一个石碑，上面写着“爱儿周德佑之墓”。周德佑的父母和

图 17　五兄妹于重庆合影。左起依次为小妹何嘉、我、大哥、小弟何达、二哥。摄于 1939 年 12 月。邱崇禄供图

姐姐周小燕都来看望我，很是关照。我身体基本康复后，才回到汉口的家。随抗宣七队奔赴延安的第二次努力再次受挫。

回想起来，这期间还有两件事情。第一件是大约 5 月下旬，父亲很郑重地让我把一个密封的文件亲手交给邢契莘伯伯，邢伯伯也住在江汉关附近，他的女儿邢文蔚、邢文燕都和我很熟。当时，宋美龄是中国航空委员会秘书长（会长是蒋介石），主持该会日常工作，邢契莘是宋的主要助手（邢是美国留学生，作风西化，讲一口流利的美式英语），我当时并不知道文件的内容，只是遵嘱把文件交给了邢契莘伯伯。后来知道，父亲早在5月中旬就向第一战区司令长官程潜提出了决黄河堤，“以水代兵”阻止日寇利用豫东平原的有利地势，以机械化部队的优势，沿陇海线夺取郑州，再沿平汉线攻占武汉的计划。父亲还曾带大哥去开封向商震（三十二军军长、河南省主席）讲述他的建议，并把这个建议交给了林蔚，请林直接递交蒋介石。此时，因见我方局势极端恶化，所以才让我再一次去送材料。另一件是家事，父亲从南京带回了一个年轻的女子，我见到了这位姓于的女子，长得不错，衣着朴素，神态和举止是文静的。母亲说，她不是烟花女子，是逃难，她还有一个姐妹，都是由父亲带出来的。母亲认了，给了她红包和首饰，摆了一桌席，对近亲们宣告她就是“二房”。可是才两天，这个女子就走了，留下一封短信，说她感觉到这个家庭是很和美的，不愿因她而破坏了这个家庭的和谐与幸福。

六、加入共产党

大约在8月份，举家入蜀。大哥、二哥已去延安。我、小妹何静宜（何嘉）、达弟、高妈和徐祖善一家，包括徐伯母吴凤仪、姨太太小梅、徐鸣，乘坐太古轮船公司的火轮最上层的头等舱，溯江而上。我在夔门还照了一张相。

此时，我很懊丧，好像自己离了队。到了重庆，我仍然想去延安，妈妈哭得很厉害，不想让我离开她。父亲对周恩来说，我两个儿子都去了延安，老三再走，我就很为难了。博古把我带到机房街八路军办事处谈话，打消了我去延安的念头。

我考入了由天津迁至重庆沙坪坝的南开中学，校长是张伯苓，但校名改为“南渝中学”。我上高一，妹妹何静宜在初中部。张伯苓很开明，学校的气氛比较活跃，语文老师姓周，对我很赏识。蒋介石夫妇还到学校里来过。当时我家住在“云庄”，是丁春膏的房子。我住在学校。我连续写了多篇文章介绍我在“抗宣七队”的生活，特别是我在膏盐矿的见闻。这些文章被张贴在壁报上，很快引起了学校地下党组织的注意。有一个高二的同学叫王世堂是共产党员（后脱党），他的父亲王勇公（王孝缜）是我父亲辛亥革命时期的战友，他约我到他家吃饭，问我愿不愿意参加共产党，我做了很积极的表示。从此，我经常被约到大操场的球门边谈话，由我的妹妹何静宜在远处放哨。我的入党申请书就是趴在操场的讲台上写的。

记得是 1939 年 5 月 22 日，王世堂通知我，我的入党申请被批准了。1939 年 6 月 9 日晚自习后，在学生宿舍后面一个农民的场地上，面对在一块大石头上贴的事先画好的马克思画像，我举手宣誓，要为共产主义事业奋斗终身。入党介绍人是王世堂和齐亮（齐亮是山东人，出身城市贫民，他曾是西南联大共产党的负责人，解放前夕牺牲于渣滓洞），参加人还有郝连杰和邓鸿举（高三学生，比我大两岁，时任支部书记，后来更名邓裕民，50 代初成为我的妹夫）。此外还有梁淑敏（女）、刘慧兰（女）和雷学诗。

我入党后不久，风声突然紧了起来。因邓鸿举太活跃，首先撤出，跑到

图 18　1973 年，兄弟重逢。左起依次为二哥、大哥、我和妹夫邓裕民

化龙桥的新华书店去当营业员了。经他推荐，全体党员选举，我这名新党员继任了南渝中学的党支部书记，属沙磁区（沙坪坝、磁器口地区）特委领导。放暑假前，我被通知到红岩村八路军办事处参加由蒋南翔主持的“沙磁区学生党支部负责人的培训班”。到了红岩村，没想到遇到徐鸣和我在同一个培训班学习，这位大我两岁的发小也加入了共产党。“跑警报”时，在防空洞正巧碰上了叶剑英和吴博，吴博是二哥在上海吴淞中学的同学，二人很要好，她常到家中玩。她见了我非常亲热，仍管我叫“小三”。叶剑英这时知道了我也像两位哥哥一样，加入了中国共产党。吴博告诉我：“你爸妈还和叶参座提到了你大哥、二哥，说十分想念这两位去了延安的儿子。”

这年年底，根据叶剑英的指示，大哥、二哥分别从晋东南抗大四大队和闽北回到了重庆，我们兄弟三人分别一年多后又团聚在了一起。为了遵守保密纪律，没告诉他们我也入了党。所以他俩去曾家岩见叶剑英时，还责怪我

图 19　20 世纪 80 年代，抗宣七队队员在我家重聚。左四为田冲（后为北京人民艺术剧院演员），左六彭后嵘（后为新闻电影制片厂厂长），左七是我，左八邬析零（后任中央歌舞团团长、人民音乐出版社副总编辑），左十赵寻（赵辛生，后为中国文联党组副书记、中国剧协分党组书记），左十一胡宗温（后为北京人艺演员），左十三张光年（光未然，后为中国作家协会党组书记），右一我的夫人缪希霞

不告诉他们我已入了党，叶剑英笑着说："你们让他来找我，我替你们打通关系。"再见到我们时，叶剑英交代大哥、二哥都不要回去了，留下来通过父亲及父亲的社会关系做上层的统战工作。在叶剑英的安排下，我们兄弟三人成立了特别的党小组，不与地方党组织发生联系。1940 年冬，又由叶剑英将我们的关系交给了董必武。董老见我们时，要求我们广交朋友，好好学业务，长期潜伏，待机而动。大哥、二哥都有社会职务，而我正要上大学，听到我有志学习农业，董老特别鼓励我要好好学，将来我们的工作需要专业人才。从此，我们三兄弟直接在叶剑英、董老的领导下，作为一枚战略棋子部署下来。这是否应验了父亲在我满月时写的"年十八即当发轫"？

我迈入了青年时代。

（原载《老照片》第 135 辑，2021 年 2 月出版）

外 婆

熊景明

1908年，昆明成立了第一所女子学校“云南省立昆华女子中学”，外婆为该校第一批毕业生。该校的高中部1926年才成立，故她应当是初中毕业。早年我曾见过外婆的毕业照，可惜现在已经找不到了。这些女生看起来已经二十来岁，一律梳着高耸的东洋发式。日本打扮是当时的潮流，似乎也预示了她嫁给留学日本的外公的宿命。

外公将追求维新、破旧习俗的使命带到家庭中，要求家人身体力行。外婆每两年生一个孩子，从1910年到1936年之间，不在怀孕，就在哺乳。奉行破旧立新的外公定下的家规之一，是不请佣人，真是难以想象外婆是如何应付下来的。想来她最为委曲求全的还不是永远做不完的家务，而是夫妻之间意识形态的抵触。外婆信佛教，家中却不能供佛。外婆念佛，逢初一、十五吃斋，逢年过节供奉等行为外公容忍了，算是对妻子的宽容，但不允许外婆“传播迷信”。每年七月半祭祖，外婆只能偷偷地行事。于是孙辈便被派上了用场，由外公最宠爱的一个小外孙去缠住外公，我们则做外婆的随从，在洗手间临时祭坛拜祭，之后手持香火，跟随外婆去花园“游行”，很是好玩。生性幽默的外公大概并非不知道，只是无奈听之任之罢了。

外婆聊天的主要对象，是每天来家中厕所“倒粪”的大张。他长着两撇小胡子，蹲在厨房门口，咕咚咕咚地抽水烟筒，一面看外婆忙乎，一面笑眯眯地拉闲话。我记得听他告诉外婆，土碗不能叠在瓷碗上，否则姑娘会嫁得门户不当对。有时来倒粪的是他的弟弟小张，干完活就走。据外婆说，大张懒，得过且过，家里穷，后划为贫农成分，做了农会主席。小张勤快，买田

图 1　约 1929 年，外婆、大姨妈（立右）、母亲 （立左）、二舅、三舅和（大概是）六姨妈合影

置地，成了地主，土改时田地被没收，还挨斗。外婆说，她家运气太好了，她父亲不喜欢吃老陈米，所以家里没有买田置地，否则一定成地主了。“佃户用谷子交租，多半交的是陈年旧谷子”。这是我童年时代上的一堂政治课，其中的意思，要等到多年以后才慢慢理解。

我脑海中的外婆，总有一只猫尾随于后。就像玛丽的小羊，外婆走到哪里，这只老猫就跟到哪里。如果它不在跟前，外婆只要一声“喵”，它立刻魔术般地出现。那时昆明人无论贫富，饭桌上大抵都有一碟下饭菜，曰腌抗浪鱼。抗浪鱼来自澄江抚仙湖，似乎取之不尽，到 20 世纪中期，因湖中投放的外来鱼种喜食抗浪鱼的鱼子，致其几于绝迹，卖到几千元一斤。而外婆的老猫当年几乎每餐都有抗浪鱼拌饭。

小时候吃过最美味的饭菜是外婆所烹，过年她必定准备令人流涎的红烧肉、酥肉炖红萝卜等几个荤菜，盛在土锅里，从初一吃到初好几，这一习惯

图 2　1948 年，外婆和外公于昆明塘子巷家中正厅外

一直持续到 50 年代初期。她的八个女儿中，有四人承传了外婆的烹饪手艺和兴趣。我母亲是其一，但她做的苏氏传家菜已达不到外婆的水准，传到我这里更走样，以致连我自己都不觉得值得传给女儿了。母亲的兄弟姐妹，各人兴趣爱好，处世为人都不相同。外婆常道，“一娘养九种，九种不像娘”。而今这代人也都一一走完人生路程，看他们各人留下的故事，的确如此。

我曾写过一篇“妈语录”，记录了二百多条从母亲那里听来的“格言”，

图 3　1952 年，外婆在昆明文庙街家中庭院

从人生观到为人处世，从行为举止到穿衣吃饭，无所不包。母亲总是用“外婆说”作为开头，什么“吃得亏，在一堆”，“心有天高，命如纸薄”，“宁帮烈汉扯马，莫帮萎奴公当军师”，“天不容跳蚤长大”，生动而言简意赅的表述，在我们心中播下文化的种子。这些充满哲理和智慧的箴言当然不是外婆发明的，她一定也是从她母亲那里听来的。外婆的母亲那一代中国女性，都没有进过学堂，我们甚至不知道她姓甚名谁。

（原载《老照片》第 120 辑，2018 年 8 月出版）

父亲下南洋

沈　宁

我的父亲沈苏儒，1945年5月毕业于重庆中央大学英文系，随即到美国新闻处（美国新闻署前身）中文部任职，工作是每天收听美国各地广播电台新闻节目，选择与中国抗战有关的消息，翻译成中文，呈国民政府相关部门。8月15日，父亲听到旧金山广播电台首先报出日本宣布投降的消息，惊喜万分，立刻翻译成中文，成为向中国人民报告喜讯的第一人。父亲为此十分得意，数十年后跟我们提起，还会夸几句口。

9月中旬美国新闻处派父亲回到上海，报道日本投降的各种消息。当年12月，母亲回到上海，次年1月两人成婚。父亲一直梦想从事新闻工作，做“无冕皇帝”，可是美新处的工作，并非做新闻，于是经过许多努力，父亲于1946年7月离开美新处，入上海《新闻报》做记者。当时的上海《新闻报》，社长程沧波，总经理詹文浒，总编辑赵敏恒，是中国三大报之一，与《大公报》《申报》齐名。

当年8月，父亲被派到南京，任《新闻报》南京政治新闻特派员，这期间曾上庐山，采访国共和谈新闻。10月份，随同国民政府宣慰专使李迪俊，前往印度尼西亚等国，慰问浴血抗战的南洋华侨同胞（图1）。在南洋访问期间，父亲报道了国民政府宣慰团的种种活动，南洋同胞热爱祖国的心情，以及侨胞们抗击日寇可歌可泣的事迹（图2）。

这段时间里，父亲结识了时任雅加达中华总商会的总干事董寅初先生。上海解放以后，《新闻报》停刊，父亲当即失业，无路可走，刚巧听说董寅初先生回到上海，设立侨资建源公司，任总经理。父亲就跑去求职，并获录

图 1　国民政府宣慰团到南洋下飞机，左二戴帽者为父亲

图 2　国民政府宣慰团在雅加达合影。右三为父亲

图 3　印度尼西亚总统苏加诺接见父亲，左为父亲，右为苏加诺总统

用，做总经理的英文秘书。此为后话。

在印度尼西亚期间，父亲还曾被印度尼西亚总统苏加诺接见，成为苏加诺总统接见的第一位中国记者，也是父亲后来得意了几十年的一件事（图 3）。

印度尼西亚从 16 世纪开始成为荷兰的殖民地，很多欧洲商人也到该国经营。所以在印度尼西亚，父亲可以逛不少纯粹欧洲人开设的商店，买到很多货真价实的欧洲产品。他从南洋带回来两套英国藏青哔叽双排扣西装，样式质量都非常高级，父母都很珍惜，压在我家铁箱底下二十年，偶尔出外访客的时候穿一穿。此外，父亲还在印度尼西亚买了三瓶欧洲出产的威士忌，说是给我们兄妹三人每人预备一瓶，将来我们各自成家的时候，开瓶畅饮。

我记得这三瓶威士忌也一直藏在铁箱底下，只有每次开箱的时候，我才会拿出来看看，暗暗的颜色，胖胖的瓶子。

父亲 1947 年 1 月底跟随国民政府宣慰团回国，又专门买了几样印度尼西亚土特产，送给母亲做礼物。我记得有一套几件挂在墙上的黄木雕像，几个彩绘的瓶瓶罐罐。特别是一个乌木座雕，是个长发妇女，一手提着裙子走路，非常好看，很多年一直是我们装饰书房的两件宝贝之一。另外一件，是父母结婚时丰子恺赠送的一幅字画“双松同根百岁常青”（图 4）。

可惜所有这些，印度尼西亚的黑人座雕和黄色挂雕，丰子恺的字画，还有父亲的哔叽西装，母亲的所有旗袍，那三瓶威士忌，以及家里所有的书籍文物，都在“文革”红卫兵抄家时毁灭，永远无处寻找了。父亲下南洋时留下的所有照片，自然也都尽数销毁。后来我来了美国，会见几位舅舅，才从他们那里重新获得若干，那是当年父亲回国后寄给他们保留的。

父亲从南洋回国之后，由于工作完成出色，很受总编辑赵敏恒器重，很快被任命为《新闻报》驻南京记者站站长，成长为一颗新闻之星。在《新闻报》工作的那段，是父亲一生中最春风得意的时期。他在“国大”会上采访

图 4　母亲教妹妹写字，桌上台灯下摆的是印度尼西亚座雕，背后挂的是丰子恺字画

图 5　1948 年于右任离开南京，父亲（左一）到场送行

新当选的蒋介石，与蒋握手的照片，刊登在《新闻报》上，二十年后“文革”中间，成为他被打倒的证据之一。于右任先生是叔祖沈卫先生的学生，遂为嘉兴沈家的世交，父亲在南京也曾多次拜会采访（图 5）。同时，父亲也经常采访中共驻南京的代表团，为中共政策做过报道。这期间范长江和梅益两先生是直接领导，父亲还几次进入梅园，甚至与周恩来先生谈过话。

之后报馆一度考虑设立《新闻报》驻美国记者站，由于父亲文史皆通，中英文俱佳，采访报道写得出色，成为驻美之优先人选。父亲大学毕业时，曾被美国密苏里新闻学院录取深造，因为家里无法资助而作罢，现在有这个机会，自是兴奋异常，期盼若渴。

然世事难料，正于此时，大陆政权易帜，父亲的梦想，顿成泡影。

（原载《老照片》第 121 辑，2018 年 10 月出版）

下南洋：舅太爷的新加坡往事

蔡力杰

偶然收拾老屋，角落里的一摞落满尘埃的册页引起了我的注意。拂去尘迹，才发现这册页是硬纸材质，随着岁月的流逝早已留下泛黄痕迹。封面正中间有艺术字“首都”及著名的《米洛的维纳斯》图案，周围环绕着英文字母，并凸印新加坡标志性的鱼尾狮图，这应该是照相馆的商标。封面两侧则有上款：“银丝姊惠存”；落款：“弟李文树寄”。这位“银丝”便是我的曾祖母，闽南语称“阿祖”，而李文树则是故事的主人，也就是我的舅太爷。

打开册页，是一张手掌大小的全家福（图 1）。照片上三代人欢聚一堂，一对新婚夫妻则是主角。遗憾的是，这些陌生的面孔对我来说如对天书，完全不能体会他们的心境，更难知晓他们的故事。所幸，舅太爷是一个心思细腻的人，他在老照片上覆了一张硫酸纸，用圆珠笔精心勾勒了每个人的轮廓，标上序号，并在硫酸纸上方打上表格，对应序号一一写明每个人的名姓与身份。这样，面对这张跨越时光的旧照我终于能将这些沾亲带故的长辈们逐个辨识。

原来，老照片上那位身着西装且正襟危坐的儒雅中年男子便是舅太爷，而那新郎新娘则是他的次子与儿媳妇。我与舅太爷未曾谋面，如今于老照片中也算是有了第一次的隔空相见，这种奇妙的感觉让我更有万分的兴趣去了解舅太爷。

无奈的是，这张照片能提供的信息实在是太少，而寻访家族中的长辈，长辈们口中的舅太爷又仅是一个支离破碎的模糊形象，有人说他身居高位，有人说他贡献巨大，却没能勾勒出一个轮廓。

图 1　舅太爷的家庭大合照

于是我习惯性地寄托于网络，在搜索框中打上舅太爷“李文树”的名字，但如我所料，没有任何信息，想来也是，在浩如烟海的互联网上寻找一位身处异国且已过世多年的普通华侨简直是痴人说梦。但也许是冥冥中有神助，在几番寻找无果后我竟然偶然从新加坡《联合晚报》中找到了线索！该报在 2015 年 10 月 26 日的连载栏目中刊发了舅太爷四子所回忆撰写的关于其父李文树的往事，更巧的是文中附上的两张老照片与我手头上的旧照完全一样。由此，我终于得以知晓舅太爷在新加坡的曲折艰辛的创业史和足以光耀门楣的辉煌成就。

原来舅太爷从十一二岁便跟随其父从老家东山岛远赴南洋谋生。外乡人初来乍到，举目无亲，凡事总得亲力亲为，舅太爷来马来西亚伊始便以运输为业，自己开车在马来西亚金马仑和新加坡两地运送蔬菜等货物，赚得人生第一桶金，也算是在异国他乡稳住了脚跟。

然而运输业总免不了长期在外飘荡，对家庭往往无暇兼顾，而世事无情，纵是辛苦百倍也难得上苍垂青：一次在舅太爷载货回来之际，怀孕的发妻忽而生病发烧，不久便撒手人寰。

这一突如其来的打击对舅太爷的影响无疑是巨大的，但是他并未被击垮，反而以更顽强的姿态去对抗苦难的生活。投身事业的他，两地奔波，披星戴月，其间辛苦，更与何人说。

所幸，诚如闽南民谚所说“天公疼憨人”，这位本性纯良、白手起家的异乡人终于在新加坡扎下了根基：打拼多年，舅太爷在居住的新加坡大成村开起了家杂货店，取名“南发公司”，除了售卖日用品也继续着原来的运输业务。与此同时，舅太爷既已立业也不忘成家，他又娶了两房太太，以后生了六男四女，家庭美满幸福。

在生意场上混得风生水起的舅太爷也并非一心扑在钱上，而是胸怀社会责任感，他在开店不久便当上了巴耶利峇公民咨询委员会的主席，成了大成村的村长，1963 年还荣获第一届公共服务星章，并受邀参加总统府的国庆宴会。

更宝贵的是虽历经艰辛苦厄，舅太爷却从未丢掉仁厚善良的本性，在大成村开杂货店时，他体谅手头拮据的村民，允许他们赊账；在担任村长之后更是处处为民着想，1964 年新加坡发生种族暴动，身为村长的舅太爷身先士卒带领村中壮丁，彻夜守候，保护村民安全。

当上村长后的舅太爷更是奉公廉洁，行事低调，全无政治人物的排场与派头。他帮村里人重建受灾厂房，工厂主拿烟酒慰劳，舅太爷勃然大怒，强调自己办事以公心为本，并非贪图回报；而总统府的国庆宴会本是荣耀时刻，到场嘉宾都有奔驰接送，按道理讲，经商多年的舅太爷叫辆豪车接送并非难事，但他竟然只叫了辆运货的皮卡车接送，子女大失所望，唯舅太爷却能安之若素，认为并无不妥。

读罢这篇文章，这位拼搏奋斗、低调善良的舅太爷的形象逐渐清晰了。尽管过去了那么多年，但我眼里的他仿佛瞬间又鲜活了起来，有血有肉，这异乡人连同他的事迹，如同一道光，照亮了被遗忘的陈年往事，又似一团火，光阴荏苒，仍给人温暖与力量。我佩服他的成就，更赞叹他的伟大人格。

我再次翻看老照片，竟发现了一个原来被忽略的细节：老照片上，透

图 2　舅太爷年轻时

过人群，能隐约看到厅堂里悬挂着一张神像和一副对联，神像上有端坐的关羽、护印的关平和持刀的周仓三人，而对联由于遮挡只露出下联“同日”二字，这些虽未得全貌，却是我再熟悉不过的场景了！在家乡东山，家家户户奉关羽为“帝祖”，悬挂关羽及关平、周仓的神像，这种关帝崇拜在全国是绝无仅有的。而这副对联的内容十有八九是“志在春秋功在汉，忠同日月义同天”，因为在东山，很多人家正是在关羽神像旁张贴此联。

可以说，舅太爷在新加坡的家最大程度地“模仿”了故乡东山的习俗与仪式，这位十一二岁即离家的舅太爷对故乡所残存的记忆可能所剩无几，但他却尽了最大努力去将故乡记忆通过物质载体表达出来，这种根植于骨子里的故乡情怀怎不令人动容？舅太爷的“反认他乡作故乡”是无奈也是乡愁，虽然离家千里但那份故乡情结一直都在，一块匾，一张像，一副联，纵是隔海跨洋也扯不断游子对故土的情思。

我实在没想到，在励志故事和杰出成就外，舅太爷对故乡原来也有这么浓烈的思念与愁绪啊！这位靠拼搏起家的风云人物，在刚强背后竟也有这般细腻与柔软的感情。

我继续向长辈们询问关于舅太爷的点滴，也逐渐明晰了他与故土亲友们的尘封往事。在整个五六十年代，舅太爷一直往老家东山寄侨汇，这些钱可能不算巨款，但也足以为故乡的亲人们改善生活。

到了70年代，随着中国外交局面的打开，中国和新加坡的高层领导人有了接触，两国关系好转。离开故土十数载的舅太爷回乡探亲的愿望也日渐强烈，于是写信告知了大陆亲友们。家乡的亲戚闻之莫不翘首以盼，早早地养起了年猪，想在这位游子归来之时，杀猪祭祖，设宴款待。然而当一年年的仔猪养成了大肥猪，到了年底却因为贵客未至而一年年被宰杀，这周而复始的养猪历程没能盼来舅太爷。1975年，噩耗传来，这位心怀故土的游子因为重病已倒在了异国的土地上了。年仅五十九岁的舅太爷积劳成疾，英年早逝，令人扼腕。那一年年为他精心准备的猪肉，他终是没能尝到！

浮生若梦为欢几何，往事惹人唏嘘。而更令人感慨的是，不久前舅太爷的妻儿们终于得以回乡探亲，而他们手中的凭证正是这张老照片，我方才知道，我一直在寻找的他们竟然也一直在寻找我们！想想也是，对于往昔的追寻总是一次次擦身而过的遗憾，然而幸运的是，每当回首凝望那背影，却发现似乎已遗忘彼此的我们仍有着深深的念想与羁绊，素昧平生的我们啊，原来都一直在互相寻觅。一段由老照片勾起的回忆，也能冲破时空的阻碍，激荡起彼此内心的涟漪。

（原载《老照片》第121辑，2018年10月出版）

民国少女刘燕瑾

王端阳

《老照片》第 95 辑曾发表过我的《母亲刘燕瑾和凌子风》一文，并附录了一组照片，那些照片都是在抗战期间拍的。近日翻看影集，看到我母亲少女时代的几张照片，从 1933 年到 1938 年，年龄在十一岁到十五岁之间，可看出民国时期少女小家碧玉的范儿。

从照片上看，我母亲当时的生活还是优裕的。没错，我母亲出生于一个满族的大家族，属正黄旗，多少沾了点皇族的边。听几位老祖奶奶讲，祖上（阿勒泰还是阿尔泰我没记清）曾跟皇上打过天下，至于哪个皇上也没讲清楚。在一次对外征战中失败，兄弟俩被杀，而且首级也被砍了，只运回两个腔子。没有头无法下葬，皇上见怜，赐了哥哥一个金头、弟弟一个银头，这样才在西直门外找了块地入殓下葬。

后辈子孙便靠世袭俸禄过日子，典型的八旗子弟，什么正事都不会干，只会架个鹰、遛个鸟什么的，甚至连汉字都不认识。也说不清是哪辈，居然得到皇上的信任，让他掌管玉玺，也就是给皇上的圣旨、文书之类的东西盖盖章。他也只会这个。有一次，有位大臣拿了个假圣旨让他加盖皇上的玉玺，他不认字，就给盖了。过了没多久，东窗事发，好在他只是无能，并没卷进事件中。可皇上很生气，就把他“掌玉玺”的差事给免了，但俸禄照发。这些故事都是听老人说的，也无从考证。

到了我姥爷那辈，家族早已衰败。我大姥爷，即我母亲的父亲，叫刘树棠，1937 年任国民党第二十九军军医处处长。当二十九军在卢沟桥打响抗战的第一枪时，他正在家中休假。听到枪声，他不顾家人的反对，毅然返回南

图 1　照片背书：“此照系民二十二年十二月照于北平护国寺贞记照相馆内此外两女士系燕瑾学友左范英俊中王佩筠右燕瑾　时年十一岁在北平三十七小学四年一期今改为北平市立西直门大街小学　此记”

苑，参加了战斗，从此杳无音信。之后，家中断了生活来源。第二年生活更加困难，已开始典当东西。此时我母亲正在女二中上初二，因交不起学费，失学在家。现在从照片背面的记述看，我母亲那时已参加了东北大学夜校的民先队。

我二姥爷刘觉非也是学医的，一二·九运动之后参加了共产党，后到冀中军区卫生部工作。1938 年夏天秘密进京采购药品，见我母亲无学可上，便要带她走。我姥姥不让，他说服我姥姥，把我母亲带到冀中，参加了八路军，后又参加火线剧社。二姥爷在 1942 年五一大“扫荡”的冷泉战斗中，为了掩护伤病员转移，壮烈牺牲。

我三姥爷刘振华，也参加过一二·九运动，后也到冀中参加了八路军，开始还有联系，以后就没消息了。

话说回来，我们老刘家的祖坟就在西直门外的一片林子里，当地人称

图 2　刘燕瑾（左）和女学友

之为刘家坟地（至于祖上为何改姓刘，我也不清楚）。1953 年建苏联展览馆（即今天的北京展览馆）时，将此地给征了。当时政府把尚在世的几位老祖奶奶和我姥姥都叫去，当面挖坟。那时还有一个看坟的，有几间旧屋，早已破败，再有就是几棵松树和几个坟头了。其实坟早就被盗过不知多少次了，而且老祖说都是监守自盗。挖坟自然挖不出什么值钱的东西，只有几口缸，装着尸骨和一些冥物、铜钱之类的小玩意儿。尸骨移到卢沟桥附近的第二公墓，小玩意分给了各家。我总觉得，既然是政府行为，派出所应该有记录吧！

图 3　照片背书：“一九三八年在东北大学夜校民先队参军前夕”。前排左三为刘燕瑾

刘家的后人也不知到哪儿去找。

此事我曾告诉过杨浪和鲍昆，他们考证西直门外果然有松林，有坟头，杨浪专门写了篇文章《老刘家的坟地》，收集在《地图的发现》（续）中。引其一段：

> 说起“老刘家的坟地”是一次朋友聚会饮酒的时候。剧作家王端阳说起姥姥家是旗人，祖坟就在西直门外现在北京展览馆的地方，1953 年建莫斯科（苏联）展览馆时征了这块地，迁了坟。那时候，这一带有树，还有看坟的后人繁衍形成的村落。坐在旁边的摄影家鲍昆跟了句：老舍在《骆驼祥子》里有一段就说到这个地方。他表示回去要查一下。我们随口夸鲍昆的记性好，谁想鲍昆真就把小说查了来，证明《骆驼祥子》里确实有一段叙及西直门外关厢附近，有松林，有坟头，有看坟的……

图4　照片背书："燕瑾（右）和同学照的像（相）片一九三六"

其实老刘家有一个家谱和一幅祖上的画像，一直放在我三舅家（我大舅去世，二舅是庶出），"文革"前我曾看见过，是一个木匣子，有点像我父亲收藏的《曾文正公日记》。我没打开过，那时也不注意这些。"文革"中红卫兵破四旧时，我三舅害怕，居然自己偷偷给烧了。后来我曾问过三舅妈，她说：那时被红卫兵抄出来，命都难保，烧了算什么？哎，说什么好呢！我三舅其实是一个地地道道的无产阶级，他十三岁进工厂当学徒工，以后也一

图5　照片背书：“在中央公园　花厅前　一九三八年春”

直在燕京造纸厂当工人，文化水平也不高，可他就因为出身，也感到了极大的不安，居然把祖传的家谱和祖宗的画像给偷偷烧了。没有经过那个时代的人是很难理解的。

谈谈家族史，对老照片可以有一些更深的理解。

（原载《老照片》第121辑，2018年10月出版）

一张青岛老照片引起的回忆

王　平

不久前在网上浏览，偶然发现一张祖父的照片被拍卖，颇为惊讶与感慨。这是一张我从未看到过的照片。照片上的祖父全身戎装，理平头，留八字胡，目光威严。两侧还有他的亲笔题字：安德河先生惠存，王时泽敬赠。中华民国廿四年（1935）八月，摄于青岛。并钤盖了一方印章。

兹将拍卖信息录于下：

王时泽像

作者：佚名

1935年摄

尺寸：17.5cm×26cm

银盐纸基

作品分类：古籍善本 > 老照片

拍卖公司：北京华辰拍卖有限公司

拍卖时间：2014-11-20

拍卖会：2014年秋季拍卖会

估价：RMB 9，000元—10，000元

作品简介：王时泽像。拍摄于1935年任青岛市公安局局长时，赠予安德河先生的珍贵肖像。粘于卡纸上，品相尚可。

王时泽（1886—1962），湖南长沙人，留学日本时加入同盟会，与近代民主志士秋瑾等人关系密切。秋瑾的豪言“吾自庚子以来，已置吾

图 1　祖父王时泽像。摄于 1935 年，时任青岛市公安局局长

生命于不顾，即不获成功而死，亦吾所不悔也”，正是出自她写给王时泽的信中。

看来拍卖者对祖父的背景还有些了解，秋瑾给祖父的信就是一份比较重要的史料。而我，却对照片上题赠的安德河先生产生了兴趣。看上去像个外国人的名字，但不敢肯定。于是当即将这张珍贵的照片拷贝下来，并打电话询问在北京的表哥陈漱渝，问他是否知道安德河乃何许人。表哥大我近十岁，且写过多篇有关祖父（即他外公）的文章。果然他清楚此人。他告诉我，安

图2　1909年10月，祖父就读日本横须贺炮术学校时留影

德河是个德国人，是当年祖父为青岛市公安局聘请的警犬教练。另查网上相关资料记载："作为德国前殖民地的青岛市公安局也聘请德国人安德柯（河）帮助训练警犬，至1930年开办警犬训练班，培训一批警犬技术人员分往各地"。如此看来，祖父与这位警犬教练私交还不错，以至于赠签名照片给他。

但这张"民国廿四年"赠送给安德河的照片，为何近八十年后在中国被拍卖，实在有些匪夷所思。

祖父于1902年秋考入善化学堂（按：善化县于1912年并入长沙），受名师皮鹿门（皮锡瑞，字鹿门）先生之教，得知世界大势。其时黄兴等人在湘提倡革命，祖父耳闻其说，深感中国瓜分之祸迫在眉睫，而清廷昏庸，因之在同学中屡屡慷慨陈言："非自强无以御外侮，非排满革命无以图自强，非唤醒同胞无以革命。"终因言论偏激，年少莽撞的祖父于1903年冬被校方除名。幸得学董俞藩同先生资助，于1904年春自费赴日本留学，其时尚未满十八岁。

诚如拍卖信息中所言，祖父留学日本后，在一次湖南同乡会上结识了秋瑾。两人意气相投，很快成为知交，且以姐弟相称，多有书信往来，并且共同在日本建立了反清秘密组织"三合会"，取合天、合地、合人之意，并歃血为盟。祖父本人在《回忆秋瑾》一文中曾有生动记述。入会者除祖父之外，还有秋瑾、刘复权、刘道一、仇亮、龚宝铨等十人。按照洪门的会规，刘道一被封为"草鞋"，俗称将军，秋瑾被封为"白扇"，俗称军师。入会宣誓开始，主持人梁慕光手持一柄钢刀，架在祖父的脖子上。梁问：“你来做什么？”祖父答：“我来当兵吃粮！”梁又问：“你忠心不忠心？”祖父答：“忠心！”梁再问：“如果背叛，怎么办？”祖父答：“上山逢虎咬，出外遇强人！”十人依此例一一宣誓完毕，梁慕光跟冯自由各站左右，扯开一条两米多长的横幅，上书“反清复明”四个大字。宣誓人先在横幅下面鱼贯穿行，而后另燃一堆篝火，宣誓人从火上跃过，表示赴汤蹈火，在所不辞。最后杀一只大公鸡，歃血盟誓，仪式结束。

1905年8月，同盟会成立于东京。祖父与秋瑾及其他三合会的成员均转入同盟会。

更令人叹服的是，1905年暑假期间，年仅十九岁的祖父由东京回国省亲，居然说服了一直居住在长沙的曾祖父、曾祖母及其兄王时润随他一起去了日本。但曾祖父不适应日本的生活，很快就回国了，王时润则进入日本法政大学攻读法学。王时润学成归国后，曾先后在清华大学、湖南大学等高校任法学教授。

图3　曾祖母谭莲生像，1906年左右摄于日本东京。可见曾祖母所穿为日本和服。其时与秋瑾一起就读于东京东青山实践女校师范班，两人同居一室

秋瑾因与祖父结为姐弟，在东京见到祖父的母亲，当然非常高兴。且与她多次谈到男女平权、女子要受教育的问题，怂恿曾祖母留在日本和她一道求学。在秋瑾力劝之下，曾祖母决意留在日本读书了，并与秋瑾一起就读于东京东青山实践女校附设师范班。那时她已经四十三岁，与秋瑾同居一室。秋瑾对她照料很周到，遇到劳动的事情，总是抢先代做，尽力而为，不让曾祖母操心费力。曾祖母也多次向祖父谈及，秋瑾在学校顽强苦学，毅力惊人。每晚做过功课，人家都已熄灯就寝，她仍阅读、写作到深夜。每每写到沉痛处，捶胸痛哭，愤不欲生。直至曾祖母再三劝导，方才停笔。

后来秋瑾回到湘潭王家探视子女，并告其夫说："我已以身许国，今后难再聚首，君可另择佳偶，以为内助。"居住几天，即行返浙。秋瑾回湘潭，往返经过长沙，都住在通泰街忠信园祖父的家里。其时曾祖母已经回国，在周南女校教书。祖父六岁的侄女孟明（伯祖父王时润之女），看见她穿的长袍马褂，一派男装，称之为"秋伯伯"。

秋瑾的就义，也更加坚定了祖父反抗暴政、推翻封建统治的决心和信念。1911 年武昌起义爆发前夕，年仅二十五岁的祖父毅然回国，在上海策动了海军舰队的起义。祖父面对当时的上海临时总司令李燮和慷慨陈词："海军不起义，上海光复的成果就不能保证，烈士们的鲜血就可能白流！"

研究中国近代海军史的黄海贝女士在《王时泽与辛亥前后的中国海军》（载 2008 年第 4 期《传记文学》）一文中对祖父做出了很高的评价："王时泽策动驻沪海军起义成功，不但改变了上海的革命形势，而且对清王朝的海军舰队产生巨大影响。此后，镇江、南京和武汉的海军先后效法驻沪海军，宣布易帜，投身革命。这一连串的起义打击了清王朝的气焰，彻底改变了长江沿线的形势。论说起来，王时泽策动的上海海军起义真是首功不可埋没。"

1912 年秋瑾就义五周年之际，祖父曾在长沙出版《秋女烈士遗稿》，并为之写序。此版本如今已极罕见，坊间有人将其称为"长沙本"。汨罗藏书人陈吉于 2015 年曾撰《湖南汨罗市发现民国元年长沙版〈秋女烈士遗稿〉》一文，若所述史料属实的话，《秋女烈士遗稿》现今存世仅三册。

祖父后来著文回忆，"民国元年，烈士之子王沅德与湖南各界人士谋在长沙立秋女烈士祠，并发起追悼会，公推余经办其事"，"我除主持建祠事宜外，并将辛亥前陶成章在东京交给我保存的烈士诗词手稿编为一集，以长沙秋瑾烈士纪念委员会名义出版，题名为《秋女烈士遗稿》"，并为此书写序《秋女烈士瑾传》，称誉秋瑾"洵可谓革命巨擘，巾帼英雄。虽法之罗兰夫人，俄之苏菲亚，又何以复加哉！"

我在《书屋》做编辑时，也曾在 2000 年第 7 期上刊登了株洲谢文耀先

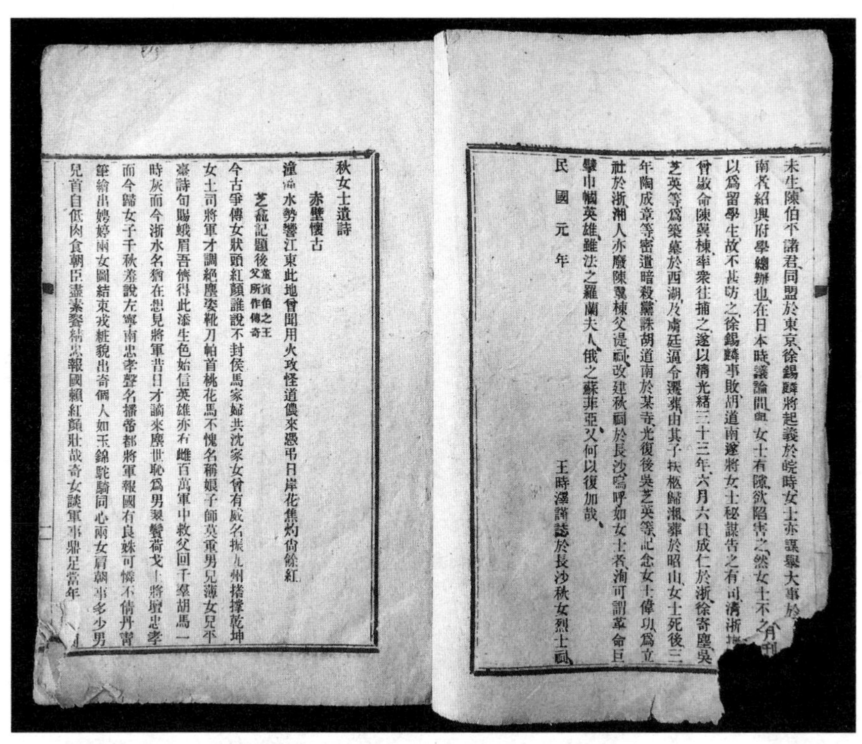
未生、陳伯平諸君、同盟於東京、徐錫麟將起義於皖時女士亦謀舉大事於
南者紹興府學總辦也、在日本時、議論間與女士有隙、欲陷害之、然女士不之
以爲留學生、故不甚防之、徐錫麟事敗、胡道南遂將女士秘謀告之有司、清浙撫
曾敭命陳翼棟率衆往捕之、遂以清光緒三十三年、六月六日成仁於浙、徐寄塵吳
芝英等爲築墓於西湖、及虜廷遍令遷葬、由其子扶柩歸湘、葬於昭山、女士死後三
年陶成章等、密遣暗殺黨誅胡道南於某寺、光復後吳芝英等、記念女士偉功、爲立
祉於浙、湘人亦廢陳翼棟父祠、改建秋祠於長沙、嗚呼如女士者、洵可謂革命巨
擘巾幗英雄、雖法之羅蘭夫人、俄之蘇菲亞、又何以復加哉、
民國元年　王時澤謹誌於長沙秋女烈士祠

秋女士遺詩
赤壁懷古
潼潼水勢響江東此地曾聞用火攻怪道儂來憑弔日岸花焦灼尙餘紅
芝龕記題後（董寅伯之王父所作傳奇）
今古爭傳女狀頭紅顏誰說不封侯馬家婦共沈家女曾有威名振九州搘撐乾坤
女土司將軍才調絕塵姿靴刀帕首桃花馬不愧名稱娘子師莫重男兒薄女兒平
臺詩句賜蛾眉吾儕得此添生色始信英雄亦有雌百萬軍中救父回千羣胡馬一
時灰而今浙水名猶在想見將軍昔日才謫來塵世恥爲男翠鬢荷戈上將壇忠孝
而今歸女子千秋羞說左寧南忠孝聲名播帝都將軍報國有良姝可憐不倩丹青
筆繪出娉婷兩女圖結束戎粧貌出奇倆人如玉錦駝騎同心兩女肩朝事多少男
兒首自低肉食朝臣盡素餐精忠報國賴紅顏壯哉奇女談軍事鼎足當年

图 4　民国元年（1912）长沙版《秋女烈士遗稿》书影，系祖父亲自编辑出版并为其写序

生所写《得而复失的〈秋瑾集〉长沙本》一文，此文也详细记载了《秋女烈士遗稿》出版的情况，并多处提及祖父。文中还具体说明《秋女烈士遗稿》刊行于 1912 年（民国元年壬子），版权页上署有“长沙秋女烈士追悼会筹备处发行，长沙南阳街振华机器印刷局排印”等字样。这样看来，南阳街的确早在清末民初时即为一条以书局、印刷局为特色的老街了。

另据北大中文系夏晓虹教授撰写的《王时泽与〈秋女烈士遗稿〉》一文披露：1912 年 7 月 19 日（阴历六月初六），为秋瑾就义五周年纪念日。此前，浙江与湖南两省已开始为秋瑾灵柩安葬何方发生激烈争执，背后则隐含着对民国革命史政治资本的争夺。在此背景下，民国肇建后，首次在长沙举行的秋瑾追悼会于是格外隆重盛大。会场设在秋女烈士祠，现场实况，各报多有记载。综合《申报》与《民立报》通讯可知：

图 5　祖父像。时任东北航务局局长兼东北商船学校校长（1922—1931）

长沙各界于7月19日上午十时开追悼秋女士大会。自八时起，祠前街道已拥挤异常。来宾均持入场券，换白花一朵而入。既入，男宾就左席，女宾就右席。祠中栏杆、楹柱，均扎松叶缀以彩花，匾额、挽词悬满堂壁。来宾约三千人，而以女宾为夥。有顷，军乐队导女士神主入祠，极为整肃。安主毕，即继续开会。由公推临时会长王时泽君报告开会次序：首，军乐队奏乐；次，鼓风琴，男女宾合唱《悲秋词》；次，来宾及发起人行三鞠躬礼，均由女士子王沅德答谢；次，体育会会员开跳舞会；次，某君演说女士之历史；次，王君沅德致辞，谢各界诸君光顾之盛心，遂复奏军乐。散会以后，男宾发起人及代表，女宾招待员及代表，各摄影以志纪念。

追悼大会正厅内亦悬挂有祖父所撰挽联：

秋雨秋风　女豪杰为国殉难
新元新纪　革命党立庙昭忠

最后一个节目则是“散会后有事务所办事人发《秋女烈士遗稿》，为纪念品，各来宾争取一空”。由此可以知晓，长沙追悼会的主持人正是祖父王时泽，《秋女烈士遗稿》亦是作为此会的纪念品而编印、散发。祖父之得以被公推为秋女烈士追悼会临时主席，自然是因其为秋瑾在湖南的知交。

1955年，秋瑾之子王沅德病危，临终前将秋瑾遗照数帧及《秋女烈士遗稿》一本托付给祖父保存，以为纪念。祖父随即转赠湖南省博物馆。现在看到的一些秋瑾遗照即来自此。秋瑾在赠女友徐寄尘诗中，有“惺惺相惜两心知，得一知音死不辞”，我以为祖父跟秋女烈士的友谊同样达到了这一境界。

至于祖父在青岛的历史，则只能依据有限的资料，勾勒出一个大致轮廓。无意间在网上发现被拍卖的这张照片，尤显珍贵。凑巧的是，不久前青岛友人李洁又从微信上转发给我一张照片。据他说，这张照片摄于20世纪30年代的青岛崂山北九水。上面五个人，从右至左为宋美龄、孔祥熙、沈鸿烈，第四者不知何人，但第五人身着军服，蓄八字胡，他问是不是我祖父。我看着有些像，但不能确认。随即李洁又转发来一条微信，说照片中确认第四人叫邢契莘，时为青岛市工务局局长，最左者即是祖父王时泽，时为青岛市公安局局长。

从辛亥革命至北洋乃至国民政府时期，祖父曾辗转于国内多个城市担任不同公职，尤以在哈尔滨任东北航务局局长兼商船学校校长的时间为久。但就我而言，值得特别纪念的却是青岛。因为我的父母是在青岛结的婚。

青岛在民国时期为特别市，相当于现在的直辖市。祖父于20世纪30年代初起，先任青岛海军学校校长，后又任青岛市公安局局长，均系当时青岛市市长沈鸿烈推荐的。祖父与沈是在日本学海军时的同学，是至交。沈鸿烈对祖父多有提携。更早之前祖父在哈尔滨的任职，也是为时任东北海军总司令的沈鸿烈所荐。并且，沈亦是父母在青岛结婚时的主婚人。

我家原来有好几本老照片簿，里头就有一张父母结婚时的大照片。父亲西装革履手持礼帽，母亲一袭洁白的拖地婚纱，两边还有男女傧相和男女花童，好不气派。作为主婚人的沈鸿烈与祖父，应在其中。直至“文革”初期，照片簿悉数被抄去，我们居然都以为这些东西属于地道的“封资修”，抄了就抄了，无所谓。

在被抄去的相册里，就有不少父母在青岛时的照片，那恐怕是他们一生中最为难忘的幸福时光。并且小时候我在相册里就知道了，青岛有大海，有崂山，有教堂，有总督府，有德国人建的漂亮的别墅。祖父及家人即住在八大关的一幢别墅内。

年轻时父亲喜欢照相，还喜欢在影集上题些或长或短的句子。记得在给母亲拍的一张照片下就题道：“待鸟儿的歌曲唱尽，大海也停止了翻波，我的思念也许到那时才会停止，停止在永恒的幽默里。”不知这是他自己写的，还是抄录了哪位诗人的。但另有两句“使生如夏花之绚烂，死如秋叶之静美”，后来知道是出自泰戈尔的《飞鸟集》。

幸亏“文革”结束后，父亲单位又退还了极少部分残存的照片，其中居然包括几张父母在青岛时的留影，堪称劫后余生吧。只是可惜，小时候印象深的无一张在里面。

因青岛友人微信发来祖父与沈鸿烈、孔祥熙、宋美龄等人的合影，令我

图 6　祖父与沈鸿烈等人合影。1935 年左右摄于青岛崂山上九水。从右至左依次为宋美龄、孔祥熙、沈鸿烈、邢契莘、王时泽

产生了想去青岛怀旧的心思，同时想请青岛诸友帮忙找找，看还有没有祖父在青岛时期的一些资料。尽管希望渺茫，毕竟已是八十多年前的历史了，未料不虚此行。青岛的友人如大海捞针一般，竟然找到了若干件祖父当年的资料。

如民国十二年（1923）的《海事杂志》第一卷第六期上，刊载了祖父任东北商船学校校长时在开学典礼上的报告，开首云：

> 今日为本校补行开学典礼之日蒙上将军特派宋处长莅校并承张长官及来宾诸公惠临实为本校之光荣　时泽　代表全校员生敬谨致谢并将本校经过情形及教育方针报告如次……

此报告中所提“上将军”应为张作霖，而“张长官”则为张学良吧。

图 7　父母在青岛的结婚照

然而九一八事变后，日本出兵东三省，1932 年 2 月哈尔滨沦陷。日本人要求祖父继续担任东北联合航务局总经理，被祖父拒绝。于是日军先派宪兵至航务局将其监视，旋又派南满铁道职员岛一郎等人至航务局，诡称派宪兵系保护性质，今奉令请其继续任职，同时出任航运局长，待遇较前增加十倍，并提供其他一些优越的工作条件，且软硬兼施："如不同意即是反抗，军部当予以断然处置。"面对日军的威逼利诱，祖父以家小均在南方，欲回乡探亲为由，进行拖延。于是年农历元宵节，趁大街上民众燃放花灯之际，祖父只身潜逃出哈尔滨，径赴青岛。1932 年 5 月，祖父由沈鸿烈推荐，被张学良派任青岛海军学校校长。趁此机会，祖父也尽力收容了不少九一八事变后，被迫流亡关外的原东北商船学校学生。

又，据《王时泽与辛亥革命前后的中国海军》一文披露，青岛海军学校分设驾驶、轮机、测量等课程，先后培养了航海生 200 余人，轮机生 100 余人，多种水兵 1000 余人。有的人后来成为新中国的海军骨干，而祖父的学生马纪壮、宋长治等到台湾后，曾分别担任过“海军总司令”与“总统府秘书长”。

又，资料中还有《申报》上先后登载的关于祖父出任青岛市公安局局长（1933 年）与葫芦岛商船学校校长（1947 年）的报道，以及祖父给《青岛警察沿革》一书所写的序言等资料。

引其一（载《申报》民国二十二年九月十八日）：

图 8　父母在青岛寓所门口合影

青岛公安局长就职

青岛公安局长王时泽十六日晨八时就职，并召全局职员训话，略谓凡有益于地方之举，决极力迈进，望各安心服务。（十六日专电）

尤其有意思的是，在找到的若干资料当中，还有祖父当年给东北商船学校学生曹占荣开具的一张遗失证明。原文如下：

证明书

为证明事查曹占荣现年二十四岁河北清苑县人于民国十六年七月考入哈尔滨东北商船学校轮机班肄业至二十年三月期满毕业该生应领之毕业证书确经本员在东北商船学校校长任内亲手发讫兹据该生函称占荣之东北商船学校轮机班毕业证书因九一八事变遗失在哈恳请证明等情前来经查明属实相应缮发证明书一纸俾资收执此证

前任东北商船学校校长 王时泽

现任青岛市公安局局长

中华民国二十三年十一月

证明书并钤有王时泽私印及青岛市公安局大印各一。

这张遗失证明，再次印证了祖父对他的下属及学生一贯关爱有加。在担任哈尔滨商船学校校长期间，祖父曾聘请了一位叫冯仲云的数学老师。王时泽在得知冯是中共地下党员时，却一直对他进行保护。祖父认为冯仲云会教书，且为人正派，不会干坏事。在冯仲云的影响和培养下，商船学校不少学生加入了中共，其中就有后来成为抗联骨干的驾驶甲班学生傅天飞，以及后来成为第三国际情报员、著名作家的驾驶丙班学生舒群。

《王时泽与辛亥革命前后的中国海军》一文亦记载，当时日伪政权在哈尔滨大肆搜捕共产党人，傅天飞也被列入了黑名单。祖父闻讯后，即把傅天飞叫来，开门见山对他说：“如果你是中共地下党员，就赶快逃走；如果不是，你就坦然留下。”傅天飞迟疑片刻，说：“我没有盘缠。”祖父当然明白其意，

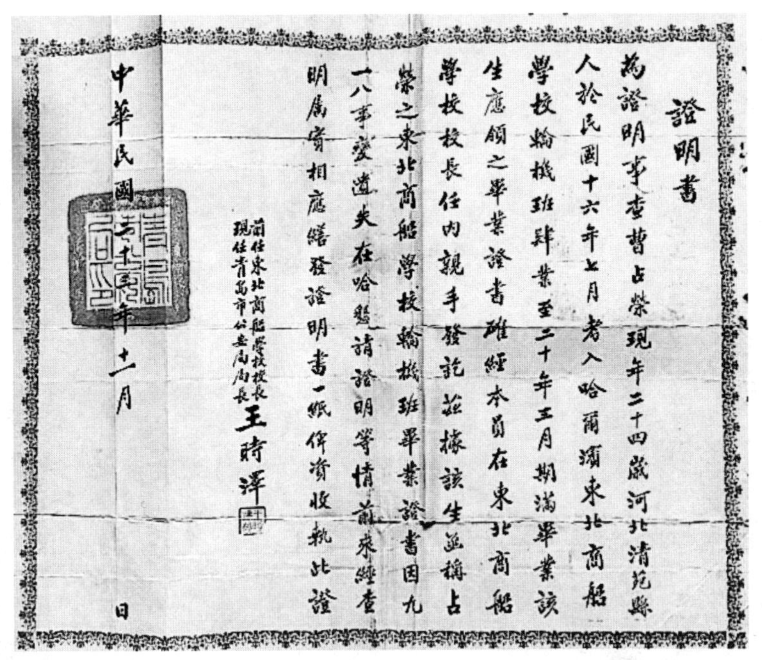
證明書

為證明事查曹占榮現年二十四歲河北清苑縣人於民國十六年七月考入哈爾濱東北商船學校輪機班肄業至二十年五月期滿畢業該生應領之畢業證書雖經本員在東北商船學校校長任內親手發訖並據該生延稱占榮之東北商船學校輪機班畢業證書因九一八事變遺失在哈懇請證明等情前來經查明屬實相應繕發證明書一紙俾資收執此證

前任東北商船學校校長
現任青島市公安局局長 王時澤

中華民國　年十二月　日

图 9　1934 年，祖父给东北商船学校学生曹占荣开具的一张遗失证明

马上送给他一笔路费，帮助他逃离了哈尔滨。

傅天飞后来追随杨靖宇将军，加入了东北最早的抗日武装磐石游击队，于 1938 年 3 月壮烈牺牲。现代作家萧军的抗战名著《八月的乡村》，其主要素材便是来源于傅天飞在磐石游击队的亲身经历。傅天飞在青岛时，通过舒群的介绍，将其酝酿已久的“腹稿”向萧军生动讲述了一天一夜。其时，萧红也在一边听得入神，竟然忘了厨房里还在煎饼，结果烧得满屋是烟。或许可以这样说，没有傅天飞，就没有萧军《八月的乡村》。

晚年的舒群也著文回忆过，当年商船学校虽是官费，可以养活自己，但养不了他的穷家。直到祖父帮助他去航务局做俄文翻译，家境才有所好转。但未料几年后舒群在哈尔滨也陷入险境，被迫南下逃亡。他首先选择各种势力并存的青岛作为暂栖地，主要就因为当年的校长其时已在青岛任公安局局长，而原东北海军司令沈鸿烈担任青岛市市长。他们的旧部也有不少人在这

图 10　母亲在青岛

里，相对安全。

然而由于当时山东的中共地下组织受到严重破坏，舒群和地下党青岛市委书记高嵩还是被捕。据了解，当时蒋介石钦定了三个“要犯”高嵩、倪鲁平和倪清华（舒群的妻子），要求将他们三人押解到南京陆军监狱。但最后却是倪家兄妹被解往济南监狱，而高嵩和舒群在祖父及沈鸿烈的多方奔走干预下，被留在了青岛监狱。且关押条件较好，还可以看书写作，舒群因之在狱中创作了他的成名小说《没有祖国的孩子》。其间祖父还亲自探监，给舒群送去衣物。最后在祖父与沈鸿烈的斡旋下，舒群终于得以获释。

舒群出狱后到了上海，不仅很快找到了萧军和萧红，还在周扬的帮助下恢复了中共的组织关系。并且凭借《没有祖国的孩子》跻身上海文坛并引起轰动，从而完成了从第三国际情报员到左翼作家的角色转换。

祖父任公安局局长期间，青岛日本侨民颇多，浪人屡挑事端，与中国官

图 11　父母在青岛合影

图 12　父亲摄于青岛鸿新照相馆，照片右下方可见凸印“青岛鸿新”字样

民相冲突。可是当时青岛没有中国驻军，祖父曾回忆道，“防范责任均在警察，其间所经艰苦，非笔墨所能尽述”。1936 年 11 月，日方因青岛日本纱厂工人罢工提出抗议，要求公安局进行镇压，身为公安局局长的祖父却同情和偏袒工人，且出于民族气节，未按日方意图处分工人，招致日方不满。同年 12 月 3 日拂晓，日海军陆战队 1000 余人武装登陆，逮捕中国工人，并包围捣毁有排日嫌疑的青岛党政机构，且向南京政府外交部提出照会，祖父因此被迫辞职。

1938 年，沈鸿烈当上了山东省主席，再任祖父为山东临时行辕主任。这个职务并未经国民政府正式任命，只能算是沈氏幕僚。但身处抗战之际，祖父并不计较，继续奔走国事。至1940年后，祖父终于脱离政界，偕全家避居湖南湘西边城凤凰。但即便暂寄宁静的青山绿水之间，仍“自九一八后刻刻未忘东北”。抗战胜利后，祖父又复出。先是国民政府派任在辽宁葫芦岛恢复的东北商船学校任校长，后又派任东北航政局专门委员、局长，直至 1948 年卸职归乡。

1951 年，年逾花甲的祖父被聘为湖南省文史馆馆员。记得闫幼甫先生在《辛亥革命湖南光复的记忆》一文中说，辛亥革命前，湖南的革命团体和革命志士很多，但民国建立之后他们不谈往事，既不居功，也不邀名，以至于中华民国临时政府稽勋局局长冯自由想表彰功臣却找不着受勋的人。

祖父也是这样的人。他晚年与我们全家住在长沙南门一条叫倒脱靴的小巷里。小时候，我见过他跟黄兴之子黄一欧的交往，但极少听他谈过辛亥革

图 13　祖父晚年与我们全家合影，1953 年左右摄于长沙。后排母亲所抱的幼儿为作者，后排左一为表哥陈漱渝

命及民国时期的往事。这种状况直到 20 世纪 50 年代末才有所改变。1959 年，政府有关部门提出要广泛征集民国时期的文史资料，从那时起，在湖南省文史馆任职的毛居青先生便经常来家拜访祖父。毛先生是一位饱学之士，曾经担任过湖南省省长程潜的秘书，协助黄一欧编写过《黄兴年谱》。当祖父向毛居青讲述他过去的经历时，毛居青连声说："这很有史料价值，这很有史料价值！"以前从不轻言个人历史的祖父幽默地说："原来我一肚子都是屎（史）呀！"

壬寅年（1962）正月初九清晨，祖父因突发脑出血逝世，享年七十六岁。

（原载《老照片》第 124 辑，2019 年 4 月出版）

一位邮局职员的人生

方　生

我的父亲王玉麟，1898年生人，自十九岁考入华北邮政管理局后，先后在河北保定、正定、易县邮局和北平的南苑、北京市局、达智桥19支局、米市大街26支局等七个邮局工作过，直到1958年六十岁时退休。

我的祖父是清末一个基层职员，从事文书工作，民国初年就失业了，只能断续做些杂工。祖母在家做绢花，由店铺向户里分送材料，收回成品，收入甚微。那时全家共有五口，我父亲还有两个妹妹，日子过得十分窘迫。

我父亲小时在邻居家设的私塾里借读了几年，通过帮私塾主人家干活抵部分学费。他学习十分刻苦，在私塾学习期间，打下了较好的古文基础，后来又上了小学，小学毕业后就因贫困失学了。失学后靠打零工贴补家用。父亲十九岁那年，在走过一条街道时，偶然看到华北邮政管理局招工告示，条件要求初中毕业或同等学力。父亲赶紧以同等学力去报名并幸而考中。考上后的第一份工作是在保定邮局做汉文拣信生，每月大致挣十多块银元。他除维持自己最低生活需要外，总是尽力节省几元钱寄回家中。在保定邮局工作三年以后，转到正定邮局。

当时正定是府治所在，府是比县高一级的行政机构。那里有个教堂，外地职工周日没处可去，多去教堂消遣。牧师每次布道后，还教英语。我父亲单身一人在外，无牵无挂，业余时间一方面加深中文基础，自学部分中学课程，再就是跟那个牧师学英语。他每周必到教堂，那牧师也看透了他的心思，笑问他："我看你这年轻人没那么虔诚吧，你是来学英语的吧！"牧师也没生气，每次布道后，留下跟他学英语的几个人中只有我父亲一直坚持着。几

图 1　父亲第二次在保定邮局工作期间的留影

年后，华北邮政管理局招考洋文拣信生，考题之一是将一篇古文译成英文，此外还有些问答题。他以优良的成绩考取，遂升为洋文拣信生，薪水也随之涨了几元。升为洋文拣信生后不久又调回保定局，并提升为二等邮务员，薪水涨到大约二十元。那时邮局职员一般几年调动一次，职员如无过失，每两年可增加一次工资。升职为二等邮务员后，他就租了房子，将我祖父母和他的两个妹妹接到保定定居，并供我二姑读到小学毕业。大姑因为有些智力障碍上不了学，经人介绍，在二十多岁时嫁给我父亲的一位在元氏县邮局工作的丧偶的同事。

这时我父亲已三十岁了，经同事介绍娶了同是三十岁的我生母孙仲英。我生母家境较父亲家略好。我外公是绍兴人，曾参加科举考试中了不知是什么功名后，被延聘为幕僚，先到山西，后又到保定。2008 年我去保定旅游，还专门参观了直隶总督署，不知他老人家是否曾在此当值。外公早殁，我外婆育有一子一女，当时靠我舅父在思罗医院当医生维持全家生活。

图 2　父亲王玉麟和生母孙仲英结婚照。1927 年摄于保定

图 3　我出生后的第一张照片，时年一周岁。1930 年摄于易县邮局家属宿舍

我父亲工作十分勤奋、敬业，于 1929 年也就是进邮局十年后被调往易县邮局担任局长。

父亲调到易县不久，我出生了，那天是 1929 年的冬至，故家人给我取乳名“冬儿”。我父亲调去易县邮局时，邮局租用的是北平西城西廊下胡同一位寡居妇女任太太在易县的房产。这位妇女当时三十多岁，有一个女儿比我大三四岁，叫慧贤。易县的房产是她老公公留下来的，有三进院落，邮局租用前院。前院有一排北房临街，邮局办公用，还有几间西房，作为本县离家路远职工的宿舍。我会走路后常跑到前院去玩儿，趁着父亲不注意，还会溜进办公的屋里东看看西看看。邮局职员都穿绿色衣服，大概有六七位，背对着门一字排开坐在一个长条桌子后面，面前的桌子上放的，应该就是要处理的邮件吧。我父亲说过，易县邮局投递范围很大，如果是往山区送邮件，一天也就送两三件。这些职工，多住在县城，只有两人在农村，周日才回家，平日就住在那几间职工宿舍里。第二进院子由我家居住，是向邮局租用的。我印象中院子不小，北房三间我祖父母住一间，我父母带我住一间，中间的堂屋算客厅。西房两间二姑住，东屋是厨房。院中央有一个大荷花缸，南边有一影壁，前边有夹竹桃、石榴树等。院子是泥土地，还种有许多花草。这些花草都是房东的，由房客负责管理。我家人除了侍弄这些花草，还种些向日葵、喇叭花和扁豆等。第三进院子，平时上着锁，房东任太太带着女儿来时才开门，院子不大，有两间西房，她们母女住。她们来了我最高兴，我是独生女，平日没个玩伴，就盼着任太太的女儿来一起玩儿。第三进院子有个后门，外面是一大片麦田，比一个足球场还大，绿油油的一片。每次任太太带着女儿来了，我就与任太太女儿——慧贤姐——到那麦地里玩，捉迷藏，抓蝴蝶，好玩儿极了。

当时我印象中的家，就是易县这个小花园的样子。八十多年后回想起来，这是我一生中住的唯一可称之为庭院的房子。以后到北平先后搬了十几次家，住的大都是大杂院里的几间平房。老北京人管这种靠租房住而常搬家的人家叫“串房沿儿的”，而房产较多靠租金生活的人家被称为“吃瓦片儿的”。我家就属于“串房沿儿的”。来北平后，印象中我父亲三年两载就为找房子犯愁、奔走。

在易县时的住处，也是我父亲和上辈人有生以来住过的最好的宅院，父亲的工资也涨了，全家都十分高兴。父亲还给母亲和二姑买了一架风琴。记得父亲每年还带全家人去一次孔庙，还去过几次叫“崔家花园”的私家花园，这个花园就是一大块空地，春天的时候一片桃红柳绿，非常好看。

在易县的这段时间，是我家生活最稳定、安适的日子。那时四大银行（中央、中国、交通、农业）加两局（电信局、邮局）的工作被认为是“铁饭碗”，我在新中国成立前能上学费较高的教会学校，又考入大学，是因为那时的邮局工会还给报销子女学费。

那个年代，机关单位很少，整个易县，除了县政府，只有一个小学校、

图 4　1934 年，我同长辈合影于易县邮局家属宿舍。左起依次为房东、祖母、我、房东之女慧贤、母亲、二姑

一个邮局，还有一个公办盐店。这几个单位每到过年就会聚餐，先是县长做东，然后是这几个单位轮流做东，都是在各自家里请客。轮到我父亲请客时，请了易县一个有名的厨师到家里掌勺儿，只有祖父母和我父亲三人上桌，我母亲和二姑帮厨、端菜，我坐在桌边一个小板凳上陪吃。那次请客，我记得他们谈论的是“小日本”已经占了东北三省，还要往关内打，他们说着说着都非常气愤，都说我们要坚决抵抗，决不当亡国奴。我听着这些话似懂非懂，脑子里很乱。

1936 年初，父亲接到调令，调回华北邮政管理局另行分配工作。这年年初，全家随父亲迁至北平，暂时住在刘兰塑胡同的一个小院的三间西房里。我父亲临时到位于前门内东侧的邮政管理局上班。这样过了大概两个月，父亲被分配到永定门外的南苑邮局，仍任局长。之后不久，他在南苑街上找到

图 5　易县西大街。易县照相馆摄于 1929—1935 年。邮局应在照片中街道右侧靠东的位置，照片中未显示

四间南房，房东是福音堂小学校长，姓李，也是南苑教堂的牧师。我们全家很快就搬了过去。

这时，日军步步逼近。以拼刺刀出名的二十九军就驻扎在南苑，准备抗日。1936 年暑假，父亲送我上了镇上唯一的学校，也就是我家房东当校长的福音堂小学。课堂上各门课老师都讲抗日的事，鼓励学生救国抗日，还组织高小学生进行了几次童子军野外生存训练。我十分羡慕，但低年级不能参加，父亲特意买了一套童子军服装给我穿。

1937 年，放暑假不久，一天突然听到西边传来隆隆的炮声，之后又看到低空盘旋的飞机。大人们说这贴着“红膏药”的飞机是小日本的，看来小日本更加疯狂了，这是对着驻扎在南苑的二十九军司令部来的。后来才知道那天在宛平县卢沟桥发生了震惊中外的“七七事变”。父亲见战事迫近便在城内安福胡同租了四间平房，把全家老小送进城居住，但父亲自己一直住在邮局。父亲作为南苑镇邮局的局长，保护好公众的信件和包裹是他的职责。自从送我们进城后，战事日益迫近，他就叫同事都各自回家，这些同事家都分散在镇外的农村。邮局在镇上，被轰炸的可能性大。只有父亲和一位外地职工两人驻守邮局，看守公物。

从那时起一直到8月中旬，有五十多天父亲音信全无，我们全家天天悬着心，不知父亲生死！

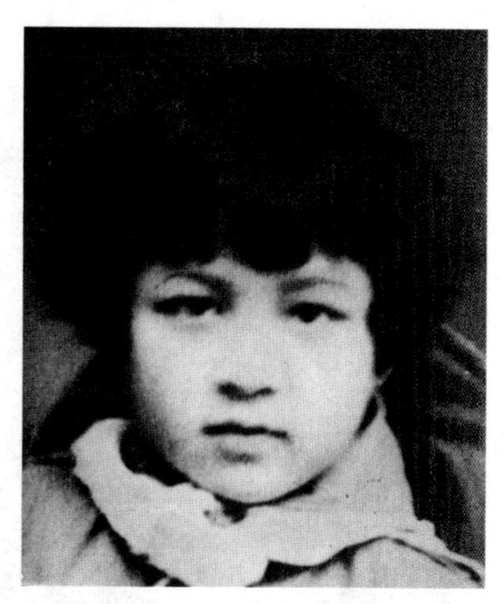

图6　1937年，我在南苑福音堂上小学时穿童子军服留影

8月中旬的一个晚上，父亲骑着那辆老旧的自行车，神态十分疲惫地回来了。全家喜出望外。父亲稍稍缓了缓劲，说从卢沟桥事变后半个多月，小日本就对南苑疯狂进攻，坦克、大炮一起上。我二十九军顽强抵抗多日，终因敌方武器装备远强于我方，且寡不敌众，二十九军作战失利，佟麟阁和赵登禹两位将军都牺牲了。父亲说镇上到处是我军官兵遗体，惨不忍睹。日军狂轰滥炸，而小小的邮局周围却未被炸到，不知是侥幸，还是敌军想查找资料有意而为。战事一停，几个日本兵和一个"翻译官"（汉奸）就气势汹汹地闯入邮局，将我父亲和另一留守职工塞进一个小屋，日本人拿着枪指着他们，逼他们交出二十九军和共产党的信件、包裹。日军得知父亲是局长，重点对他威胁恐吓，还用枪把子打了他多次。我父亲只说一句话：这是民间通信，没有军方业务。日本兵见无收获，就让那翻译官跟着把小小邮局保存的信件逐一检查，包裹也被打开，散落一地，并没有找到他们想要的东西，气愤地摔门而出，走时还用枪指着我父亲威胁，那汉奸翻译说：今后有国军、共党的信必须报告，不报就是通敌，毙了毙了的。那天是日军占领南苑后，父亲第一次回家。第二天早晨又骑着车去邮局上班了。以后父亲每周回家几次，因城里缺菜，父亲每次都用自行车带些青菜回来。每次进城门全身和青菜都被喷了DDT，日本人怕被传染"虎列拉"（霍乱），进入每个城门都要喷药。父亲每次回家后总要咳嗽一大阵子。当时，凡有拉肚子的，都不敢去治，日本人知道了就会拉去烧死。有一次父亲患了严重的痢疾，脓血便，顶了几天不见好，只好托人找家靠得住的药店偷买点药吃才缓过来。

图7 1944年，父亲与继母贺蜀彦抱着大弟弟合影

那时买粮要早早去排队，这样还能买上点高粱米、少量的玉米面，去晚了只剩下难以下咽的发霉的“混合面”。

日本人占领之后，物价涨得很快。父亲一人工作，支撑这老小六口之家已很困难。素来体弱的母亲又患了重病，先是找中医吃汤药，后来送到协和医院，但为时已晚，没多久她就去世了，那年她才三十八岁。母亲刚去世时，我还时常幻想母亲穿着那件多年不变的淡蓝色旗袍，从外面回家来了。四五天后我终于明白，死去的人是永远不会回来的，才醒悟过来，我是没有妈妈的人了，想着想着，时常哭泣。父亲和母亲非常相爱，母亲的死令他悲痛至极。就在母亲去世几个月后，我大姑因与丈夫时常吵架，带着大姑父前妻生的大我两三岁的小女儿从石家庄（那时叫石门市）投奔父亲来了。这样家中更加拥挤不堪，亲戚们挤在一起，常有磕磕碰碰，有时闹些口角。现在回想起来，父亲每日早六点多，骑上自行车，心中怀着刚刚丧妻的伤痛，身上背着沉重的经济和精神压力，奔往几十里外的工作岗位南苑邮局，上班后要经常受那个汉奸翻译官的挑刺、找碴，下班骑车一个多小时，每天进城门必遭DDT喷洒，回到家里连个安静的窝都没有，更无处洗掉那周身的药味！我真想不出那样的日子，他是怎么扛过来的。

我十岁时，我生母去世已两年，我父亲经人介绍娶了我继母贺蜀彦，那年她三十三岁，比我父亲小九岁。继母家也比我家富些，她本人小学毕业，还上过私塾，学过苏绣，写得一手好字。

继母来我们家时，大约是1940年或1941年，我家刚迁至西城福绥境胡同的一个大杂院的五间平房中。继母先后生下两个男孩，都聪明可爱，全家都很高兴。不过，家务活也增加了不少。我祖父母都已七十岁上下。我二姑已三十多岁了，尚未出嫁。继母娘家条件比我家好，在娘家很少插手洗衣服做饭之事的继母，来到我们家什么都得干，效率自然很低，继母和二姑之间便时常发生口角，祖母自然站在女儿一方。父亲在外辛劳一天，回到家中，一面听妻子诉苦，一面听母亲告状，他夹在中间，左也不是右也不是，只有一个“忍”字。我那时正上小学，大人的事我不能插嘴，只是看父亲疲惫、为难的样子，心里难过。

人们在日本侵略军的铁蹄下苦苦挣扎着熬过了八个年头。1945年8月

15 日，日本帝国主义终于投降了，沦陷区光复了，人们再也不当亡国奴了。但光复带来的喜悦很快就大大降温了，国民党政府发行了“法币”，取代汉奸政府发行的“联币”，没多久又换成“金圆券”。货币贬值的速度以小时计。父亲上午领了薪金，中午休息时间赶快就近买粮用自行车运回家中，否则下班后粮食就又涨钱了。因此，虽然光复了，我家里的生活水平并未提高。稍有改善的是，父亲从南苑邮局调至宣外达智桥邮局，路近多了，他的劳累有所减轻。但不幸的事又接踵而至。我那可爱的刚满四岁的二弟因患肺炎未能治愈而夭折。家人的悲痛还未平息，大弟的脸色越来越不好，肚子渐渐鼓了起来，那时家中生活已很困难，上医院要花很多的钱，于是家人竟相信别人介绍的一个“大夫”，请他天天给弟弟“捏脊”，但弟弟人越来越瘦，肤色变成暗黑，肚子却越来越大。这时父母终于下了决心，借钱也得带大弟弟去医院看病。经中和医院（后改为北京人民医院，今为北京大学人民医院）专家钟惠澜医生诊断为“黑热病”（系白蛉子传染），专家说已到晚期，回生无望了。那时，正是北平迎接解放之际。原本 1949 年就可进入小学的大弟，竟在六岁那年告别了人世。

家人的悲痛是可以想象的，尤其是父母和祖母。“对一个男子来说，最不幸的事莫过于中年丧妻、老年丧子了”，这些倒霉的事全让我父亲遇上了！对祖母来说，她多年盼望的孙子，竟然得而复失，年已八旬的她，是多么失望！

1949 年 1 月 31 日，北平和平解放。1949 年 2 月 28 日，市军管会宣布接管北平邮政。

我父亲属于旧职员，即新中国成立前各科层制机构中留存的职员群体。在新政权下如何安置这些人，共产党有一系列相应的政策，银行、电报、邮政、矿山、铁路、工厂等，属于官僚资本企业，相应的政策是保持企业原来组织机构，军管会（军事管制委员会）负责委派军代表监督其工作，厂长、局长、监工等职位，仍由原厂长、局长及工程师等继续担任。这个政策使得我父亲 1949 年后继续担任邮局局长直至退休。当然该政策还包括要通过短期培训班、夜校或上大课的形式，对企业系统旧职员进行教育和改造，重点是政治教育。

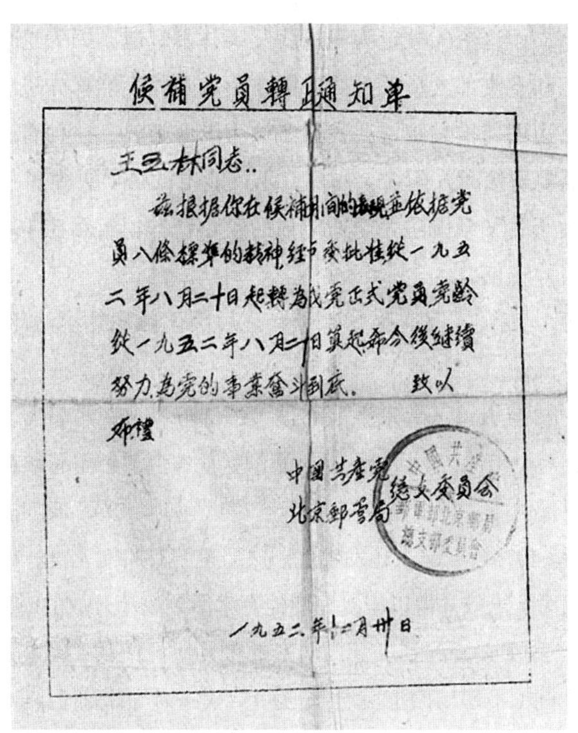

候補党員轉正通知單

王立林同志：

兹根据你在候補期间的表現並依據党員八條標準的精神經市委批准從一九五二年八月二十日起轉為我党正式党員党齡從一九五二年八月二十日算起希今後繼續努力為党的事業奮斗到底。致以

敬禮

中国共產党
北京郵電局總支委員会

一九五二年十二月卅日

图 8　父亲的入党转正通知

我父亲于 1949 年在中共北京市委干训班学习，并在同一年成为邮局第一批入党的中共预备党员。我父亲加入共产党，与我的影响有些关系。我是在 1947 年 3 月底加入共产党的，在入党前后的一段时间里，我经常把一些进步书刊带回家中，例如《解放三日刊》、史沫特莱的《中国之战歌》、胡绳的《新哲学人生观》、艾思奇的《大众哲学》等。这些书籍我父亲也会翻看，我还时常与他谈论社会局势，当时国民党的腐败他也看在眼里。这些书籍和议论，或许在一定程度上促使我父亲倾向并接受共产党的主张。

虽然我父亲在 1949 年就入了党，但毕竟是“旧职员”，无法完全适应如此巨大的社会变迁。过去局长全权负责局里工作，现在是要听党组织指挥，用今天的表述就是从局长负责制变成了党支部领导下的局长负责制。例如他讲过这样的例子，局里评选先进职工，由党支部定人选，让他以局长的身份去跟职工宣布，而这个人被定为先进我父亲并不赞成，因为这个人参加政治活动很积极，和党支部人员关系好，但在业务上并不能算先进。又如上级要求邮局在马路边摆摊推销邮票，我父亲认为没有必要，这种普通邮票与集邮不同，只在需要寄信时人们才会用到，不可能也没必要买很多存在家里。

也许是由于我父亲无法完全适应他的新角色，他虽然在 1949 年入了党，却在两年多后才转正。

1949 年后，我父亲又工作了八年，之后因手颤病休了两年，于 1958 年退休。

退休后，父亲承担了全家生活的很大一部分家务，掌管着全家的三餐安排。20 世纪五六十年代，生活物资非常紧缺，基本生活必需品如粮食、油料等，都是凭票证限量供应。特别是"三年困难时期"和"文革"时期，生活只能维持在最低水平。1975 年，父亲还发生过一次严重的心肌梗死，幸好我当时在家，及时把他送到医院抢救并得以康复，使他有幸活到改革开放的时代。

1980 年，我丈夫分配到一套四居室的单元房，使我父亲在有生之年住上了家中有卫生间（不用出门上厕所）、有上下水（不用每日打净水、倒脏水）、有暖气（不用自己生炉子）的房子。改革开放后，生活必需品供应开始好转，东西比过去好买了，家里生活得到改善。父亲操持家务之余，会看看报纸，还买了一套英语教材，每天跟着广播电台学英语，偶尔还会飙一两句英语。我父亲是 1986 年去世的，享年八十九岁。父亲辛苦操劳，节俭克己，勤勉工作一生，自己几乎没过几天经济宽裕的日子，在他有生之年能赶上改革开放，能过上几年稍微好一些的生活，让我这个做女儿的也稍感安慰，只可惜这段时间太短暂了，每想到此，总感觉深深地遗憾。

（原载《老照片》第 131 辑，2020 年 6 月出版）

抗战年代的家

吴华民

这是一张老照片（图 1），摄于 1940 年我在广西全州的家。从画面中可以看出，这是在我家院内。地上有城砖，院内有院墙，院墙外面有山。大家随意地或坐或站。院外的山离院墙很近，山形俊美，与桂林的山有些近似。照片的右上角印有两行竖排字，曰“吴受益堂合家欢，二九年四二六摄于桂全县旅寓”。什么意思呢？我是这样解读的：吴姓受到苍天关爱或照应的全家人，于民国二十九年四月二十六日在桂林全州县的临时寓所合影留念。

民国二十九年，也就是 1940 年，中国独自对日本的抵抗已到了第四个年头，这时离太平洋战争爆发还有一年的时间。自 1937 年全面抗战爆发后，国民政府在中国的土地上已完成了十数次对日本的大会战，此时进入相持阶段。日本军队自两年前攻下武汉接着占领了湖南岳阳后，就被中国军队堵在了新墙河以北，湖南的大部分乡村城市还在中国军队手中。在湖南的最南端有个叫东安的小镇，和广西的一个小镇接壤。广西的小镇叫全州，它隶属全州县，全州县又隶属桂林。

湖南的东安驻着一支虎狼之师，它的全称是国民革命军新编第二十二师，师长叫邱清泉。新二十二师归中国历史上第一支机械化部队陆军第五军建制，第五军军长叫杜聿明。第五军司令部就在全州。我的父亲在第五军建军初期便出任军需处处长，随军家属跟着父亲在全州安了个家。这就是全州县临时寓所的由来。

说起随军家属，就要介绍照片上的人物。上面有叔父夫妇和孩子，大伯母和她的四个男孩和两个姑娘，姑妈和姨娘的儿子，父亲和大妈妈。我的妈妈是一年后，也就是 1941 年才嫁给父亲，这时的身份还是使女，正在前后忙着张罗，没有资格出现在这张照片里。

照片最左边着长衫、玉树临风的男子，是陆军少校吴子正，父亲的胞弟，这一年刚好三十二岁。三年前，他还在陆军第八十八师服务，经历了淞沪抗战、南京保卫战，于 1937 年 12 月 12 日从南京城突围，到了湖南湘潭，找到哥哥吴子宜，加入了第五军。抗战胜利后遂被任命第五军副参谋长，到南京出任由第五军派生出的鸿翔部队、伞兵司令部军需处处长，后任八十八军军需处处长。

叔父的左手边有几个女孩子，她们分别是二姐三姐四姐，叔父新婚妻子，还有五姐。我小的时候家里就是这么排行的，我在堂房男丁中排行老九，我的大哥如活到今天已过百岁，所以到今天我的侄儿侄女一大群，其中比我大的也多了去了。按理说，堂房兄弟可以不这样排行。看到这张照片后，我找到了这样排行的出处。

二姐是大伯的二女儿。大伯母一共生了四男三女。大女儿这时已经出嫁，

图 1　合家欢。摄于 1940 年

随女婿在另一个部队。后排左四是我四姐吴月礼，这时正在全州的第五军子弟学校念书，和杜聿明的长女杜致礼同班。四姐成绩很好，在班上长期排名第一，在家也很知礼懂事，抢着做家务，缺点是太争强好胜，1944 年一次考试失利，服毒自杀身亡。我上小学的时候，大妈妈每谈到念书必拿四姐说事，说到四姐自杀时跺脚叹气。

四姐的左右二位，是三姐和五姐。这二位姐的生母姓廖，是叔父的原配。叔父结婚后离家从军，廖姓婶婶便在老家抚养两女。抗战爆发前，廖姓婶婶生病不治，临终前把两个女儿托付给了我的大妈妈。于是，这二位姐姐从小就叫我大妈妈为妈，叫我父亲为爸爸。1949 年后，二位姐姐分别定居芜湖和肥东，前些年相继因病去世。在五姐后面的一年轻女子，是叔父结婚一年多的妻子，在拍这张照片的五个月前生下了叔父的长子，就是坐在石板上腰杆笔直的少年怀中抱着的娃娃。他在我家男丁中排行老五，我叫他五哥。

抱着五哥的少年是大伯父的次子，我叫他二哥。早在父亲任职南京军需学校时，大伯看父亲和我大妈妈已结婚十年还无子嗣，便将次子过继给了父亲。二哥在第五军长大后，读了机械化学校；1948 年机械化学校毕业，分配到台湾服役。这一去四十年后才得回大陆探亲，见到父亲长跪不起，号啕大哭。二哥于 2004 年来南京探亲时不幸去世，现葬于台北。

大哥和他的妈妈——我的大伯母——身着白色衣裳站在照片的中央。大伯父于 1937 年 2 月在老家肥东去世，去世后才半年，抗战就全面爆发了。这时，伯父七个子女中的三个已成人，另四个还小得很。父亲当时在参谋本部城塞组任上校，忙于沪宁一带的城防工事建设，派人回老家叮嘱大妈妈，他要将吴家子侄一个不落地全带走，寡嫂尤重。这样，伯父的七个子女，除老大嫁人外，全在这张照片里。

大哥这一年已经成人，在读医校药品专业。据说他学习成绩很好，深得老师喜爱。他的老师是个很牛的浙江人，叫朱式欧，中国第一批庚子赔款生，留学日本后，在家乡义乌办了一所中学，自任校长。现在的中国药科大学创始人中有他老人家。抗战爆发后，朱先生就跟着他的学生即我大哥吴抚民的叔父的部队第五军一同进退，自然也住在我的全州的家里。家里没有一个人会抽烟，也不敢学，父亲却整箱的好烟买回来，说：朱老师有学问，应该抽烟。

图 2　朱式欧

大哥学业完成后，也进了部队，当了药品库库长。官至少校的时候，干了一件很牛的事，娶了他老师美丽的二女儿，他的妻子成了吴家的长房长媳。大嫂贤德聪慧，生了五男三女，此为后话。

在大哥腿前的两个小屁孩，分别是我的三哥四哥。他俩岁数相差不大。三哥在 1949 年时代变革的大潮中参加了解放军，去朝鲜和美军打过仗。从朝鲜回国后，落户安徽芜湖，进了一个玻璃厂当了工人，娶妻后生了三子，个个有建树，堪称美满。

四哥吴树民，抗战初期只是个奶娃，大伯母带着他和他的哥哥们在第五军度过了最艰难的岁月。四哥自小聪明伶俐，深得大人们喜欢，他读书用功，50年代考上了北京地质学院，毕业后分到大西北。四哥工作认真，不怕吃苦，

图 3　大哥大嫂 1943 年底在长沙教堂举行婚礼

一直在向组织交心，并和家中的老人们划清了界限。四哥最大的愿望是加入中国共产党，已是工程师的他常常主动去采石场帮助工人们开山炸石。70 年代初，不慎在一次放炮时身亡。三哥去大西北处理了后事。三哥力陈四哥是因公牺牲，请求单位追认他为党员，可惜组织上没有同意。四哥的这一愿望到底没能实现。

在三哥四哥左边的另两个孩子是表哥，大一些的是姑妈的儿子，被抱着的是姨娘的儿子。

图 1 的右边，是父亲和大妈妈。拍照的这一天，父亲应该是放假。他身着便装，和大妈妈笑嘻嘻地看着镜头。他看到的是全家子侄健康活泼，在逃难中个个衣着整洁。他题写“吴受益堂合家欢”几个字时，应该是充满了对上苍的感恩和钦敬吧！

拍完这张照片第二年的 4 月，父亲娶了我的妈妈；拍完这张照片的十八年后，父亲有了第一个儿子；拍完这张照片的二十一年后，父亲才有了我。

（原载《老照片》第 126 辑，2019 年 8 月出版）

关于一位百岁老人的记忆

张　微

一

这是一张结婚照（图 1），摄于 1933 年，距今已整整八十六年了。

与那个年代惯常由照相馆出品的婚纱照不同，这是一对新人结婚当天，在自家花园用自己的相机拍的，连新娘子手里的捧花也是在花园里采的。这在当时是标新立异的举动。

照片中的两位新人对拍照都不太习惯，有着那个年代人们的羞涩和木讷。新郎表现得相对比较明显，似乎还有一些排斥，因为在快门按下的一刹那，他似乎有意低了头。照片上的新娘子相对好一些，自然端庄。照片的原件前几年不知道被哪位亲人收藏了，这是翻拍的，质感和清晰度都差了很多。

这对新人，就是丈夫的爷爷和奶奶，奶奶前不久以一百零六岁高龄过世。以往每次提到她老人家的年龄时，大家第一反应通常是吃惊，然后第二句就会问："能如此高寿，一定有什么秘诀吧？"

我结婚的时候，老太太已经快九十岁了。作为不在一起住的孙媳妇，我跟她老人家相处的时间并不是太多，只知道老太太的饮食起居并没有什么特殊的爱好和要求。写几件这些年我所见所闻的小事儿，或许能从中找到答案。

图 1　夫家爷爷奶奶的结婚照

二

奶奶娘家是黄县（今山东龙口市）有名的殷实人家，乡下有房有地，县城有商号。奶奶在教会学校经正小学读了七年书，是小学毕业。她识文断字能写会算，一直到百岁高龄依然思维敏捷，头脑清晰，各种典故张口就来。

经正小学 1906 年（光绪三十二年）由袁丕龄创办于二圣庙大街。原系初等小学，1912 年秋添高级班，学制七年（初小四年，高小三年）。1919 年

图 2　袁义亭校长六十寿诞时，赠予奶奶的纪念照

袁丕龄故世，袁义亭接任校长，捐款建校舍二十余间。1922 年建女校。1923 年由袁乾一捐大洋万元为办学基金。历任校长有袁铭三、袁义亭、袁汝鼎等。1933 年，经正小学有楼房一座，普通教室、特别教室共二十四间，礼堂六间，办公室、教员住室、学生宿舍、自修室等十余间。操场九百平方米。学校备有标本、仪器、教学用具、运动器械。学校设教务、训育、事务三处。七个教学班，学生三百三十七人，其中女生八十三人。教职员十四人。课程设置有国语、算术、历史、地理、卫生、公民、音乐、体育等科，教学成绩优良。

1933 年全县小学毕业生会考，经正小学得八十九分，名列第三……

这是在网上能找到的仅有的关于这所学校的介绍。文中提到的袁义亭校长就是爷爷奶奶的媒人。

奶奶十一岁的时候生母去世，很快继母进门。

家中长辈既有她的爷爷奶奶、姑奶奶（爷爷的妹妹），又有没分家的大伯和叔叔，还有带着孩子们常住娘家的姑姑；同辈除了六个同胞弟妹，还有同父异母的大哥、继母生的弟妹、堂表兄弟们。一个没娘的小姑娘，在这样一个关系复杂四十多口人的大家庭里长大，还要护佑弟妹，真是太不容易了。

我想奶奶不同凡响的心胸气度，跟她的成长环境应该有很大关系。

奶奶在外做生意的爷爷年龄大了，叶落归根。没想到，回家没多久老人家就瘫痪在床。作为家中长女，奶奶毕业后在家日夜照顾老爷子三年多。直到把老人送走，她才出嫁。因为照顾老人有功，家族里一致同意破格发送，嫁妆五百大洋。

那一年，她二十岁。

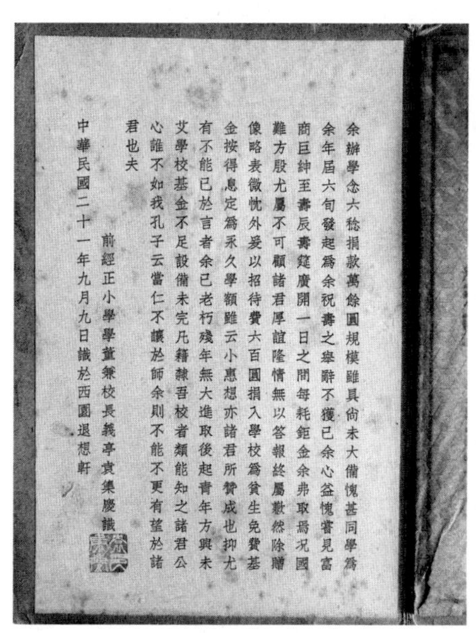

余辦學念六稔捐款萬餘圓規模雖具尚未大備愧甚同學爲
余年居六旬發起爲余祝壽之舉辭不獲已余心益愧嘗見富
商巨紳至壽辰壽筵廣開一日之間每耗鉅金余弗取焉况國
難方殷尤屬不可顧諸君厚誼隆情無以答報終屬歉然除贈
像略表微忱外爰以招待費六百圓捐入學校爲貧生免費基
金按得息定爲永久學額雖云小惠想亦諸君所贊成也抑尤
有不能已於言者余已老朽殘年無大進取後起青年方興未
艾學校基金不足設備未完凡籍隸吾校者頗能知之諸君公
心誰不如我孔子云當仁不讓於師余則不能不更有望於諸
君也夫

前經正小學學董兼校長義亭袁集慶識

中華民國二十一年九月九日識於西園退想軒

图 3　袁义亭校长赠照的裱册及题识

三

奶奶有六个孩子，她深知教育的重要性，竭尽全力供孩子们上学。孩子们学习都很棒，在学校都非常出名。那时候奶奶最常说的一句话就是："你们都死在书上吧！"

一屋子大姑娘小伙子，放学回来个个都埋头学习，比着看谁考得好。奶奶在厨房里忙活一家人的饭，叫人帮忙干个活儿，都没有抬头的。

新中国成立后，爷爷一个人的工资要养活一家九口（爷爷的父亲已经去世，母亲还在），那时候奶奶宁可自己在家给刺绣厂当家庭工绣花，也要供孩子们上学读书。回忆当年，奶奶跟我讲："那日子真难啊，你姑姑上大学的时候家里还能给她做一套被褥，后面两个上大学，就没钱给他们置办了，把我愁的啊。只能把家里的俄罗斯壁毯拿到拍卖行卖了一百七十块钱，这才打发他们两个走了。幸好那时候花钱还能买到棉花和布，第二年就凭票供应了，有钱也买不着啊。"

图 4　爷爷年轻时

1958 年爷爷被打成"右派"，工资从九十三元降到三十七元。

这时家里孩子们一个大学刚毕业，两个正在上大学，一个高中，一个初中，一个小学。这日子实在是过不下去了，于是奶奶去了街道工厂给人做衣服挣钱。饶是这样，愣是没让一个孩子辍学去上班帮补家用。

在那个年代，奶奶培养出三个本科生，三个高中生。如果不是因为受出身影响，不让考大学，奶奶培养的大学生应该还要多。

这张照片（图 5）是奶奶结婚第二年拍的全家福。前排坐着的两位老人是奶奶的公婆，后排中间是奶奶和爷爷小两口，左右两边是两位正在上学的小姑子（大姑姐在奶奶婚前已经去世了）。

1968 年 11 月，照片中奶奶的婆婆突然去世，这时爷爷患胸膜炎正在住院，与此同时儿媳妇又临产，三件大事同时压过来，把五十五岁的奶奶忙得焦头烂额。

那天奶奶带着一大家子亲戚去殡仪馆送老人最后一程。临走前，她交代看家的孩子煮好面条，待会儿大家回来要一起吃饭。不知道什么原因，等大队人马回来的时候，面条没做。奶奶很生气，自己动手煮了面做了卤，招呼亲戚们吃完再把大家逐一送走。

这时她坐下来，对儿媳妇说："淑娟，我烫着了。你去给我买药吧。"家里人这才知道，奶奶煮面的时候不小心碰倒了汤锅，整整一锅热面汤洒在

图 5 全家合影

图 6　晚年的奶奶

脚上。她愣是忍着钻心的剧痛一声没吭，直到把亲戚们都送走。这时，袜子已经粘在脚上脱不下来了……

前些日子回老家看祖宅的时候，表婶（奶奶五弟家的儿媳妇）跟我讲了一件小事儿："前些年，我们两口去青岛看姑姑。姑姑问我：'你儿应该今年大学毕业参加工作了吧？找了个什么活儿啊？''他考到人民银行了。''哎呀，好啊，是个正经单位。你现在没心事了！'那年老太太一百零二周岁了，这么多侄子侄女（将近三十个），她个个都记着不算，竟然连侄家孩子的事儿都记得清清楚楚。你家老太太真不是一般人啊！"

表婶竖起大拇指，佩服得五体投地。

不只是娘家的侄孙，奶奶记得清清楚楚，就连两位小姑家的十好几个孩子和下面的孙辈们，她也是丝毫不乱。去年冬天，一百零五岁的奶奶开始一阵清醒一阵糊涂，有时候会认不出前来看她的亲人。在澳洲定居的二姑奶奶（图 5 中戴眼镜的二小姑）的孙女回国来看她，在她耳边大声说："舅姥姥，我是燕燕，我来看你啊。"奶奶端详半晌："噢，燕燕啊，你从澳大利亚回来啦！"

2014 年一百零一岁的奶奶，做了一件震惊全家的事——

已经多年没出家门的她居然自己上下六楼，去探望九十四岁病危的三小姑（图 5 中最右侧短发的小姑娘）！

按说至亲病重去探望是应该的，可是没人会要求一位百岁老人必须这样做。但是奶奶一辈子礼数周全，对她来说知而不行，是不可能的。

大家心惊肉跳后怕之余，除了敬佩还是敬佩。

我结婚进门的时候，奶奶已经接近九十岁了。我特别喜欢跟她老人家聊天，喜欢听她讲年轻时候的故事，喜欢听她给我讲那些质朴却充满哲理的人生道理："打你怀孕起，到你闭眼，他（孩子）永远都是你的心事。""朋友是锦上添花，父母是雪中送炭。""宁嫁高郎，不嫁高房（不要高攀）。"……

每次去看她，我都要故意说："奶奶，你知道吗？百岁老人是有奖金的呀！而且是每个月都发呢。您一定要拿到这个奖金啊，第一个月的奖金一定要给我！"奶奶每每都开心地说："好，我努力，一定让你挣着这份儿钱！"

2013年的一天，五叔给我打电话，说奶奶让我去一趟。坐下之后，奶奶拉着我的手递给我一个红包："这是我昨天发的头一个月的百岁老人奖金，说好了给你的。"我哈哈笑着说："哎呀奶奶，这我哪能要啊，我那是跟您开玩笑的，您怎么还当真了呢？"

公公在旁边也说："妈，她是小孩子闹着玩儿的，您留着吧。"

奶奶回头瞪了公公一眼："你还主了我的事儿了?!"转头跟我说："好孩子，我知道你的心意。我答应过你，一定让你挣着这份儿钱。这四百块钱，两百给你，那两百给你妈妈，沾个喜气。"

奶奶的安排真太让人吃惊和意外。让人不禁感慨，心地善良，知书达理，在婆家娘家的大家庭里历练了一辈子的老人家，真是时时事事处处妥帖，为人着想。

四

生活中并不乏应对得当、进退有度的人，可你分明能觉察出他只是出于礼貌甚至是需要，那些得体的话语中没有温度，甚至还透着丝丝冰冷的疏离。但奶奶不一样，你能体会到她是真心实意地把你放在心上。在我看来她长寿的秘诀就是——善良和心胸宽广。

奶奶走后第三天，我又去了奶奶家。

茶杯、闹钟、擦手巾，奶奶随手用的这些零碎东西依然摆在床头；床对面的小黑板上还残留着字迹，写着近期来电话的晚辈们的名字和时间；奶奶用的搪瓷杯还放在桌上……环顾四处，一切好像都没变，又好像一切都变了。

这些可爱的老物件的精神和热乎气儿，仿佛也跟着主人一起走了……

这时我才意识到，原来那位身材瘦小，精神矍铄，言语不多的老太太才是这个家的灵魂所在。

我多想像以往一样，奶奶慢慢地坐起来拉着我的手，满脸的皱纹仿佛开成一朵花，用浓重的黄县口音笑呵呵地说："活宝，你来了啊。"

我多想像以往一样，用力亲亲她的腮帮儿，在她耳边大声说："奶奶，你要好好吃饭，好好睡觉，好好活着啊！"

奶奶，我想你！

（原载《老照片》第125辑，2019年6月出版）

我家曾住万竹园

王利莎 口述　刘忠帮 整理

我叫王利莎，原名赵芙蓉，我的姥爷是北洋时期的山东督军张怀芝，爷爷赵荣华也是北洋时期山东黄县（今龙口）的著名军阀，曾被授予上将军衔。1951 年 9 月 17 日，我出生于济南万竹园张氏祖宅。张怀芝有五房太太，我母亲张淑静是三房夫人所生；我父亲赵雨亭，又名赵化霖。我有一兄一弟一妹，可是我从来没有和他们一起生活过。姥爷有十几个孩子，他除了在济南万竹园有房产，还在天津马场道购置了洋房。姥爷后来带部分家人去天津定居，一家人分为两处，因此我家到底有多少人，我有多少表兄弟姐妹，我真不清楚，特别是解放后，房产收归国有，家人各奔东西，自顾不暇，互不来往，不通音信，更不知彼此具体情况。

图 1　我的姥爷张怀芝

我的姥爷祖籍山东东阿县皋上村，生于 1862 年，幼年家贫，生活困窘，一家人住在地窖里。他的父亲为了改变门庭，苦力支撑他读书，他曾就读于同乡马家村贡生杨克典老先生处，后因家境实在困难，几次想辍学，但杨老先生几次劝学并免去学费，姥爷才得以接受了四年私塾教育，粗识文字。之后便辍学在家务农。据说有一年腊月二十八，快过年了，家里揭不开锅，奉父母之命，姥爷去他舅舅家借粮，但舅舅瞧不起这个穷外甥，说他年纪轻轻，一身力气却不能养家糊口，便给了他一斗黑豆打发了事。按当地的说法，黑豆是驱鬼辟邪之物——舅舅把他当鬼一样往外撵。这件事给姥爷极大的刺激。

回家后，姥爷决定外出闯荡。于是，姥爷经人介绍到军队养马场当了七年马夫。由于他粗识文字，且用功好学，闲暇时常读《步兵操典》等军事著作。1890 年被举荐到天津紫竹林武备学堂炮兵科学习。1895 年，姥爷在天津小站练兵时表现突出，又由于某种机缘受到袁世凯的赏识，被编入北洋新建陆军任左翼炮兵第三营山炮队队官。1900 年庚子国难，八国联军攻打北京时，姥爷率部督战，扼制联军行动，因其护驾有功而得到赏赐和重用。1901 年，袁世凯任北洋大臣、直隶总督，编练北洋常备军，委任姥爷为常备军第一镇第一协统领。1905年，北洋军会操，姥爷任南军暂编第四混成协统领官，此时，北洋新军扩编为六个镇，姥爷升任北洋陆军第五镇统制、天津总兵。

1911年，辛亥革命爆发，清廷为镇压革命，起用袁世凯为内阁总理大臣，袁上台后，任命姥爷为帮办直隶防务兼天津镇总兵、帮办山东防务大臣、安徽巡抚等。袁世凯称帝后，姥爷被封为一等男爵。1916 年，姥爷由察哈尔都统调署“济武将军”督理山东军务，7 月改为山东督军，10 月兼署山东省长，手握军政大权。袁世凯死后，他改投以段祺瑞为首的皖系，参与军阀混战。1924 年，在直奉战争中，姥爷任职的直系战败，他随之去职，不愿再在军阀混战中相互倾轧，急流勇退。

姥爷任山东督军兼省长时，就在济南趵突泉边、剪子巷以南购地四十余亩，耗巨资历时十年兴建了私人宅邸。这就是万竹园，又称张家大院。据说，万竹园始建于元代，几百年间几经兴废，到 20 世纪初已经废弃成菜园子了。姥爷买下这块地后，征募大江南北的能工巧匠，建成了一组江南园林与北方庭院相糅合而成的建筑群。园内有白云泉、望水泉、东高泉等名泉。整个园子占地一万两千平方米，有三套院子、十三个庭院、一百八十六间房屋，还有五桥四亭一花园。

1951年9月17日，我生于万竹园内，至今依然记得当年生我时的院落和房间。解放前，像我们这样的官宦人家，佣人、仆人、保姆是少不了的，而我从襁褓之中开始就是由保姆带的。她叫王春凤，本来是我的专职保姆，后来成了我的养母。大约1953年，我父母去天津定居，不知为什么，带走了我哥哥，没带走我，把我留给王春凤做了女儿，我也随之姓王。父母没有带上我，可能也有他们的苦衷吧。最初，我叫她王妈，久而久之，我就把姓去掉，改叫妈了。王妈是济南长清人，丈夫去世得早，也没孩子，在我家多少年了我也不记得了，从我懂事起，我就和她生活在一起。她脾气不好，我平时吃不饱穿不暖，还经常挨打，有时被笤帚打。

我出生后不久，张家就把万竹园交给了政府，工作队随之进驻万竹园。从此，万竹园不再是张家财产，家人也各奔东西，自寻住处。当时，父母、王妈和我兄妹搬到花墙子街附近的哑巴胡同。1953年，我和王妈搬到大板桥，最后定居在国货商场（又叫劝业场）。从小街坊都认识我，叫我小王妮，也知道我是张怀芝的外孙女。由于家里没有什么经济来源，王妈依靠糊火柴盒、砸石子、纺线等赚取微薄的收入以支撑生活。我从五六岁就开始干家务活，稍大些帮王妈干活挣钱。家庭实在困难，我还不到十五岁就辍学到街道生产组干活，一个月挣二十块钱。我每个月只留一元钱的零用钱，其余全交给王妈。1968年，我正式参加工作，到济南织布厂（后改名为国棉六厂）当工人，因为出身不好，受到歧视，脏活累活都让我去干。那时正值响应"备战、备荒、深挖洞、广积粮"的号召，各单位都有挖防空干道的任务，都是抽调年轻力壮的男同志去，而厂里却派我参加。1970年，济南市革委会组织各单位包段疏浚小清河，这是又脏又累的体力活，需要长期站立在冰凉的泥水中，根本不适合女性干。这种活派我去，其实就是变相的劳动改造。即便是在车间干活，也是让我和那些所谓的"走资派"、资本家以及"黑五类"一起，把我视为另类。

1955年，父母及哥哥、弟弟和妹妹全家从天津被移民至青海省互助土族自治县务农。1960年，母亲从青海来济南，想把我领回去，但王妈提出要一千元抚养费。在那个年代，这无疑是一笔巨款，而父母此时生活极度困难，上哪去找一千元？此事也就不了了之。1955年父母临去青海前，曾带着我哥

图 2　1955 年，父母去青海前夕，特意到济南看我。这是兄妹合影。左一是我

哥、弟弟和妹妹到济南看我，我们兄弟姐妹四人照了一张合影（图2）。这张照片时隔五十多年，至2008年我才第一次看到。从此以后，我和父母双亲、兄弟妹妹就再也没有见过面。虽然从小我就和父母不在一起生活，但毕竟血浓于水，亲情还在，我无时无刻不在想念他们。

1979年，父亲给我来了一封信，我一直珍藏着，见到信如同见到慈祥的父亲一样。

蓉儿：

你好！很久未给你去信，但是逢年过节总是在想念你，总是想去看望你。可是，我和你妈妈都患了慢性病，我是高血压、冠心病，你妈是气管炎，行动很不方便，去看你的希望恐难实现。今你七舅回济探亲，他回来时，你是否能请探亲假来青海一次，以便我们全家团聚最好。你随你七舅来一趟吧，如你不来，我们见面的希望很难设想。别不多字，并问女婿好。他能同你一起来，全家都在盼望能实现。我们的详情，你七舅可能跟你说。你的哥哥、弟弟、妹妹都希望你来一趟。

父亲

1979年5月21日晚

看到这封信，我很难过，没想到父母身体多灾多病，生活过得那么艰难。可是，日思夜想他们的女儿无法前去，一是孩子太小离不开我，二是当时的交通条件落后，带着孩子前往遥远的青海不可想象，因此这一次和父亲团聚的梦想未能实现。次年6月27日，刚六十岁的母亲因病去世，我错过了和母亲见最后一面的机会。真是追悔莫及，我再也见不到母亲了！

1984年，父亲又给我来了一封信，读信后，我心情久久不能平静。父亲年龄越来越大，又没有了母亲的照顾，生活越来越困难。

利莎儿、贤婿：

你们好！在日夜思念之际收到你的来信，使我百感交集，有说不完的话，在这里一言难尽。看信后，我领情了。久盼到故地一游，但事不遂人愿，见到你的信后，我喜不自禁。我游济的愿望有可能实现，可近年家境有变，其他暂不谈，经济上有重重困难，前往济南的路费一事，暂无法筹备，还需你们援助，我即可动身。家中一切都好，其他不多谈。

祝全家幸福！

父亲赵雨亭

2月7日

20世纪80年代，青海地区经济不发达，人民生活水平很低，特别是互助土族自治县是少数民族聚居区，经济更加落后。更何况父亲年老体弱又多病，全靠哥哥在家务农那点收入，而且哥哥还有老婆孩子，父亲生活的困苦可想而知，不然他不会来信问我要钱做路费的。收到信后，我立即给父亲寄去五十元钱，期盼父亲尽快来济南。但事与愿违，限于客观原因，终未能成行。1986年，父亲因病去世，这成了我心中永远的痛。三十多年间，几次可能的见面都错失了。愿父母的在天之灵能够原谅我这个不孝之女吧！

2008年，我终于有了机会，在表哥的陪伴下去青海给父母上坟。临行前，我特意去万竹园进门假山处挖了一点土、拣了一块石头带去，以告慰父母在天之灵，万竹园是他们的根。

从小，我生长在姥爷家，稍大些跟养母生活，对爷爷一家十分陌生，只知道爷爷叫赵荣华，具体情况是在友人的帮助下，从网络中查到的。爷爷赵荣华生于1873年，行伍出身，原为姜桂题部属，后归黎天才部，又转归吴佩孚部。1893年，二十岁时进入毅军当兵。1909年任江防军统领。辛亥革命后，投入镇江都督林述庆部，1912年任第九师三十六团团长。1913年至1918年，跟随师长黎天才分别在江南留鄂军、陆军第十一师和第九师担任团长。1918年，第九师改编为两个混成旅，赵荣华因反抗师长黎天才独立护法行动并解救张联升有功，升任陆军第十八混成旅旅长。1923年，任援川军（总司令王汝勤）副司令，代行总司令职责。6月兵败后退回重庆，12月6日因作战不力免职调京。1926年，任十四省讨贼联军总司令部营务处（处长张福来）副处长，后兼任营务处执法队队长，不久部队被国民革命军击败后

图 3　我的爷爷赵荣华

回乡闲居，后迁居天津。1937年，赵荣华在天津法租界病逝，终年五十四岁。从简历可以看出，爷爷虽不如姥爷地位显赫，但也曾是风云人物，不然姥爷张怀芝怎么会和他联姻呢？

我的父亲赵雨亭，原名赵化霖，生于1921年8月19日，1949年考入黄埔军校在大陆最后一期。经查，应为二十四期。黄埔军校从成立起，经历了四个阶段，分别是广州黄埔、南京、成都和台湾凤山。父亲考入的第二十四期是成都黄埔军校，时间从1935年10月到1949年12月，同时在洛阳、武汉、广州、昆明、南宁等地设有分校。1949 年 12 月，往届未分配和第二十四期入伍生在迁徙途中，经大邑一带被解放军打散后又在成都被收容。紧接着，成都解放，黄埔军校在大陆宣告结束。因我生得晚，又未和父亲一起生活，且父亲也从未跟我讲过他这段历史，因此父亲考上的是成都本校还是其他地方的分校，都不得而知。老一辈人都已过世，而我们这辈人也无人了解父亲的那段历史，但我猜想，父亲大概考上后也未正式上过课，学校就解散了。无论如何，父亲是安全的，人身是自由的，这从父亲和母亲的一张很有特色的"结婚证"可以得知。1950 年 2 月，父亲在天津和母亲举行了婚礼，之后不久回到济南万竹园老宅。

2008年，我到青海探亲时，兄嫂热情接待了我。哥哥给了我许多老照片，还有父母的结婚证书，都是我第一次见到，十分珍贵，十几年来我一直珍藏，对万竹园的童年记忆，对姥爷、父母、舅舅和姨妈的记忆，也全都在这些老照片里。我生得晚，没有经历过万竹园之前的岁月，有些事只能从照片留下的影像里去回忆，去猜想。

图 4 是母亲年轻时的倩影，那么漂亮，虽经岁月沉淀，但亲切感依然扑面而来。图 5 是父亲晚年的照片，面容苍老，清瘦，大约是 1986 年他去世前拍摄的，虽然穿戴整洁，但一看便知是为了照相而精心准备的。看着苍老的父亲，我心中五味杂陈。图 6 是舅舅结婚时的照片，但我已经不知道是哪一年拍的了。从场面看，那时的张家还是十分富有的，大概是在万竹园内，一对新人喜气洋洋，左边的伴娘就是我母亲。图 7 是家人们在万竹园内拍的合影。从中可以看出，园内的风光与当下有很大的不同。原来的万竹园规模比现在大不少，20 世纪 80 年代初万竹园开放前，曾有不法商人以开发的名义，破坏拆除了万竹园南部的部分建筑，被当时的社会舆论和群众自发的保护所阻止，才被迫停工，但如今的万竹园已经小了不少。图 8 骑着小三轮车的小姑娘就是我。图 9 胖嘟嘟的小男孩是我的哥哥。图 10 是 1953 年父母去天津前的合影。图 11 是 1969 年 11 月，我和表哥表姐的合影。表哥表姐是我姥爷的嫡系孙子和孙女。

此外，我还带回了父母的结婚证书（图 12），这样的结婚证书我是第一次见，大红缎子封面上四个烫金大字"伉俪证书"，里边内容也十分精致，

图 4　母亲年轻时

图 5　父亲年老时

最上面是“锦绣前程”四个字，背景装饰是并蒂莲、比翼鸟等图案，寓意“幸福美满”。文字内容有：“山东省东阿县人，年二十九岁，一九二一年八月十九日卯时生；山东省黄县人，年三十岁，一九二〇年四月二十二日午时生。今由李鸿藻、庞富明先生介绍谨于中华民国一九五〇年二月十日下午四时在天津举行婚礼，恭请张筱堂先生证婚，佳偶天成，良缘永缔，情敦伉俪，愿相敬之如宾，祥叶螽麟，定克昌于厥后，同心同德，宜室宜家，永结鸾俦，载明鸳鸯之谱，此证。结婚人：张淑静、赵雨亭；证婚人：张筱堂；介绍人：李鸿藻、庞富明；主婚人：张明真、赵扬榴明。中华民国一九五〇年二月十日。”此外，各人名下都盖有名章。这件结婚证书不同于以后政府颁发的结婚证书的款式内容，时间上比 1950 年 5 月颁布的新中国第一部婚姻法要早，也就是说当时虽然新中国已经成立，但婚姻法尚未颁布，婚姻登记也就无法可依，所以我才猜想这件结婚证书不是政府所颁发，而是类似民间承认的婚书之类的文件，而且介绍人、证婚人、主婚人一应俱全，是得到社会认可的。

图 6　舅舅舅妈结婚合影。左侧伴娘是我母亲

图 7　民国年间，家人在万竹园合影

图 8　小时候的我

图 9　我的哥哥

关于落款时间，我有些疑问。1950 年 2 月，天津早已解放，新中国成立也已四个多月，但为什么在公元纪年之上还写有“中华民国”字样呢？或许新中国刚成立，那些老派人还习惯于称中华民国吧！另外，主婚人张明真、赵扬榴明肯定是父母的长辈，可是他们到底是父母的什么人呢？不得而知。

1976 年，我二十五岁时和本厂同事岳本华结婚。岳本华比我大三岁，是从桓台农村来济南顶替退休的父亲来厂工作的。我找老岳，图的是他出身贫农，老实、忠厚、本分，想通过和他结婚，改变我的命运，让我的孩子不再沾上出身不好的污点。可是，厄运总和我过不去，我们结婚二十二年后，一向身体很好的老岳突然查出患白血病，住院几个月，花费七八万元，终于还是不治去世。那年是 1998 年，老岳五十岁，我四十七岁，小女儿才十二岁，还在上小学。老岳患病前的几年，济南国棉六厂破产重组，我和老岳双双下岗，为了抚养孩子，我干家政钟点工，老岳会修自行车，就在家门口摆了个修车摊，每天挣个十元八元的，勉强度日。老岳这一病，让本就不宽裕的日子雪上加霜，

图 10　1953 年，父母赴天津前合影

药费、住院费都是借的，厂里一分钱也不给报销。老岳去世后给我留下了六万多元的债务，但我天生要强，眼泪哭干后，还是咬紧牙把孩子抚养大。那时，我一人同时打三份工，靠微薄的收入勉强把这个家撑下去，吃过的苦，受过的累，真是一言难尽。如今，老岳去世二十多年了，他住院的单据还在我手里，多年来找过厂里，也找过有关部门，都没有能够得到解决。

再说我姥爷张怀芝，他于 1933 年 10 月 10 日在天津病逝，享年七十二岁，灵柩运回原籍东阿县皋上村，葬于张氏祖茔。三十多年后，"文革"爆发，姥爷的墓和祖先的墓均被挖掘破坏，姥爷的墓碑也不见了踪影，只剩几个碑座，两通卧碑，祖先的墓碑、碑帽和墓前的供桌也被盗，墓园被毁，一片狼藉，惨不忍睹。多年后，形势好转，后人们花了一万多元修复了坟墓，补全了那些丢失的碑刻。2009 年，我回东阿为姥爷扫墓，这时姥爷的墓已经被整

图 11　我（左一）和表姐表哥合影。摄于 1969 年 11 月

修一新。同去的人有我的舅舅、姨妈、表哥、表姐等十余人，祭扫后，我们在墓前合影留念。

“文革”后，特别是党的十一届三中全会以后，拨乱反正，平反冤假错案，清除极“左”流毒，人们的思想解放了，对许多近代史上的名人的评价趋于公正。姥爷对故乡有很深的感情，他幼年时上学不多，深知教育的重要，所以在皋上村独资兴办了私立完小，共四栋二十八间房舍，定名为“张氏小

錦繡前程

山東省東阿縣人年二十九歲
一九二一年八月十九日卯時生
山東省黃縣人年三十歲
一九五〇年四月二十二日午時生
今由
李鴻藻
龎富明先生介紹謹於中華民國一九五〇年
二月十日下午四時在天津
舉行婚禮恭請
張筱堂先生證婚佳偶天成良緣永締情
敦伉儷願相敬之如賓祥叶螽麟定克昌
於厥後同心同德宜室宜家永結鸞儔載
明鴛鴦之譜此證

結婚人 張淑靜 趙雨亭
證婚人 張筱堂
介紹人 李鴻藻 龎富明
主婚人 張明真 趙揚搯明

中華民國一九五〇年二月十日

图 12　父母的结婚证

学”，招收附近村庄穷人家的孩子免费入学读书，并置有学田若干，用其收入补充学校经费。即便是日本侵华时期，学校也未停课。新中国成立后，相继改为完小和联中。此外，1920 年姥爷还捐资重修了皋上村静乐寺，从天津运来金身泥塑菩萨。

时光如箭，一晃几十年过去了，无论是姥爷、爷爷这些名人，还是父亲、母亲这些普通人，都走进了历史。如今我也年近古稀，孩子也都成家立业，子孙满堂，苦尽甘来，日子一天比一天好。姥爷的历史问题再也不是压在我头上的政治包袱，社会上再也没有人歧视我，我也过上了幸福的晚年生活。

（原载《老照片》第 134 辑，2020 年 12 月出版）

我的童年：1942 年前后

邓可蕴

难忘友善的左邻右舍

1939 年秋，日寇占领北平已两年多。我爸爸邓广铭应傅斯年先生之召，去昆明西南联大任教。图 1 是爸爸离开北平之前，在我家住的西直门南大安胡同四号院西屋外，搂着姐姐和我，由妈妈照的。

那时爸爸是北京大学的老师，妈妈窦珍茹（字振鲁）是扶轮小学的老师，房东陈太太的大儿子正在读大学，这几个文化水平高的人，在四号院里都很受尊敬。

房东陈太太和她的几个孩子（图 2），以及住外院的呼永香大哥大嫂，对我家都很友善。爸爸离开北平后，妈妈辞职在家照看我和姐姐，邻里对我们更加关切。

图 3 是邻居李先生带着我和他女儿李丽霞，去万牲园（北京动物园前身）游玩时拍的。那时我和丽霞在北魏胡同幼稚园（幼儿园）上大班。1941 年春天，在北平泰庙北树林内，曾举办过一种异样的赛跑活动，规则是：由男家长带着自己的学前小孩儿，用三条腿（即一人的左腿和另一人的右腿要捆在一起）跑。李先生说我爸爸出远门儿了，应该由他带着我跑，而他自己的女儿却让他的朋友带着跑。结果我们组跑了第四，还有奖品，丽霞他们没有进前十，没得奖。

图 4 是 1940 年，呼永香大嫂带着姐姐和我，还有她的三个儿子（小名分别是大仁、二仁、三仁）等到颐和园游玩。不久，他们搬到西直门外住，

图 1　父亲搂着我和姐姐。摄于 1939 年夏

图 2　房东陈太太全家。左后是陈太太，幼儿是陈老六。摄于 1935 年

图3　我和同学李丽霞（左）在万牲园（动物园）合影。摄于 1940 年 4 月 6 日。五年后，我由四川往回走，又碰见她了，她当时在一所私立中学念书

图 4　五岁左右时在颐和园万寿山。站立者是姐姐，三个坐着的男孩叫“大仁”“二仁”“三仁”，后面坐着的是他们的妈妈，我叫她呼大嫂子。摄于1940 年秋

我们也常去和他们一同包饺子。

这年秋后，呼大嫂还请我们到北平南口（村）她娘家住了一天。我在村里第一次看到老玉米垛。我妈指着玉米垛告诉我，咱们吃的棒子面粥和窝头用的玉米面，都是用老玉米磨出来的。

呼家父子长期在铁路系统工作。解放后，我们到木樨地的铁路职工宿舍看望他们，两家亲热如初。他的二儿子（也就是“二仁”），是“毛泽东号”机车司机，劳动模范。

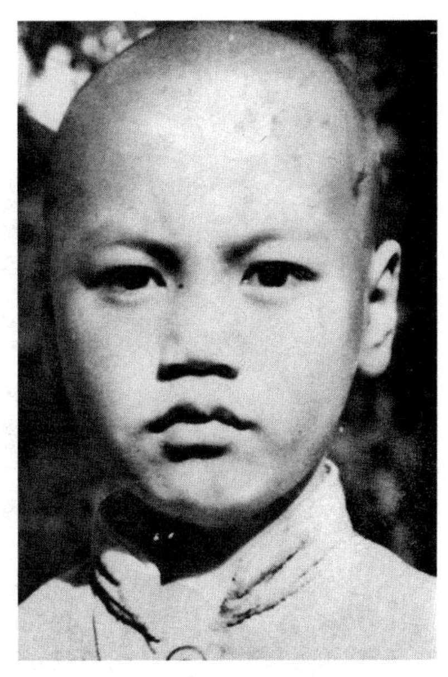
图 5　七岁时的陈老六。摄于 1941 年

1941 年秋天，我没满六周岁就读小学一年级了。去学校要从半壁街西口走到东口，再向南拐，当时觉得离家挺远。姐姐邓可茵和我都在南草厂小学读书，我俩一同上下学。一年后姐姐上师大女附中读中学去了，我一个人走路上下学妈妈不放心。四号院房东陈太太知道后，就叫她的小儿子陈老六（大名陈康伯）每天早上叫着我（我家搬到他家北边的葱店胡同一号之后，也照样过来叫我），和我一同上学。为这妈妈非常感念陈太太。

南草厂小学

我一年级的班主任是关老师，又严厉又慈祥。我至今仍然清楚地记得，开学第一天第一节课下课了，同学们吵吵嚷嚷地出了教室，关老师却说你们先别玩儿，叫我们跟着她到大操场南墙边的厕所那里去。她很快走到了前头，回身伸右手对男生们说，你们去这边男厕所，伸左手让女生去女厕所，她是怕我们这些五六岁的小毛孩子进错门。现在想来，到哪里找这样慈祥的老师啊！

她批改作业非常仔细，遇有错字就要我再写几遍，看到老师那批写在作

图 6　我和姐姐在北海公园留影。姐姐十岁，我五岁半。当时我在上幼稚园，穿了件右上角有特殊符号的背心。摄于 1941 年早春

图 7　2018 年 11 月，陈康伯夫妇看看望我姐姐（左二）。他从英语教师岗位退休。我们两家的兄弟姐妹们几十年来始终保持着温馨的联系

业本上工整的字，我没法儿不努力改错。关老师见我写字有进步，又在作业本上给我批上“好”或“甲”，鼓励我继续努力学习。

教室里的卫生，由学生自己打扫（不包括冬季取暖的煤球炉），下午下课后各小组轮流做值日。一次我做值日时，与同学在课桌间来回打闹着玩儿，直到关老师来锁门了我们还没做完。第二天下午关老师把我叫到她的办公室，低声训我：“邓可葆，别以为自己功课好就贪玩儿，不好好做值日。做什么事都要专心。做值日、扫地、擦桌子，干这点事你都不专心，不负责，长大了你也‘成不了器’，能干什么？”那时我虽然才六岁，可是我懵懵懂懂地听进去了，越往后越懂得这“训话”的分量。图 8 是关老师带着我们去春游，我站在她的右手前面。

南草厂小学是个老学校，专业齐全，教师们都拥有丰富的教学经验。那一排排树荫下整齐的教室，开阔的大操场，诱人的音乐课课堂，还有那几棵漂亮的海棠树……都给我留下了美好的印象。我在这里受到了良好的启蒙教育。

图 8　小学一年级时，班主任关老师带我们秋游。摄于 1941 年秋

图 9　南草厂小学二年级班主任汪老师和我们合影。前右是强含芬，中间是李丽霞。摄于 1942 年初秋

图 10　体育老师和我的合影。摄于 1942 年初秋

汪老师是我二年级的班主任，年轻、漂亮。图 9、图 10 是 1942 年初秋，汪老师正在学校前院与体育老师们说话，看见我们就一同照了两张相。照完相我和汪老师往后院教室走。汪老师对我说：“刚才老师们都在嘀咕：从下学期开始，北平的学校都要派（驻）日本教官，学生都要学日本话，这书可怎么教啊……”

图 11　全家福。此时小妹妹邓小南刚刚七岁半。摄于 1958 年元月

放学回到家，我就把汪老师的话告诉妈妈了。妈妈沉思无语。我知道从这时开始，她已决心带我们离开北平去大后方找爸爸（1943 年初我爸已离开昆明李庄，到重庆的复旦大学教书）。

让人动容的是，1957 年妈妈和我七岁的小妹妹邓小南，走在北京西直门新街口时，对面一位中年妇女竟对着她俩大声叫："邓可葆，邓可葆！我是汪老师！"离别十四年，汪老师竟把我七岁的小妹妹当成我了！她心里一定总在想念我。第二天，我和姐姐就赶紧到新街口前工用库胡同去看望了汪老师……

抗日志士万淑先

1942 年春天，我家搬到四号院北面的葱店胡同一号三间小北房。一天，来了一位女客人，山东人，是妈妈济南第一师范的同学，叫万淑先（图 12），要住在我家。妈妈安排她和姐姐住西屋。她漂亮洒脱，烫头，还描眉，对我和姐姐很慈爱。可是我们白天上学，只有晚上能见到她，有时她回来很晚，我们都睡了。万姨喜欢唱京戏，曾带我们在西单长安剧院看黄玉华演的《霸王别姬》，回到家就教我和姐姐唱《霸王别姬》里的“南梆子”：“看大王……”还要我用小夹被当作虞姬的斗篷，教我学习走台步，非常快乐。

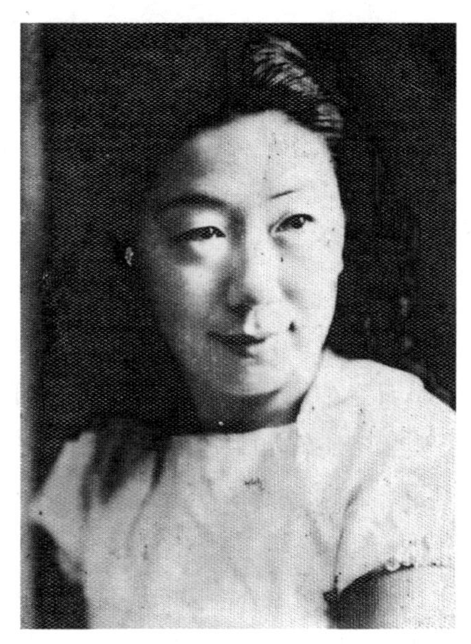

图 12　万淑先

这年暑假，有一天万姨领着我去东单三条，进三条西口不远，从路南一个小门进去，里面竟是位日本人在等她。屋里两侧都有桌子，就像我们南草厂小学关老师的办公室似的。那日本人给了我一支笔和纸，让我去画画儿。我从前没见过这种笔（上学画画用蜡笔，便宜），是两头修好的红蓝铅笔。离开时，他说这笔送给我了。万姨与那日本人说话声音都很小，他们谈了些什么，我完全没留意。

1942 年秋，我已上二年级。快入冬了，盼着和万姨一块儿过年。不料，一天傍晚还没吃完饭，突然掀棉门帘进来一位头发花白的老警察（现在说就是片儿警），他把我妈妈叫到东屋，说了几句就急匆匆掀帘子出去了。妈妈紧跟着从东屋出来对万姨说，他（指警察）得了信儿，日本人要抓你，他叫你快走。啊啊！一片寂静。万姨立刻回身进西屋，一转眼就提着她的小箱子出来了。我表舅许和五站起来要送她，万姨摆手说，谁都不能送，我自己去前门（火车站）。说罢掀帘子就走，真像个女侠！

万姨走后，妈妈对和五舅说，知道她是“后方”派过来的，现在匆匆走了，也不知到哪儿去，是去山北还是去后方？我当时知道北平有香山，她要从香山往北走？之前还有一次，妈妈与和五舅一起指着墙上的中国地图，气愤地说苏联与日本“拖鞋”了。两个国家怎么“拖鞋”？我莫名其妙，不懂。长大后明白了“山北”是“陕北”，“拖鞋”是“妥协”。妈妈对苏联竟与日本在1941年签订《苏日中立条约》非常不满，认为对日本妥协是出卖了中国。后来万姨曾托人带信儿来，她在前门坐火车离开北平了。

1946年8月，我们回到北平后，曾多方打听万姨的下落，但是始终没有找到。

逃难的路上

日寇对北平的残酷统治日甚一日。老百姓被规定要吃“混合面”，这是一种极劣质的“面粉”，用豆饼、高粱、黑豆、红薯干、橡树籽等数十种杂料混合而成，糠秕、皮壳、豆饼是主要成分，有点杂粮也是腐霉变质的。真正的粮食全被掠夺去供给日寇军用。爸妈对日本教官进学校非常痛恨。再加上之前日寇侵占香港掐断了我爸给我们“汇兑”生活费的渠道，我家再无生活来源。因此妈妈决定尽快离开北平。

妈妈卖了家里唯一值钱的物件——那部百衲本《二十四史》——当盘缠。1943年1月初，学校还没放寒假，全家四人（妈妈、表舅许和五、姐姐和我）就离开北平“逃难”上路了。目的地是去重庆找爸爸，途中要经过山东、河南、陕西，再到四川的重庆。没想到在路上竟用了近半年的时间。

在商丘通过封锁线

从北平到徐州，再向西到商丘，全已被日寇侵占，但是还通火车。我小姨窦振明在济南火车站站台等到我们，从车窗递进来一个大书包，里面是热腾腾的包子。

当时日寇正在郑州附近向南侵略，中国军队在郑州以南组织抵抗。为了躲避战事，我们必须在商丘下火车，走到漯河，再走到洛阳，从洛阳向西就是“大后方”了。从华北去后方逃难，在河南境内这是条比较安全的路线。没想到在商丘竟同时有几家人下车，他们也都是逃难的。出站后，大家分散在路边的杂树丛里，躲过了一小队巡逻的日本骑兵。再往前走，就是中国军队的封锁线关卡，要依次盘查行李、搜身。我的衣服口袋里有一个红苹果，那位年轻的士兵拿到手里吓了一跳，立刻扔到地上，厉声问：“这是什么?！”妈妈迅速跨了一大步站到我身前，挡着我对他说：“这是苹果，水果，好吃。”并随手捡起地上的，又拿出我小背包里另一个苹果，全放在他手里，他没说话，我们就赶忙走过去了。后来妈妈说，那位当兵的没见过苹果，可能以为是炸弹吧！

每家雇辆“排子车”，结伴同行

“排子车”是一种木制平板车，行李放车上，由车把式拉着走，大人、孩子在后面跟着车走（每天换车换人，拉车人不出本界）。这期间真的全是“走”，蹚着黄土路走。除了脚下的尘土，路上来往的行人、车辆很少。车把式看我和姐姐年岁小，走到比较平坦的路或是下坡路，常常让我俩在车上坐一会儿。姐姐有时在车上小声给我唱歌、讲故事，打发那枯燥又担惊受怕的时光。

天天我都盼着车把式喊：“歇脚啦！”这就是要住店，可以吃面汤，可以睡觉了。从商丘到漯河再到洛阳，我竟然徒步走了五百多公里，蹚坏了两双鞋。因为路费吃紧，妈妈还在漯河的当铺卖了些衣物，其中就有我的一件大衣。

冬天河南的黄土路边，蹲着许多衣衫褴褛的农民

走在逃难的路上，看着那大片干旱皲裂的黄泛区农田，看着路边那些衣衫褴褛的农民，那走不到头的黄土路……这悲壮凄凉的情景，使我终生难忘。

有一天中午，在路边停下车，妈妈给我钱叫我去路口小摊上买包子。我用棉袍罩褂兜着包子往回走，不料，突然上来一个人用拳头从下往上顶我的罩褂，包子全撒在地上了。这时，原本目光呆滞、饥饿无助蹲在路边的农民，齐呼啦地都站过来，捡起地上的包子就往嘴里塞。我被吓呆了！妈妈见状快速跑过来，拉着我就走：“别哭！别说话！”

1943 年 2 月底，走到距洛阳还有几十里的地方，我们居然坐上了一种烧木炭的汽车，当天就到了洛阳。

夜闯风陵渡

洛阳到西安虽然通火车（陇海路），但是日寇在山西已经从太原一路南侵，占领了黄河北岸的风陵渡，离黄河南岸不远的洛阳—灵宝—潼关火车沿线已经很不安全。风陵渡的日寇隔岸用炮火卡着潼关，经常向南边行驶的车辆开炮。

当地铁路上的人，善良地告诉我们这些向西逃难的人们，怎样才能平安地坐火车向西走：一是要挑坏天气（下雪、下雨、刮大风）乘车，二是这趟车要在半夜时经过灵宝、潼关，三是在车厢里不能出声不要有亮光……

为了等待这个能乘火车的恰当日子，我们在洛阳住了五六天，终于在一天下午上了火车。这是一列闷罐车，没有车窗。车厢里人挤人，两侧座位坐满后，有人就坐在脚下的行李上。不吵不嚷，大家都是逃难的。我的斜对面坐着一个年轻的妈妈，正在给怀里的小孩儿喂奶。开车前，我们被告知："车马上就开，请大家看好自己的东西，安安静静地坐着，不许吵嚷出声。车开动后，车厢里过一会儿就要熄灯。洛阳到潼关这段铁路离黄河太近，咱尽量不惊动黄河北岸和风陵渡那边的日本鬼子，他们不打炮，咱们这趟车就能闯过去了，过了潼关就安全啦。"大家都明白，纷纷点头。

车还没到渑池就熄灯了。外面漆黑，风大，火车在平稳开行，声响不大。车内除了抽烟的人有点动静，我们都睁着眼睛、屏住呼吸，全在熬着。突然，我斜对面那个小孩哇的一声哭了，车厢里的人一下子紧张起来，小孩爸爸划火柴点了支蜡烛，却遭到小声呵斥"不许点灯"。旁边有人急了："快哄哄呀，这么大声不行啊！"我看见那位母亲慌乱中竟用手紧捂着孩子的小嘴，结果哭得更凶，最后才想起赶紧给孩子喂奶。果然，小孩儿吮着妈妈的乳头就不闹了。

车厢里经了这场"惊吓"刚刚平静下来，我忽然感到火车开得越来越快，过了一会儿，灯全亮了！已经过了潼关站了!!

从西安经宝鸡到重庆

到了西安，我们住在殷俊才伯伯家。他也是爸妈在山东省立第一师范学

图 13　殷伯母和她的女儿小红、儿子小安，我站在殷伯母左边。1943 年 4 月摄于西安

校的同学，也是山东人，古道热肠，那时在铁路上工作。为了让我们能搭乘可靠且便宜的汽车去重庆，他费尽了心力。我们在他家又吃又住竟是两个多月。西安的城墙真像北平的西直门城墙，这让我非常想念南草厂小学的老师和同学。殷伯伯带着我们看了著名的西安夏声戏校的京剧，演员全是十几岁的青少年。这期间，他还安排我姐姐进入了一个中学继续读初一，叫我在家

图 14　1942 年夏天，七岁的我和初中毕业的汪敬岱大哥合影。汪敬岱大哥是我儿时的偶像

里描红写毛笔字，还鼓励我硬着头皮学着看报纸。

终于在1943年5月上旬，殷伯伯说去重庆的车找妥了，但是需要乘火车去宝鸡等车。没想到，在宝鸡旅馆里竟然等了近半个月（我和妈妈只好又回西安向殷伯伯借钱），才上了一辆运香烟的卡车。卡车货箱上一共坐了十几个人，只有姐姐和我年纪小，大家互相很照顾。那时去四川全靠川陕公路，途中若遇到下雨也要赶路，汽车也不能停驶，由坐在四周的大人们轮流撑起一块大帆布挡雨，让姐姐搂着我坐在中间避雨。

途中经凤县、勉县、宁强，进入四川剑阁，到了绵阳。此时有两个大哥哥要下车了，他们要去绵阳国立六中高中报到。同车的人拿着他俩的行李，一直把他们送到六中校门口才依依告别。抗日期间，很多学校都在日本占领前就迁到了大后方，这个中学是从山东迁来的。令我不能忘却的是，我在北平的邻家大哥汪敬岱（图14），为了抗日报国，竟然循着我们走过的路，于1945年早春也到了绵阳！他写信告诉我爸爸，他与志诚中学高三的两位同学，都已经被绵阳航空军校录取。

我的妈妈窦珍茹在中国大学地理系只读了一年，因为家累就退学去做小学教师，但是她丰富的史地知识也着实了得。在漫长的逃难路上，她告诉我，当初炸黄河花园口放水，是为了阻滞日寇南侵，但同时又造成了黄泛区。她带着我去了洛阳的关林、西安的大雁塔和碑林，还有渭水姜子牙钓鱼的那块大石头……汽车过了秦岭在张良庙停下，司机让大家进去看看，妈妈讲“狡兔死，走狗烹；飞鸟尽，良弓藏”，当时我不大懂。在成都看到刘湘墓园很像北平太庙里的殿堂，妈妈说刘湘是“四川王”，但是他爱国、抗日，统率几十万川军出川打日本鬼子，可惜旧病复发，1938年初死在武汉，“出师未捷身先死”。刘湘墓园就在武侯祠旁边。

1943年6月3日，由成都经内江到了重庆，终于走完三千公里的路，在两路口车站，见到分别四年的爸爸！我高高兴兴地让爸爸把我从卡车上抱下来，他回头对妈妈说：这孩子以后准是个近视眼。后来报名插班入小学时，爸爸说他喜欢这个“蕴”字，就把我的名字由邓可葆改成邓可蕴了。

（原载《老照片》第125辑，2019年6月出版）

一张照片　三段故事

李重庵

我家珍藏有一幅照片（图 1），先父李秉德特地给照片写了说明："纪念 1944 年与河大医学院教授朱德明一家在潭头重渡关沟共避日寇侵略之难。1947 年摄于开封"。

照片中最左侧穿西服者是我父亲李秉德（字至纯，1912—2005），生于洛阳一个城市贫民家庭。作为长子，他在河南大学教育系勤奋攻读的同时，还要课余兼做教职帮助家里接济三个弟弟上学。1934 年河大毕业，先后在开封教育实验区实践李廉方教学法，在燕京大学研究院教育系研习，在河南两所师范学校任教，在湖北恩施任省教育厅督学。从 1941 年起直到拍此照时，在河南大学文学院教育系任副教授。照片右侧怀抱孩子者是我母亲郑孟芳（效兰），河大教育系毕业，时任开封河南省立第一小学的校长。

照片位居中间高处的两位成年人，是河南大学医学院教授朱德明（戴眼镜者）和倪桐岗（着短袖旗袍者）夫妇。朱德明先生是浙江人，留学德国获慕尼黑大学医学博士。其夫人倪桐岗先生是曾留学日本的妇产科名医。照片中在大人周围或站或坐的，则是朱、李两家的七个孩子。

这是两个家庭欢乐的合影。照片上的题字为"三年前的今日走出重渡，今年今日欢送至纯赴瑞，希望在三年后的今日能有一更欢乐的团聚"，日期是（民国）三十六年六月十三日。题字的三句话，引出后面要讲的三段故事。

一、两家共避国难的生死之交

第一句话，“三年前的今日走出重渡”是怎么回事？

抗日战争时期，河南大学从开封迁出，于1939年迁到嵩县，大部分院系在县城以西一百里的伏牛山腹地潭头镇。1944年4月，日军渡过黄河侵占郑州等地，嵩县县城陷落。在潭头的河大学生和没有拖累的教职工便翻越伏牛山，向南撤了。当时我母亲已怀九个月身孕，只能和人口多、难以走动的十几家教师家庭一起，暂且搬到潭头镇南三十里的重渡。5月10日，日军进占潭头镇残害手无寸铁的百姓和河大师生，河大医学院院长张静吾、农学院院长王直青等被日寇掳去当民夫，多名师生和家属被日寇杀害，河大遭受了人员和图书设备的惨重损失。

父亲在《河南大学搬迁记》中回忆：“我们终于来到重渡。我与妻子商

图1　朱、李两家合影。摄于1947年6月

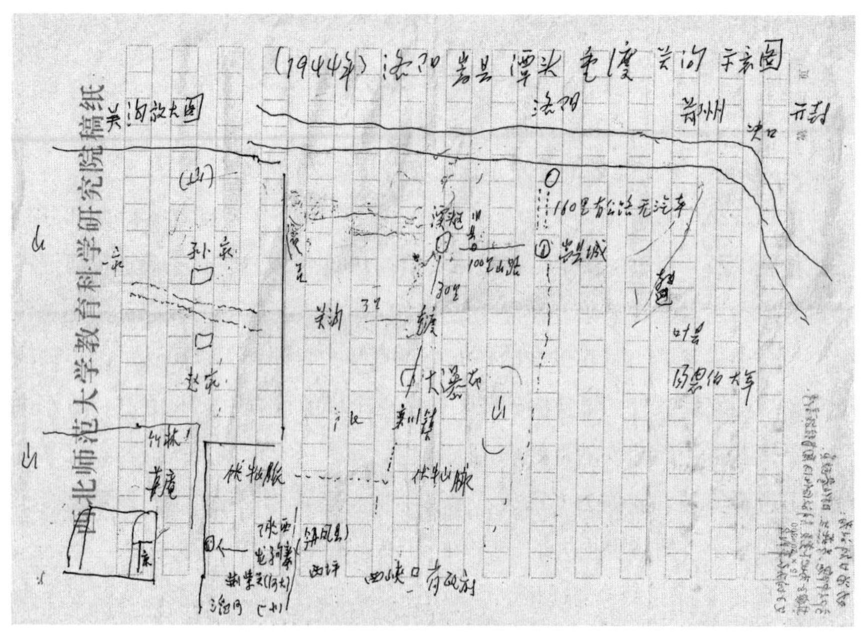

图 2　父亲手绘的 1944 年河南大学搬迁路线及关沟地形图

量决定：和医学院教授朱德明、倪桐岗夫妇共同住在离重渡街四五里路的一个叫关沟的山沟里，暂时不再往南跑了。因为郑孟芳很快就该分娩，挺着大肚子根本无力翻越伏牛山，最安全的办法是紧随产科名医倪桐岗大夫。朱、倪一家并无大的拖累，本来是可以翻越伏牛山南逃的，但他们情愿暂留下来不走，和我们住在一起。倪大夫对郑孟芳说：'作为一个产科医生，我不能撇下一个快临产的产妇不管，等你分娩后我们再走。'这话实在令人感动，不仅表达了深厚的友情，更可贵的是表现出了多么高尚的医德！"

关沟是个只有三户农家的小山沟，日军和国军随时可能光顾。在终日躲兵避匪提心吊胆中，老乡帮忙在山沟对面的竹林里搭了个茅草庵，里面放一张床。5 月 25 日，我出生在这个重渡的草庵里，父母起名"重庵"以示纪念。在倪桐岗大夫的护佑下，不仅母子平安，而且因我家准备的糖、面粉、鸡蛋之类全被国民党军散兵游勇掠去了，产妇的食物也多亏朱家接济。

6 月上旬河大通知，已在淅川县的荆紫关看好校址，准备开学上课。虽然母亲产后虚弱，我们李家、朱家还是和其他滞留在重渡的十来户河大家属一起，走出重渡，开始了扶老携幼翻越伏牛山的跋涉。按照片上所记，这天应是 6 月 13 日，母亲产后不到二十天。他们走了三天才翻过伏牛山脉，之后父亲径奔荆紫关，母亲则带着我们姐弟到滔河去另觅省立一小的校址。

21 世纪初，父亲给我讲述这段经历时手绘了一张地形图（图 2），从图上可以想象当时河大师生及家属的艰辛。父亲有一篇回忆文章《河南大学搬迁记》，以亲历者的视角生动记述了河大八年五次搬迁中承受民族苦难、坚持民族教育的故事，和西南联大的故事同样感动人激励人。

我一生感念，倪大夫和朱家是我们母子的救命恩人。朱、李两家的友情已传至下一代，21 世纪初，两家在北京重聚，又一同去重渡关沟寻觅六十年前暂住处的遗址。

二、父亲考取公费赴欧留学

照片题字第二句话表明，这天两家隆重聚会留影是为了欢送我父亲赴瑞士留学。父亲这时已不年轻，为何还要离开双亲、妻子和五个孩子，远赴欧洲留学？这跟河南大学的历史、师资和学术水平有关。资料称 1944 年教育部综合评估，河南大学名列全国国立大学第六名。朱教授所在的医学院曾获得过全国第三，教育系则是全国六大教育系之一。那时的河南大学，先后有近两百位“海归”教师。抗战胜利、河南大学复校时，父亲已任副教授五年，有不错的教学口碑和学术著述，并兼任校图书馆馆长。但在河南大学要升职为教授，没有海外留学经历显然是个弱项。更重要的是他痴情于教育专业，虽有燕京大学研究生求学经历和从小学、师范到大学的教育实验和教学的经验，师从或请教于邰爽秋、晏阳初、梁漱溟、李廉方、黄炎培、陶行知等国内多名教育大家和教育改革的先行者，考察了各地众多学校和教育机构，但此时他更觉得需要走出国门，了解和学习先进国家的教育，包括理论和实际。恰逢 1946 年教育部举办全国性的出国留学考试，有一百个全额奖学金名额，他赴南京参加考试，考取了教育学科留学瑞士的公费全额奖学金名额。图 3 是这一期留学生出国前类似培训班的合影（父亲位于中排左起第七），其中应有不少日后学界各学科的翘楚，散布在海峡两岸和海外。其中我知道的有民盟前辈吴冠中、端木正等。几乎在同时，父亲的两个弟弟李恒德、李志尚，也各自获得其他奖学金资助赴美国留学，成为分别攻读冶金和医学的研究生。

在两家欢聚合影的当月，父亲即乘船赴欧洲，在瑞士洛桑大学、法国巴黎大学和日内瓦大学卢梭学院进修，受教于著名教育心理学家皮亚杰、教育实验专家道特朗等。他还考察了欧洲五个国家的教育，特别注意学习模式和教育实验等方面的理论和实践。

三、从巴黎到兰州

题字第三句话所说的两家三年后更欢乐地团聚，并未如期实现。由于国家时势的变化，两家只能在两地续写新的故事。

1949 年夏解放战争即将结束，当时在法国巴黎留学的父亲决心回国。他

自述："吸引我回国的只是一个很单纯的想法：自从我开始受教育略懂点事的时候起，到现在这三十多年间，国内一直是兵荒马乱、民不聊生，教育事业风雨飘摇，几乎难以维持。现在国家就要太平了，我这个学教育的，为国家，也为自己所热爱的教育事业，可以发挥作用的时候到来了。"因买不起客船票，他好不容易买到一张从马赛到香港的法国"Andre Lebon"号货轮的船票，上船后方见同船回国的留欧同学共十余人，其中留法的还有关肇直、张鸿焘、洪世奎、刘文清、顾寿观和王道乾。船走了一个来月，9 月初才到香港。在船上关肇直联络了愿意到大陆解放区的留学生，到香港后又会同香港大学教授曹日昌为他们代购了到韩国仁川的船票（后来知道关和曹都是以地下党组织的关系来办这件事的）。这条英国船航行十来天后经停天津时他们下了船，之后即受到组织的热情接待，并送他们顺利到达北平。

那时教育部尚未成立，组织上很快就对他们作出安排，有的直接分配工作，如学数学的关肇直分到科研机构，几个学医的分到医院和医学院。学教育的我父亲和学艺术的刘文清，则被安排到位于德胜门内拈花寺的华北大学

图 3　教育部第二期留学生讲习会始业礼摄影。摄于 1947 年 3 月

政治研究所学习，他们二人入第四班。华北大学的校长吴老（玉章）以及范老（文澜）和成老（仿吾）给他们作过多次报告。1950 年初，华北大学要改成中国人民大学，政治研究所（一班已毕业）的全体学员转到了华北人民革命大学（校长是刘澜涛）的政治研究院（地址在西苑），重新编班，父亲在第三班（图 4 从后数第二排右一）。

这几个月的政治学习效果如何？这些“旧知识分子”有什么变化？从父亲回忆他分配工作的故事可见一斑，“祖国的需要指向哪里，就奔向哪里”是当时学员中流行的口号。1950 年 6 月（正好是朱李两家合影后三年整）的一个星期六，学习小组长通知他：“组织上可能提前给你分配工作，你要做好思想准备。”第二天趁星期日休息，他去看望一位老师徐侍峰。徐（时任辅仁大学教务长兼代校长）说学校已经决定，待他学习毕业即请他来做教授。他只好解释说：“看来是不行了。”第三天星期一早饭后正准备学习，小组长突然找他：“组织上刚才通知说，已经给你分配工作了，现在就收拾行李准备走。”半小时后有干部来领他上了一辆卡车，车上共十一二人，都是从欧美留学回来的。中午车到了教育部，一位热情接待他们的干部安排他们吃午饭，边吃边宣布分配：“一批上东北，票已买好，吃过饭就上火车；另一批三人（刘文清、朱勃和李秉德）上西北，票还没买好，今晚在招待所住一宿，明天坐火车去西安。”

三人抵西安后到西北区教育部报到，人事科长李运招待他们吃饭，说你们三人中有两个学教育的，一个留西安，一个去兰州。究竟谁去哪里？等会儿问问江隆基部长再定。不一会儿，李传达了江部长的话：“朱勃同志是云南人，就留在西安，不要再走了；李秉德同志是北方人，就再辛苦一趟到兰州西北师院去吧！”第二天，父亲和刘文清（分配到兰州大学）即与恰好来西北教育部办事的西北师院代院长李化方一起，搭乘长途汽车奔赴兰州。父亲的工作地方和单位，就是这样决定的。从此他在这里持续工作了五十六年，直至生命结束。

1950 年底，我母亲郑孟芳结束在华北人民革命大学的学习，也被分配到西北师院工作，于是带着我和三个姐姐从南京迁来兰州与父亲会合。图 5 记录了 1947 年两家合影中的李家人悉数在兰州的团聚。照片背景是我们所住

图 4　华北革命大学政治研究院第三班学员与工作人员合影。摄于 1950 年

的西北师院教授家属院后墙，以及远处光秃秃的兰州北山，从中可以窥见那时的西北师院（六所国立师范高校之一）和兰州，其工作生活环境，离河大和开封有很大的差距。但是图中人物的愉快笑容，与 1947 年在开封的照片中并无二致。父亲回忆当时的心情："虽然如此（条件艰苦），我心里还是很高兴的，因为我对于给我分配的工作十分满意。我一向是教书的，现在仍要我教书；而且我学的专业是教育，现在到师范学院工作，很对口径。我回国前的希望都如愿以偿了，怎能不高兴呢？"

他们怀着对国家、对工作的热忱和希望，与众多来自各地的教师们一起，在这所由北平师范大学 1939 年西迁、1946 年复校后留下的"姊妹学校"以苦为乐，辛勤耕耘。父亲任教育系教授、副教务长，母亲任幼教系讲师兼附属幼儿园主任。他们的这种热情和心劲一直持续到 1957 年，便被荒唐莫名地打入了冰窟窿，而且长达二十年。直到改革开放和平反冤假错案，父亲才再次焕发学术青春多有著述，并成为全国首批教学论博士生导师，任过西北师院院长和两届全国政协委员。他最欣慰的是培养了众多优秀学生，以及为

图 5　1951 年，作者一家摄于所住西北师院在十里店老街的教师家属院

图 6　迟到了五十七年的朱李两家团聚，2004 年摄于北京

他所热爱的专业一直工作到生命终止。

两家合影中另一半的朱家留在开封，后到郑州。朱、倪两位医学专家为河南省的医卫事业贡献突出。在后来的院系调整中，河南大学动了大手术，朱教授参与负责郑州医学院的建立。他做过河南省人民医院院长、省卫生厅副厅长。倪大夫1956年被评为全国先进工作者，当过河南省妇产医院院长兼助产学校校长，当选第三届全国人大代表，并在第一次会议（1964.12—1965.1）上独立提交了两份代表议案，都是关于加强妇幼卫生队伍建设和妇幼卫生专业及教材建设的建议。她一生医德高尚，即使在“文革”中自身不保的最黑暗时刻，仍然救治和资助多名危重和困难病妇。

当年朱、李两家在开封“三年后”团聚的愿望未能实现，几十年间两家失去了联系。直到21世纪初我调到北京工作，才联络上在北航工作的朱家大哥，终于有了2004年两家再次“欢乐地团聚”（图6），但距上一次团聚已有跨越世纪的六十年之久，比当初的约定迟到了五十七年。

（原载《老照片》第125辑，2019年6月出版）

爷爷与外公的影存

晏　欢

我的父亲和母亲分别来自两个抗日军人家庭。

我的祖父晏福标，1944 年 8 月 8 日在衡阳保卫战中殉国，时任国民革命军第四十六军新编第十九师第五十六团少校营长。广西军人战死湖南，没有给沦为孤儿寡母的我奶奶和我九岁的父亲遗留下一张照片。直到 2006 年 9 月在长沙湖南省档案馆里找到这张照片（图 1）前，六十二年里，我父亲从来没有见过、也不知道我爷爷的样貌，我本人对于爷爷的模样更是一片空白，连做梦也没有梦的对象。当我们从档案馆"敌伪人员"专柜中搜寻到爷爷留在世间的唯一影像，尽管是一张复印件，尽管是他抗战前黄埔军校的毕业照，我们全家还是对档案馆感恩不尽，否则，即使鞠躬叩拜供奉在台北忠烈祠内"晏福标"烈士的牌位，总缺少一份视觉和心灵的触碰。

图 1　祖父晏福标黄埔军校毕业照

就在我爷爷晏福标阵亡的四天前，在距离湖南千里之遥的西南国境线外，我的外祖父潘裕昆

图 2　外祖父潘裕昆 1945 年初在缅甸西保

将军率中国驻印军第五十师官兵，与美军“加拉哈德”部队正肩并着肩浴血奋战在另一个抗日战场上。1944 年 8 月 4 日，中美联军攻克了日军据守的缅北重镇密支那。

仅四天之隔，这两名素不相识的中国军人创造了各自生命最辉煌的成就，达到了人生的顶峰。一个统帅军队击败了堪称世界一流的日本陆军，另一个把生命献给了中华民族抗日战争中最伟大的衡阳保卫战。多少年后，他们的后人结为夫妻，组成家庭，这两位本不相识的中国军人，却共同为这个

图3　1945 年 3 月，在缅甸南杜中国驻印军第五十师接受国内慰问团锦旗之集体照。前排右二为斯塔布斯上校

图4　中美军人的合影。左一斯塔布斯上校、左二索尔登中将、左三潘裕昆少将、右二迪安·拉斯克上校。1945 年春在缅北战场

新的家族，留下了永恒的荣耀和骄傲。

作为CBI战区一分子，潘裕昆将军和他的部队十分有幸被美军通信兵全方位、多角度、负责任地记录下来，完好无损地保留在美国国家档案馆。在我们一群发疯似的寻找先辈抗战军旅印记的后人眼里，这简直就是一座岁月的宝库，每一张照片都是一把解开谜团、开启荣誉的钥匙。

这张中国驻印军第五十师官兵接受慰问锦旗的合影（图3），潘裕昆将军家原来藏的一幅于2009年捐赠给建川抗战博物馆，并被评定为国家一级文物。这张复制于美国国家档案馆的和它一模一样，不同的是，这次我能够依照背面的文字说明，弥补以前靠猜测的缺陷，纠正了解说的错漏。也让我得悉一位常常出现在五十师官兵中间的美国军官佛兰克·斯塔布斯（Frank P. Stubbs）上校，来自路易斯安那州的新奥尔良，是第五十师的主联络官，并非我之前猜测的迪安·拉斯克（Dean Rusk）。还有，它的拍摄地是缅甸南杜，而非我推测的腊戍或新维，准确日期1945年3月10日，比我猜测的3月8日晚了两天。所幸的是，后来在20世纪60年代担任美国国务卿的拉斯克当年与潘裕昆在印缅战场的合影（图4），又被我从档案馆里找到。

这次从美国复制的抗战图像中，最令我感慨档案馆魅力无穷的一幅照片，是中国驻印军新一军第五十师美军陆军联络组全体官兵在缅甸南杜竖立的一座纪念碑前的合影（图5）。几年前我得到一幅外祖父潘裕昆将军头戴军帽、脚蹬马靴、腰束皮带的英姿戎装照（图2），背景是缅甸某地一座看似纪念碑的构筑物，眼前一亮，立即产生用它做封面（我曾为外公编了一本图集）的冲动。由于缺乏该照片的详细资料，只能对纪念碑内容限于猜想。感谢美军通信兵和美国国家档案馆，先是冒着生命危险拍摄，又在几十年间入档保存科学分类，再为每一个感念的人敞开。这是历史的珍品，更是至为珍贵的历史态度。

纪念碑正面与背面，均刻有中英文对照的文字，正面的文字为：

敬献此碑以纪念潘裕昆少将所部中国陆军第五拾师英勇官兵献身于中华民国三拾四年二月南杜之役将日军自其强固之据点中逐出将波特文矿区南杜及附近之地区占领以将人民由日军之魔掌中解放之

中国驻印陆军第五十师美国陆军联络组全体官兵敬立

图5 1945年4月29日，中国驻印陆军第五十师的师长、团长与美军联络官在纪念碑前留影。左起依次为：第五十师第一四八团团长王大中上校、第一四九团团长罗锡畴上校、第一五〇团副团长里健民上校、第五十师师长潘裕昆少将、第五十师美军联络主官佛兰克·斯塔布斯上校、联络官查尔斯·哈伯格（Charles H. Harberger）中校、副联络主官麦康·西波（Macon Hipp）中校、美籍华人翻译官乔治·冯（Georgr Fong）上尉。美军通信兵瑞科左克斯基（Raczkowski）拍摄

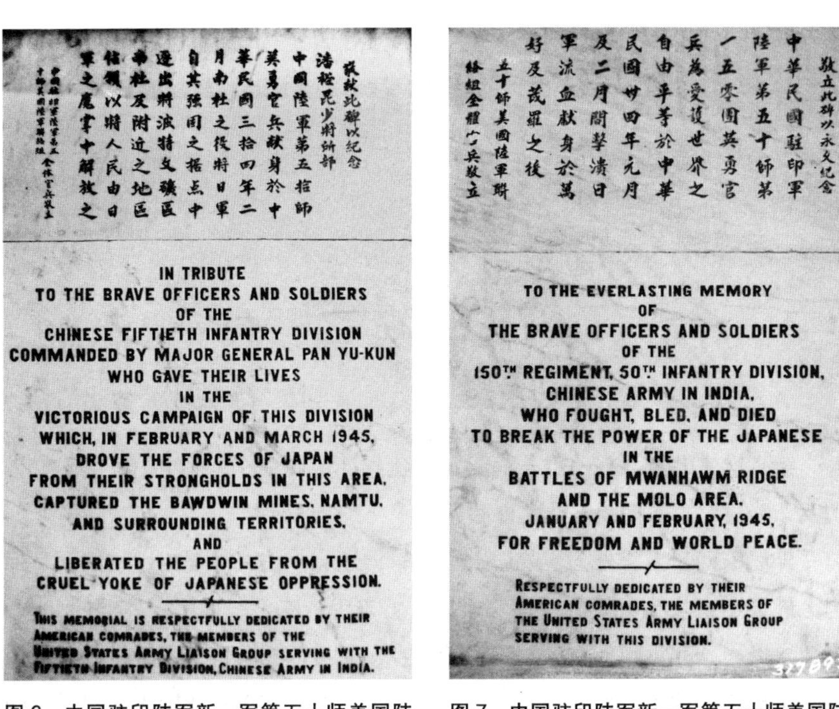

图 6　中国驻印陆军新一军第五十师美国陆军联络组全体官兵敬立纪念碑之正面

图 7　中国驻印陆军新一军第五十师美国陆军联络组全体官兵敬立纪念碑之背面

背面的文字为：

敬立此碑以永久纪念中华民国驻印军陆军第五十师第一五零团英勇官兵为爱护世界之自由平等于中华民国卅四年元月及二月间击溃日军流血献身于万好及茂罗之后

五十师美国陆军联络组全体官兵敬立

有了细节、准确细节的填充，这构筑物骤然从模糊的平面轮廓线中突显出来，还原成为一座活的纪念碑。于是，它有了风骨，有了温度，有了记忆。

（原载《老照片》第 136 辑，2021 年 4 月出版）

外婆家

扬之水

第一次来北京，我三岁。妈妈在福建省计量局工作，往沈阳开会，就带上我，路过北京，把我寄放在外婆家。

外婆家四口人：外公、外婆、小舅舅，还有一位，外婆叫她炕妈，是保姆。外婆十七岁生我妈，下面三个儿子：二毛、三毛、四毛。外婆的父亲，名金永炎，湖北黄陂人，是黎元洪的同乡，做过他的幕僚，还做过时日很短的陆军次长，四十七岁就故去了。外婆的大哥在日本东京帝国大学留学，同学中有一位老家在广东新会的日本华侨，学土木工程，毕业后一道回国，先到了外婆的家里。外婆一见钟情，便要定下终身，但大哥、大嫂坚决反对，因为与外婆的门第相比，外公算得是贫寒人家，而且比外婆大十一岁。外婆于是跟随外公毅然出走，从此再没回过黄陂。那一年她十六岁。她父亲死后分在她名下的若干亩土地，她全部让给了哥哥。

外婆生育早，又很注意保养，我来北京的时候，她四十多岁，特别显年轻，和我妈在一起，人们常常会误作姐俩。领着我出门，也会被认作母女。我小时候长得很可爱，又乖，外婆见了非常喜欢，她信基督教，便开玩笑说我是上帝送来的小天使，于是留在身边舍不得让我离开，还给我上了北京户口。

妈妈也舍不得我，又一次到沈阳出差的时候，就把我接了回去。然而工作实在太忙，且常常出差，外婆又特别想念我，因此决定还是把我送到北京。1959 年初，妈妈为我买好福州直达北京的 46 次列车车票，然后把我送上车交给列车员。当时的北京火车站是在前门，外婆到前门火车站把我从列车员

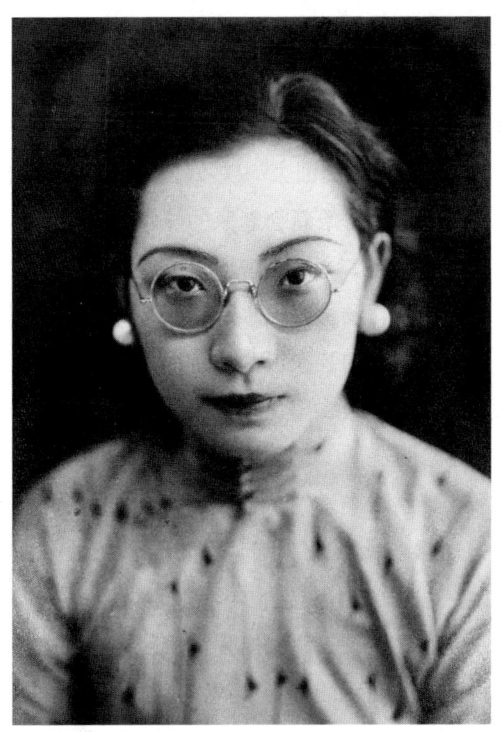

图 1　年轻时的外婆

手里接回来。列车员说，我一路都很听话，而且大大方方在车厢里唱歌跳舞表演节目。这一次去办理户口的时候，派出所的人特别说了一句：今年以后，如果再迁出的话，可就不容易进来了。

外婆家位于南池子，当时的门牌是南池子北井胡同 6 号。小小的一个独门独院，北房两间，一明一暗。明间客厅兼餐厅：前面一对沙发，是待客的空间；后面一张餐桌，是吃饭的地方。冬天，中间生一个煤炉，炉边总坐着一壶热水。原初炉身有一圈镂空的花边，是所谓“花盆炉子”，大炼钢铁的时候把花边敲去炼钢了。暗间是卧室：一个床头柜，一张双人床，靠墙一个带穿衣镜的立柜，对面是大圆镜子的梳妆台。西房两间，北房和西房之间也是一间小屋子，周围没有窗户，但房顶开了一个很大的天窗，我就住在这一间。南屋炕妈住，兼做厨房。东屋堆杂物，东南角是厕所。东北角一棵大槐树，夏天为整个小院撑起一片阴凉。北房门前有个很小的花栏，却因为槐树遮阴，种什么都长不好，只有几株野茉莉尚能发花。

十六岁嫁给外公，外婆做了一辈子家庭妇女。我到外婆家的时候，小舅舅还在北京石油学院读书，一周回家一次。外公在铁道部工作，二级工程师，月薪二百六十七块，十块钱寄给新会老家的妹妹，其余全部交给外婆。十五号是发薪水的日子，一家三口总会到南河沿的文化餐厅吃西餐。土豆沙拉，炸猪排，罐焖鸡，奶油鸡蓉汤，好像永远是这几样。每次到外面吃饭，外婆都会带一个铝饭盒，吃不完的装在饭盒里带回来。三年困难时期，外公享受补助，每个月都可以买到猪肉、鸡蛋、白糖，中华烟、牡丹烟各一条。家里没有人吸烟，烟就送给朋友。

外婆识文断字，喜欢看小说，《野火春风斗古城》《烈火金钢》《小城春秋》《林海雪原》，还有姚雪垠的《李自成》。最喜欢的是爱情小说，《红楼梦》自然奉为第一。她一辈子为自己选择的爱情而骄傲，常说世间爱情最伟大。我的婚姻印证了外婆的理念——丈夫的爱情实践超越了古今中外所有爱情故事中的男主人公。当然这是后话。听京戏，是外婆的一大爱好。家里有个留声机，外婆听京戏，外公听粤剧。但外公天天上班，听粤剧的时间是很少的。外婆偏爱青衣，青衣戏自然以才子佳人居多。东安市场有个吉祥戏院，经常上演京剧，外婆去十次，会有九次带着我。有一次说好不带我去，也没买我的票，出门时我说送送外婆，一直送到南河沿口，外婆心一软，说一起去吧，到那儿补张票。吉祥戏院有门开在东安市场里面，旁边一家小吃店名丰盛公，卖奶油炸糕（一两四个，两毛四）、小豆粥、杏仁豆腐，还有艾窝窝。斜对过的一家商铺卖珠花，一枝用细白珠子穿缀而成的珠凤，平展着翅膀，凤头扬起来，口里衔着珠串，我站在柜台前呆呆看着不走，外婆就给我买下了。

外婆手巧，最拿手的是织毛衣，会织各种花样，而且还有自己的发明创造，因此多与常见的不一样。用毛织品把我打扮起来，是她的一大乐趣。毛线帽、毛围脖、毛衣、毛裤、毛裙子，今年穿过之后，拆掉，再织新的花样。外婆早上五点钟起床，六点钟带上毛活儿去公园。最常去的是中山公园和文化宫，前者门票五分钱，后者三分钱，外婆是买了年票的。我总是紧紧跟随，因此从小养成早起的习惯。从中山公园南门进去，不远处一个白色的藤萝架，

图 2　年轻时的外婆

外婆喜欢坐在藤萝架下打毛活儿。藤萝架往西，有水榭，水榭对面是唐花坞，唐花坞里最可爱的是含羞草，手轻轻一碰它，叶子就合上了。开在公园里的来今雨轩，既有正餐，也设茶座。正餐很少去吃，多半是买那里的冬菜包子，一两一个，一毛钱，细褶高庄，馅里的肉末是先煸过的，和用生肉馅包的包子味道不一样。文化宫里有一家卖山东馒头，戗面的，用的是富强粉，二两一个，有时候也会去买了带回家来。

外婆家的炕妈，我叫她姥姥。这个姓很怪，外婆说，姥姥来的时候连名字都没有，因为要上户口，外婆给起了名字叫炕淑芹。姥姥的丈夫是蹬三轮的，婚后姥姥一直没生育，丈夫就又娶了一房，生子名小七。姥姥对小七很好，工资差不多都给了小七，但小七总是拿了钱就走，很少陪姥姥坐一会儿，聊一聊。有一年在南京工作的大舅舅来北京，逛了故宫回来对姥姥说：“你长得很像慈禧太后啊！”姥姥答道：“我哪儿有她那个福气哇！”不过我总疑心她是满人。外婆定居北京后，学得一口标准的普通话，姥姥却是地道的京片子，语言很生动，还会很多童谣。与人对面，都是称您。他，则称怹，比如说到我外公。姥姥拿手的都是北方菜：茄子塞肉、青椒塞肉、炸藕合、红烧带鱼、韭菜合子，用西葫芦和面做糊塌子。外公外婆都能接受，因为定居北京之前的十几年里几乎跑遍南北，也能适应不少口味了。外婆教给姥姥做的一个家乡菜是珍珠丸子，不过春节之外，平日很少上桌。一日三餐，只有早点一成不变，永远是牛奶、鸡蛋和黄油果酱抹面包。我生病的时候，外婆就让姥姥给我蒸鸡蛋羹，煮瘦肉粥。有一种吃食，姥姥常和我提起，便是面茶，但好像总没有机会去吃。1966年春夏之交，姥姥忽然决定一定要带我去吃一次，是在西单南大街的一家回民餐馆，隐约记得叫作西来顺。面茶的味道已经忘了，留在记忆中的是一种感觉：那像是一次告别。

外婆爱美，出门总要化淡妆，旗袍显出腰身的苗条。烫发在王府井北口的四联理发馆，但那是很长时间才去一次，平日就只是在家里把火钳子烧热了自己烫。也给我烫刘海，烫辫梢。来北京不久，外婆就教我给妈妈写信，信写完了，外婆给我涂上口红，要我把嘴唇印在信纸末尾。我对看书有兴趣，外婆就带我到王府井，在帅府园口上的新华书店买书，台阶下面是连环画亦即小人书，留到今天的，有《百鸟衣》《野天鹅》《居里夫人》；台阶上面是青少年读物，买过《大林和小林》《小布头历险记》。

到了外婆家，我就没再上幼儿园。七岁那年，该入学了。按照规定，必须是九月一日前满七周岁，而我的生日晚了五天。外婆带着我去了南池子小学、北池子小学，一概被拒。最后到了离家稍远即位于南河沿的东华门小学，外婆央求再三，依然得不到通融，因为名额已经满了。我忍不住放声大哭。接待我们的是校长和教导主任，校长姓金，主任姓徐，徐主任于是答应尽量想办法，一旦有人转学，立刻通知我们。结果真的有了这样的幸运。

外婆对我特别疼爱，还有一个原因，即我长得很像二舅舅，尤其是双眼皮大眼睛，和父母都不像。二舅舅我没见过，他在北京林学院读书，学生期间到农村实习，回来后学生干部问他所见所闻，他说了一些负面情况，“反右”的时候被划作右派，发配到青海劳动改造，在那里得了肺结核。一天早

图 3　外婆与外公合影

上，外婆对外公说：我梦见三毛来和我告别了，穿了一身血衣。那一天果然收到来自青海的包裹，是二舅舅的遗物，中有一件棉袄，前襟上带着血迹，大概是咳血所致。那一年，他二十二岁。

外公秉性忠厚，讷于言，一口乡音始终不改，也是与人交流的障碍。因此只是一心忙自己的专业，家事概由外婆操持。嫁给外公，经历了近二十年的颠沛流离，直到解放，定居北京，外婆才有了她所向往的安逸的生活。外婆常常说："真要感谢共产党，不然哪儿有这么好的日子。"

外婆喜欢的这个独门独院，是到北京后用了若干斤大米买下的。它所在的北井胡同是只有七个门牌也就是七个院落的小胡同，不能通向其他地方，北京人叫死胡同，即每每标示"此巷不通行"的那一类。小胡同里有个拐脖，拐脖处一口井，井水是苦的。胡同尽头处是三号，院子很齐整，住着两户人家，一家姓高，一家姓边，男主人都是工程师，高家的女主人和外婆常有往来，高家三个女儿，小女儿是我的玩伴。二号是个两进的四合院，一户人家，家里有一辆当时很少见的摩托车。井边的一个院子是大杂院，其中一户人家的男主人在良乡公安局工作，女主人是街道居委会主任。

北井胡同的位置大约在南池子的中腰，路东。往北不远是冯家胡同，也是一条死胡同。胡同里有一户中医，家中女儿乳名小慧，大我一两岁，长得很漂亮。多年后在故宫与已是书法家的小慧意外相遇，说起我外婆，在她口中依然历历如绘。冯家胡同往北有家私人诊所名雍华医院，街面很小，里面大有乾坤，好几进，还有后花园。再往北的一条长胡同名葡萄园，胡同里有个普度寺，当然已经不是寺，而是一所小学校。葡萄园里胡同套胡同，往东穿行就接上磁器库胡同，出去是南河沿大街。葡萄园的位置已是靠近南池子北口，胡同口上有家洗衣店名普兰德，外公的呢子衣服会拿到这里来洗。洗衣店旁是个早点铺，卖油条、油饼、烧饼和豆浆。油饼一两粮票六分钱，糖油饼一两七分钱，油条一两九分钱。早点铺对面一家酒馆，好像只卖啤酒，还有切好的肉肠，宽大的玻璃窗近乎落地式，能看见里面喝酒的人。小舅舅的好朋友李英每天都在这里喝啤酒。

北井胡同往南是箭厂胡同。后来才知道，胡同里住着的一户，大儿子是我老伴的高中同学，他妹妹和我老伴说："我知道你爱人，小时候两只大眼睛，让她外婆打扮得像洋娃娃。"箭厂胡同五号是袁世海的住宅。再往南，依次是灯笼库胡同、缎库胡同、南湾子。缎库胡同里住着罗瑞卿。南湾子通向南河沿，李英就住在南湾子。他参加过抗美援朝，阅历丰富，很会讲故事。南湾子往南的一条胡同名表章库，过去就是皇史宬了。北井胡同向北的斜对面一个灰色的大铁门，是张云逸的住宅。向南的斜对面有个石头缝胡同，也有人叫它南井胡同。再向南，是一所急救站，上方大字写着：电话五五五六七八。车库里停着华沙牌小轿车。文化宫东门就在急救站的不远处。再向前，是冰窖胡同，胡同口有家菜站。南池子副食店在菜站对面，卖油盐酱醋和糕点，还有小百货。菜站旁边是粮店。粮店里卖的粮食分装在方木柜里，木柜之间设台秤，售货员用撮斗从木柜里撮出粮食放在台秤上称分量，然后由漏斗倒向撑在下面的粮食口袋里。粮店再往南的一条胡同叫作飞龙桥。南池子南口有条银丝沟，银丝沟边还住着不少人家。

出南池子北口，对面一条街是北池子，向西，是紫禁城的东华门，向东，是东华门大街。路南有东华门副食店，旁边一家委托商行。再向前，是家澡堂子，名福海洋，外婆带我在这里洗盆堂，单间，四毛五。对面一家琴行，常年卖星海牌钢琴。琴行左近一个餐馆名蓬莱春，我上中学的时候曾在这里包饭，中午一顿，每月十块。接着就是二十七中，孔德学校是它的前身。1968 年以后的几年，二十七中曾分出一个学校名延安中学，我在这里读的初中，但很快就又与二十七中合并，除了当事者，如今已经没有多少人知道这个名字了。

东华门大街走到头是一条横马路，向南是南河沿，向北是北河沿。南河沿的道树是合欢亦即马缨花，也称楿树，六月到九月，马缨一般的一朵朵小粉花开满树，幽香溢路。南河沿把角处一带砖墙，露出里面的琉璃瓦顶，这里叫作翠明庄，是中组部招待所，我妈在省委组织部工作的时候，来北京出差就住在这儿。东华门大街东口路北有临街的一所平房，先是出租小人书，后来成为校外活动站，辅导员姓徐，南方人，团团脸，白白净净，待人和气。

南河沿过去又一条横街，是皇城根大街。过了皇城根，就是直通王府井的东安门大街。路南有中国儿童艺术剧院，我在东华门小学读书的时候，学校经常在这里组织活动：看话剧，举行联欢会。《马兰花》《神笔马良》《小铁脑壳遇险记》，都是在这儿看的。联欢会上，我曾登台表演过京剧清唱《四郎探母》。儿童剧院对面一溜儿高台阶，一家副食店名长发德，还有切面铺、裁缝店。再向前，有一个冰窖，常见有人用叉子向外出冰，半米见方，表面粘着草屑，大约是河冰。紧挨着冰窖的是义利面包厂门市部，外婆在这儿买乳白面包和精白面包，都是半斤粮票，前者三毛二，后者两毛八。再往前，就快到王府井了，离路口不远的地方，是馄饨侯，浦五房在它隔壁，在这儿常买的是叉烧肉、笋豆、肉松、广东香肠。对面把角处是懋隆珠宝店，据此不数武有一家鲜花店，外婆不买别的，常年只在这里买玉兰花，玉兰一对，其端顶着两朵茉莉，用别针戴在大襟的纽扣旁边。晚间摘下来放在湿毛巾里，第二天还是新鲜的。

南池子大街两旁都是大槐树，夏天绿荫交柯，遮天蔽日。从东单开过来的 3 路公交车穿街而过，开往北池子、骑河楼、沙滩、景山东街，地安门是终点站。从外婆家去王府井，走路的话不算远，不过如果逛了街再走回来就有点累，于是会坐上三轮车，到家两毛五。

1966年，平静的生活有了波澜。外婆似乎觉察到什么，有点担心自己的出身，把陈年的相册翻检一过，取出一张军官骑在马上抱着她的照片，撕掉了。她说，我十六岁离家出走，一辈子靠外公的工资吃饭，活得堂堂正正。今后如果过不了我喜欢的生活，我就去死。抄家风起，雍华医院首当其冲。很快到了北井胡同，这时候南池子已是叫葵花向阳路，胡同的名字全部取消。二号院被抄，是附近中学的红卫兵，然后就过去了。外婆松了一口气。八月三十一日，我从北池子门诊部打针回来，家里已是天翻地覆，红卫兵来自良乡，是五号院居委会主任的丈夫从良乡叫来的，给外婆扣上"地主"帽子，勒令返乡。北屋两间贴上封条，只留下西屋。九月三日外婆被居委会主任叫出去扫大街，几个小孩子追着她往身上吐唾沫。当晚，外婆和外公早早睡了。一夜无话。然而次日一上午不见起身，唯闻鼾声大作，叫也叫不醒。小舅舅觉得不对劲，到南湾子叫来李英，李英一见，立刻说：赶快灌白开水，服了安眠药了。结果外公救过来了，外婆一睡不醒。

外婆不在了，外婆家没有了。我的童年时代随之结束。

（原载《老照片》第138辑，2021年8月出版）

父亲的“路条”及其他

吴玉仑

父亲去世以后的很长一段时间里，我们都没有动手整理他的东西，最近才开始慢慢翻检老人留下的遗物。父亲在世时，都是他自己归置自己的东西，我们做儿女的都不知道他那满满当当的一屋子里装的都是些什么。当把大部分图书、报刊、日常用品等物件清理完毕后，我们才开始慢慢地接触到他早年参加工作期间留下的一些文件，包括各种文书、表格、照片，十分繁杂。

某天，我偶然间看到一件已经发黄的信封，端端正正印着南开大学的字样。抽出里面一个叠成几折、已经发脆发黄的纸张，小心翼翼地铺开一瞧，像是一件公文，扫过几眼之后，那些繁体字顿时让我一激灵，马上来了精神。

信笺最上面是一行铅印红字“国立南开大学用笺”（图 1），正文的小字写的什么还没看清，校长张伯苓的钤印便已撞入眼中。看落款，是民国三十六年，也就是 1947 年，按年头算已将近八十年了，信笺上面的字迹稍有磨损，但仔细辨认，仍然清晰可见。

本校文学院助教吴廷相先生，兹有配发食物之面粉两袋，拟运往北平自用。请沿途军警官宪予以运送上之便利。

特此证明。

国立南开大学校长张伯苓

中华民国三十六年十二月十日

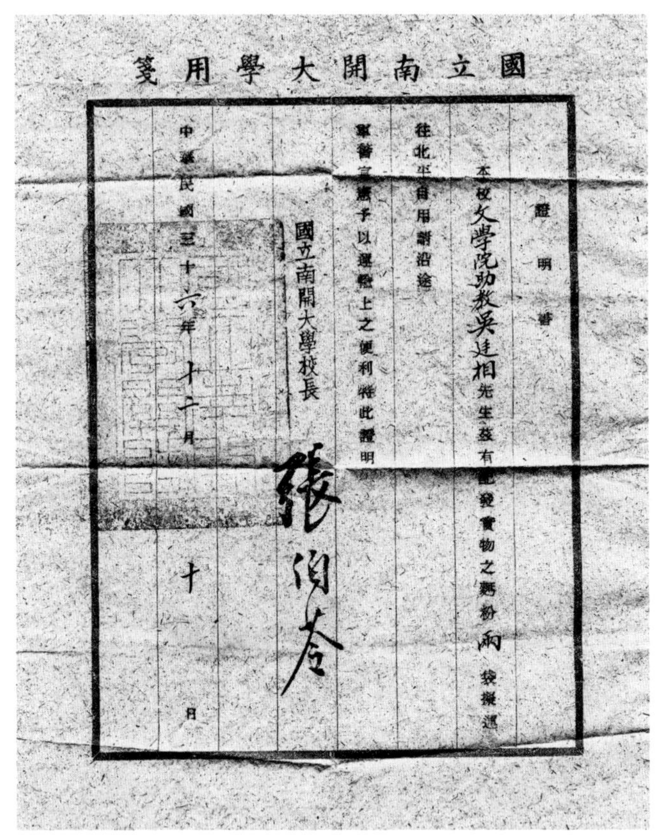

國立南開大學用箋

證明書

本校文學院助教吴廷相先生茲有配發實物之麪粉兩袋擬運往北平自用請沿途軍警憲予以運輸上之便利特此證明

國立南開大學校長
張伯苓

中華民國三十六年十二月十 日

图 1　1947 年 12 月，南开大学校长张伯苓为我父亲开具的“路条”

公文上钤着篆体大红印章国立南开大学关启。

愣了片刻我明白了，这是一张南开大学给教职员工发的“路条”。这物件引起了我们极大的兴趣，以前我们都不知道家里有这个东西。

像使用路条这种事，小时候在电影、小说中看到过，过关卡时给日本鬼子、伪军看。也有中共地下组织进入解放区时出示，证明自己不是敌伪特务方能进入。我当时看还觉得挺神秘的。我只知道父亲在大学工作过一段时间，但什么时候、在什么地方、具体情况如何，父亲从没有详细和我说过。所以看到这些东西时，我一是感到新奇，二是觉得应该把家父这时期的这些材料梳理一下，应该是个很有意义的事。

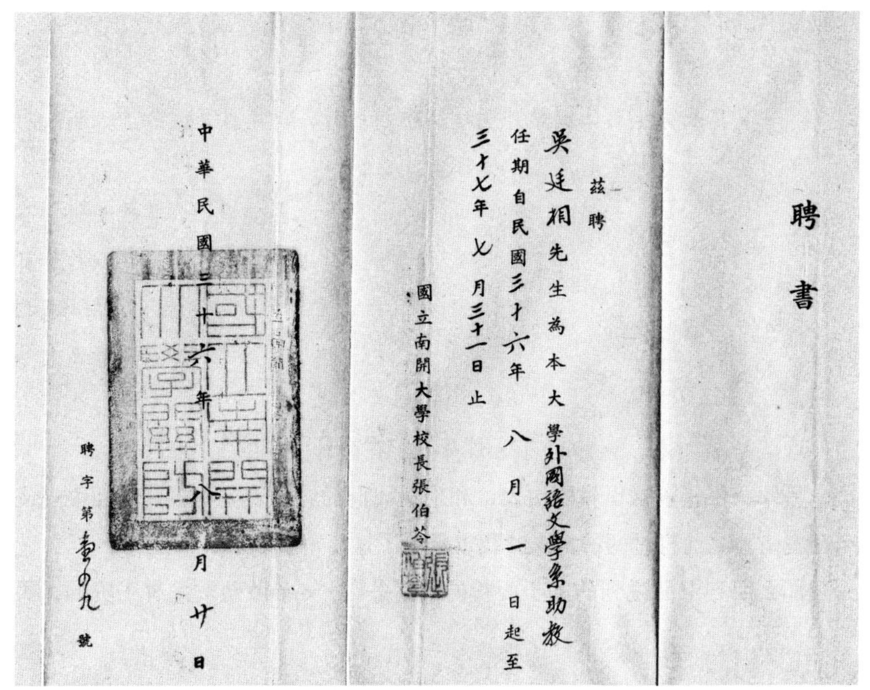

聘書

茲聘

吳廷桐先生為本大學外國語文學系助教

任期自民國三十六年八月一日起至

三十七年七月三十一日止

國立南開大學校長張伯苓

中華民國三十六年八月廿日

聘字第壹〇九號

图 2　1947 年 8 月，父亲受聘为南开大学外语系助教，此为聘书

不知道父亲毕业以后为什么去天津找到这份工作。起点还挺高，一上来就是大学助教，而且是著名学府南开大学的助教，校长便是鼎鼎大名的张伯苓。这些事父亲没说过，我们也不得而知，可能是当时天津的就业环境要比北平好些吧！

父亲保存下来的南开大学的聘书（图 2）及资格审查履历表（图 3），从聘书的日期可以看到时间已然到了 1947 年 8 月，从辅仁毕业到南开就职这之间的两三年里，家父也找了几份临时工作，大概都是一年一聘的零工，这也是我在南开的资格审查履历表上看到的。

南开的聘书开张很大，我是第一次见到这样的聘书——

聘　书

兹聘

吴廷相先生为本大学外国语文学系助教，任期自民国三十六年八月一日起至三十七年七月三十一日止。

国立南开大学校长张伯苓

中华民国三十六年八月廿日

国立南开大学关启（大红印章）

聘字第壹四九号

这就是说，父亲于 1947 年 8 月开始了在南开大学的工作。

另外一张是资格审查履历表，和现在我们的履历表差不多，前面说过父亲在去南开之前打过两份零工，我也是看了这个审查表后才知道的。

那么回到上面说到的关于面粉的“路条”。父亲做助教是有工资的，买

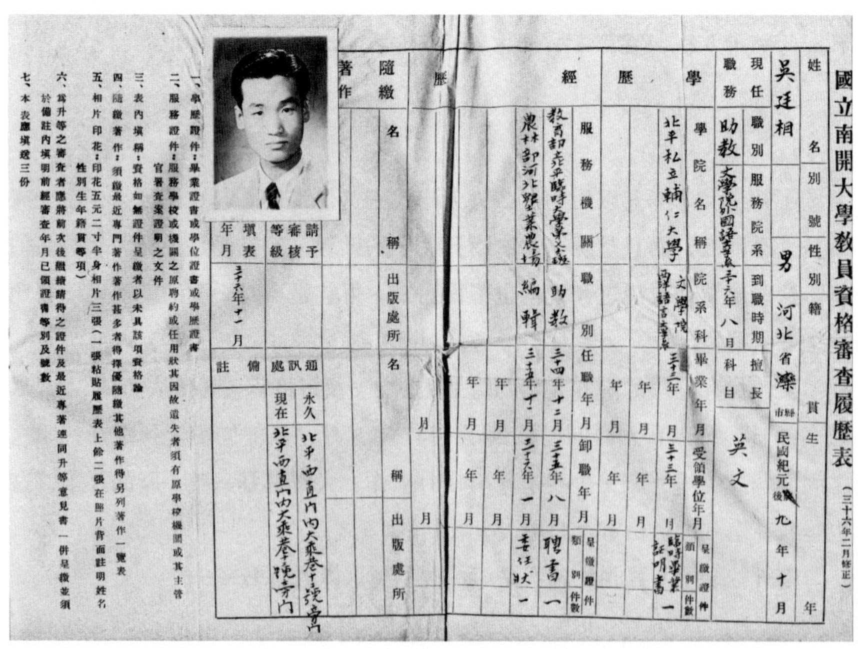

國立南開大學教員資格審查履歷表（三十六年二月修正）

姓名：吴廷相　別號：　性別：男　籍貫：河北省灤縣　生年：民國紀元後九年十月

現任職務：職別：助教　服務院系：文學院外國語文學系　到職時期：三十六年八月　擔任科目：英文

學歷：學院名稱：北平私立輔仁大學　院系科：文學院西洋語言文學系　畢業年月：三十三年　月　受領學位年月：三十三年　月　呈繳證件：類別：臨時畢業證明書　件數：一

經歷：服務機關：教育部北平臨時大學第八班　職別：助教　任職年月：三十四年十二月　卸職年月：三十五年八月　呈繳證件：類別：聘書　件數：一

服務機關：農林部河北墾業農場　職別：編輯　任職年月：三十五年十二月　卸職年月：三十六年一月　呈繳證件：類別：委任狀　件數：一

隨繳著作：名稱　出版處所名稱　出版處所

請予審核等級：

填表年月：三十六年十一月

通訊處：永久：北平西直門內大乘巷十號竟內　現在：北平西直門內大乘巷號竟內

備註：

一、學歷證件：畢業證書或學位證書或學歷證書

二、服務證件：服務學校或機關之原聘約或任用狀其因故遺失者須有原學校機關或其主管官署查案證明之文件

三、表內填稱：資格如無證件呈繳者以未具該項資格論

四、隨繳著作：須繳最近專門著作著作甚多者得擇優隨繳其他著作得另列著作一覽表

五、相片印花：印花五元二寸半身相片三張（一張粘貼履歷表上餘二張在照片背面註明姓名性別生年籍貫等項）

六、為升等之審查者應將前次後繼續請得之證件及最近專著連同升等意見書一併呈繳並須於備註內填明前經審查年月已領證書等別及號數

七、本表應填送三份

图 3　1947 年 11 月，父亲填写的《国立南开大学教员资格审查履历表》

基本的生活用品应该不成问题，不过大老远地买两袋面带回北平的家里，那也太费劲了。那么，这两袋面粉难道是工资之外的福利，就像我们现在过节时单位经常发的米面粮油那样？抑或是工资发放不足，给点食物补齐？这我不知道，也没地方去打听、去证实。

透过父亲接到的一份关于薪金标准的公文（图 4），可以看出当时大学教师的待遇还是相当不错的。关于薪金的公文是这样的——

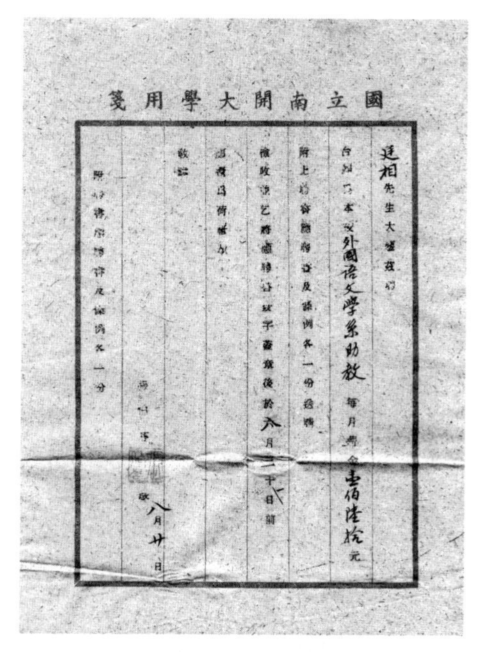
國立南開大學用箋

图 4　1947 年 8 月，父亲接到的校方关于其工资待遇的一纸公文

廷相先生大鉴：

兹聘台端为本校外国语文学系助教，每月薪金壹百陆拾元。

附上聘书、应聘书及条例各一份送请检政，并乞将应聘书签字盖章后，于八月三十一日前掷还为荷。

祇敬

教祺

张伯苓（钤印）启八月廿日

我查了查相关材料，当时政府机关一般职员的工资也就是十几元或几十元。我在网上还看到一份北京大学 1948 年的工资表，校长胡适八百元、教授六百元、讲师二百六十元，助教一百六十元。看来抗战胜利后返回原地同为西南联大三校之一的北大和南开的待遇是一样的，助教都是一百六十元。

这说明当时大学教师的待遇还是很好的。不光是大学教授，中学、小

图 5　父亲的遗物当中保留着一本《辅大年刊》（民国三十三年版）和他的毕业文凭。年刊类似现在的毕业纪念册，里面有父亲毕业时的照片，注明是辅仁大学文学院西语，那是 1944 年的年刊，他是那一年毕业的

学教师的待遇也很好。至于待遇如何，除工资外，还要看从业人员的社会地位，综合比较下来，那时大学教师的社会地位比现在一般的公务员要高多了。

但纸面上的工资只是个数字，只有拿到手换成具体的什物，能养家糊口才是硬道理。

让我们回到家父执教的那个年代。1947 年，抗日战争虽然已经胜利，但日本侵华多年致使我国经济千疮百孔，破坏惨重。本应是百废待兴之时，可内战又起。此时解放军已经解放东北大部地区，再过一年辽沈战役、平津战役都将相继打响。战局不可能不影响到学校，实际上到了 1947 年底，局势已然十分紧张了，通货膨胀日渐严重。在战争期间，粮食肯定属于重要的战略物资，并且还是民生的基本保证，所以对粮食的管理肯定也是最严格的。这个我称之为“路条”的证明函，大概就是对当时局势的一个写照。发照日期为 12 月底，新年就要到了，虽战火遍地，家家户户总要过个年。“路条”当然不能明说，但意思很清楚，即受战争影响物价已经不像样了，这点粮食乃教师合法所得养家糊口之用，不是投机倒把、囤积居奇，望沿途军警宪特予以放行。看来，在那个战火连天的岁月，南开大学的证明书还是有点分量的。一纸文书映出了一个时代！

父亲还有一件东西更清楚地描绘了当时那种环境下人们的情绪。这是学生会发给老师的新年贺卡，权当是贺卡吧。上面是这样写的——

敬爱的师长：

民国三十六年，这个艰苦难挨的岁月，已经过去，这一年中，中国的人民，受尽了痛苦！我们师生也曾共同历尽了艰辛（身体精神上的压迫摧残、物质上的窘困），但我们低头忍耐着，您更坚毅屹立着。在这一年中，您教给我们更多更有用的知识，指示我们应该走的道路，更蒙您赐给我们无量的抚慰与热情，我们谨此向您致最大的敬意！

放眼在刚刚到来的新岁——民国三十七年，希望它将是一个黎明和平幸福安乐年！让我们都怀抱这样心情开始来迎候它！并盼望您更坚毅地提携领导我们度过它！祝您新年安乐健康！

南开大学全体同学敬贺，卅七年一月一日

情真意切，锥心刺骨。但希望是希望，现实是现实。

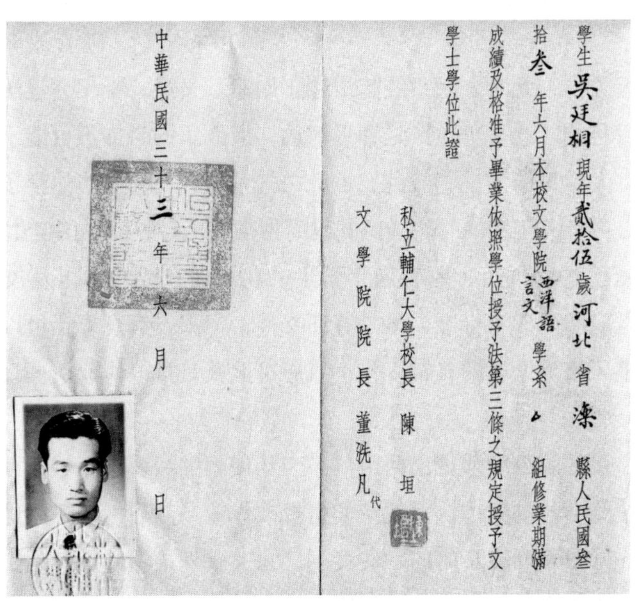

學生吴廷桐現年貳拾伍歲河北省滦縣人民國叁拾叁年六月本校文學院西洋語言文學系[illegible]組修業期滿成績及格准予畢業依照學位授予法第三條之規定授予文學士學位此證

私立輔仁大學校長 陳垣

文學院院長 董洗凡代

中華民國三十三年六月 日

图6　1944年，父亲从辅仁大学西洋语言文学系毕业，这是他的毕业证书

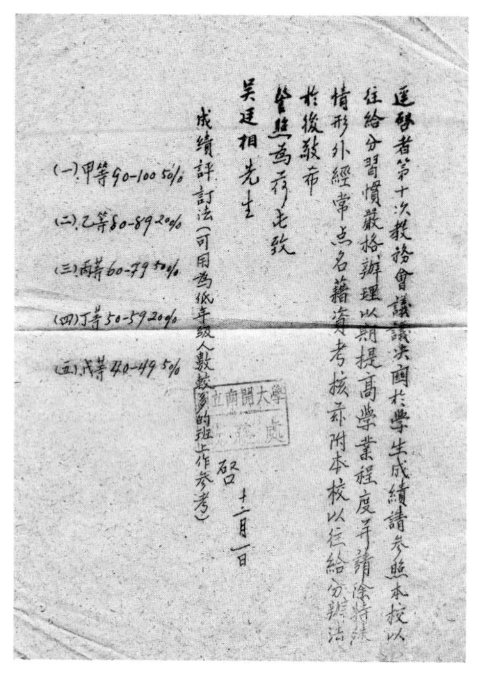
逕啟者第十次教務會議議決關於學生成績請參照本校以往給分習慣嚴格辦理以期提高學業程度并請除特殊情形外經常點名藉資考核亦附本校以往給分辦法於後敬希
查照為荷此致
吳廷相先生

成績評訂法（可用為低年級人數較多的班上作參考）
(一)甲等90-100 5%
(二)乙等80-89 20%
(三)丙等60-79 50%
(四)丁等50-59 20%
(五)戊等40-49 5%

立南開大學 處

啓
十二月一日

图 7　校方下发的如何评定学生成绩的参考标准

这张小卡片中虽是格式化的公文且经统一发送，但仍可看出当时局势之艰危，学子们焦虑之二三。我觉得这段文字还是挺感人的，点明了在当时战火纷飞的情况下，大学的日常运作仍在勉力维持，在十分困难的情况下教学工作还在正常进行，由此校方及学生们对坚守在第一线的教职员工表达了感激之情。

但学子们恐怕不会想到更困难的还在后面。不过三个月时间，1948 年 3 月，国统区四大银行便发布了金圆券取代法币的法令。随着战事进展，炮火渐渐逼近关内，此时金融系统基本趋于崩溃。又过了半年，辽沈战役和平津战役先后打响。北平等地虽是和平解放，但战争的恐怖不可能不影响到学校，那时，大学里的混乱、慌乱、忙乱之气氛可想而知。当然学子们更不会想到的是，再有一年多的时间国民党政府便彻底垮台，新中国诞生了。

父亲留下的物件里，还有当年学生的花名册、成绩单以及校方发的如何评定学生成绩的参考标准，虽是普通文件，但都挺有意思，可以看出当年大学的办事风格。助教的日常工作，我想可能就是批改作业、登记造册之类吧。

至此，我的脑海中浮现出两组父亲当年俊朗的身影。年轻的助教趴在办公桌前，按照学校的标准认真地给学生批改作业，然后一笔一画地登录在学生手册上，并时常回答学生的一些疑问，只关乎外语不涉及其他。父亲一辈子都小心翼翼研究学问，从不过问政治。

另一组画面是年关将近，父亲费劲地提着两袋面，匆匆赶乘火车或公交回家，估计跟现在农民工年底时提着大包小包回家是一个意思。说实话我真不知道当时的一袋面有多重，有可能是五十斤吧，也不知道他是怎么一路回应军警宪特的盘查把那两袋面弄回家，以及家人见到面粉时的惊喜！

1949年以后父亲还是在教书，从我记事起就知道他在北京六十五中教外语。六十五中是个很特殊的学校，只有高中，没有初中，这在北京也是不多见的。父亲还保留着两本相册，都是学生高中毕业时留给老师的毕业感言。每一页上都有毕业生的照片和仔细地用白色的笔在黑色的相册上写下的几句话。虽然都是"感谢老师三年来的辛勤教导"之类的词语，但这么多学生在一本相册上一丝不苟地接续书写，的确可以看出当时师生之间的融洽关系。这些学生进入学校从高一直到毕业都是父亲在教他们，我也可以隐隐地感觉到学生们对父亲教学工作还是认可且满意的，父亲有几十年的教学生涯，真可谓桃李满天下了。父亲的专业是英文，但不知在辅仁上大学的时候是不是修过第二外语或是后来自学的，父亲在学校除了英文还教俄文，并且我也隐

图8 父亲与母亲

图 9　1958 年夏天，父亲（前排左五）带领学生到北京东直门外光明农业合作社参加劳动时，与当地社员合影

约记得父亲还会说一点法语和德语。“文革”时我家的《毛主席语录》就有好多种版本，除了英法德俄文版本，好像还有西班牙文、葡萄牙文、日文等版本。总之父亲是一个极爱学习的人，并且和大部分知识分子一样不太管家里的事，这也让我的母亲十分辛苦。到了职业生涯的后期，父亲还经常参加英语的教学改革工作。父亲这一辈子都没有离开过教学岗位。写到这里，心里不觉感到隐隐作痛，父亲在世时我们很少交流，甚至说话都很少，很多事他没讲我们也不知道，多少事情都随风飘去，湮没于历史尘埃之中了。我总在重复一句话，“没有人知道的事就是没发生过”，那就赶紧把知道的点滴记录下来吧！

对我来说，写完这篇文字，这些材料就算是完成了它的使命，但想到这些信件当中遗存的历史信息可能还有其他功能和价值，即见证历史的功能，

图 10　20 世纪 50 年代，父亲与学生游览北京香山碧云寺

图 11　父亲（中坐者）在校园里与学生合影

图 12　父亲（前排右三）与毕业班合影

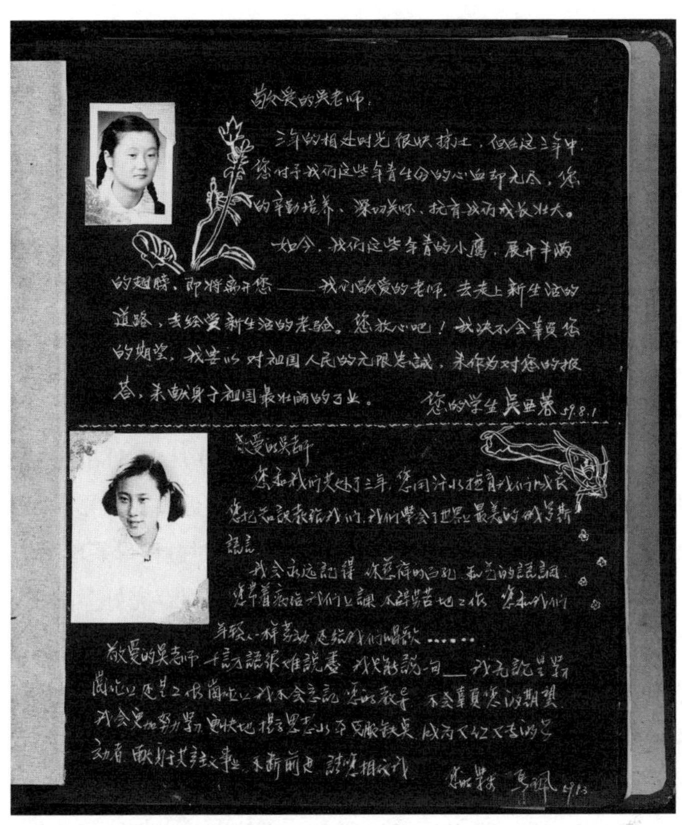
敬爱的吴老师：

三年的相处时光很快掠过，但在这三年中，您付予我们这些年青生命的心血却无[illegible]，您的辛勤培养、深切关怀，抚育我们成长壮大。

如今，我们这些年青的小鹰，展开丰满的翅膀，即将离开您——我们敬爱的老师，去走上新生活的道路，去经受新生活的考验。您放心吧！我决不会辜负您的期望，我要以对祖国人民的无限忠诚，来作为对您的报答，来献身于祖国最壮丽的事业。

您的学生 吴[illegible] 59.8.1

敬爱的吴老师

您和我们共处了三年，您用汗水抚育我们成长，您把知识教给我们，我们学会了世界上最美的俄罗斯语言。

我会永远记得你慈祥的面孔、和蔼的语调，您带着病给我们上课，不辞劳苦地工作，您和我们年轻人一样劳动，还给我们唱歌……

敬爱的吴老师，千言万语很难说尽，我只能说一句——我无论是学习岗位上还是工作岗位上，我不会忘记您的教导，不会辜负您的期望，我会更加努力学习，更快地提高思想水平，克服缺点，成为又红又专的劳动者，献身于共产主义事业，不断前进，请您相信我。

您的学生 [illegible] 59.[illegible]

图 13　毕业纪念册里的同学留言

所以还是应该把它放在它更应该在的地方。经和家人商量，我们决定将这些材料捐给它的来处——南开大学。联系学校以后，他们也很高兴能接收这样一些私人文件，让学生和教职员工从中多少了解昔时学校的风貌。这不也是件挺有意义的事吗！

（原载《老照片》第 150 辑，2023 年 8 月出版）

往事如昨　旧照惟新

侯艺兵

今年是父亲侯好玉去世三周年，他 1926 年 10 月 13 日出生，2016 年 9 月 7 日去世，人生刚好走过九十个年头。清明节临近，我们兄弟四人分别从美国、北京、上海返回四川绵阳给老人家上坟。闲时翻检母亲珍藏的老相册，看到好几张父亲母亲六七十年前拍摄的戎装照片，保存完好。其实这些照片早在十几年前就曾看见过，记得父亲在世时，断断续续地讲过这几张照片的拍摄地点和经过。于是找出当年的录音，趁母亲还健在，又请她补充回忆了照片的来龙去脉。整理撰文，祭上儿子们的思念之情。

父亲出生在传说中的《易经》发源地“河出图、洛出书”的洛河畔的一个穷村庄。据父亲回忆，在他小时候爷爷曾对他说：“就是把骨头撮碎也要供你读书！”靠着爷爷打短工挣的钱，父亲刻苦努力考上了洛宁简易师范学校。1942 年学校里来了一位老师，是中共地下党员。他特别器重当时在班上语文最好的父亲和算术最好的杨万春，用“城头上站着两个大将军：朱德、毛泽东”来引导鼓励他俩参加共产党领导下的抗日救亡运动。父亲和杨万春一起参加了地下的“学生抗日兵队”。1944 年春天，在一次日本飞机轰炸洛宁县城后，父亲即弃笔从戎，加入洛卢人民自卫队，在本地区和日本鬼子打游击。

1944 年冬，父亲和同学杨万春两人瞒着家里，背井离乡转入八路军随营学校（豫西公校），跟随学校北渡黄河，到达山西阳城。从此离家再没有音讯，家里人也不知道他的下落。抗战胜利前，父亲在太岳军区抗大分校学习并加入中国共产党。经过短期学习，他被分配到太岳军区司令部机要科任译电员。陈赓司令员人很活泼，对下属很随和，机关年轻人在他面前无拘无束。

父亲他们有时候也闹点情绪，想上前线杀敌立功。陈赓说：“这里也是战场，你们每破译一封电报，前方将士就少流血牺牲。”

内战爆发后，1947 年父亲在晋冀鲁豫军区四纵队解放大队青年二队任副指导员，1948 年调四纵队司令部参谋训练大队任指导员，在河南漯河地区驻训。一天，门外警卫领进一个着破衣烂衫的老人，说是来看儿子。没有想到竟然是爷爷！父子俩当场抱头痛哭。爷爷对父亲说，家乡解放了，分了田，能不能回家种地？父亲说：“打完了鬼子，还要解放全中国，我带着一百多号人，能离开吗？一百多人怎么能丢下不管呢？”爷爷只好抹着眼泪说：“你留下吧，我回去。”走时父亲从炊事班买了一袋面让爷爷扛回家。

爷爷是怎么寻到部队的呢？原来父亲参军后，1945 年 7 月在八路军随营学校二队当学员兼文书，和二队战友彭廷璜一起在山西阳城照过相（图 1），后来彭廷璜转到地方工作，几年后辗转托人把照片捎给洛宁老家，家里的人这才知道了父亲的下落。于是爷爷背着干粮，从豫西渑池走了几百里，一路寻到豫东漯河的部队上，这才有了上面的一幕。

这是父亲参军后拍的第一张照片，没有想到这张照片竟成了同家里联系的纽带，免除了老家父母的牵挂。

1946 年 9 月在山西临浮战役中，晋冀鲁豫军区四纵队全歼号称“天下第一旅”的国民党整编第一师第一旅，活捉中将旅长黄正诚。1948 年 3 月，四纵队参加攻打洛阳的战役，全歼国民党青年军二〇六师，活捉师长邱行湘，俘虏了不少国民党青年军官。四纵司令部专门成立了参谋训练大队，大队长张志丰，副队长安克恭，侯好玉担任指导员兼政治教员。参训队的主要任务是对俘虏的国民党年轻军官进行教育引导，待转变思想后，利用他们的专长分配到我军各个部队当参谋。在河南叶县参训队驻地，陈赓司令员亲自作报告。这时参训队有一百一十多人，身为指导员的父亲向他汇报：“一个人开小差跑了。”他说：“没得事，没得关系，好像一列火车掉了一颗灰尘。”他说话很风趣，一下打消了父亲的顾虑。

1948 年 5 月，晋冀鲁豫野战军第四纵队改为中原野战军第四纵队，1949 年 2 月更名为第四兵团（陈谢兵团），隶属于第二野战军（刘邓大军）。父亲随第四纵队参加了淮海战役。当时前方战斗十分激烈，后方参训队加紧培训，

图 1 1945 年 7 月，八路军随营学校学员侯好玉、彭廷璜（左）合影。摄于山西阳城县

学员出队以后马上充实到一线战斗部队当营、团参谋。解放战争期间参训大队不断接收新的俘虏，不断进行教育、转化，有一位后来成为解放军师长的学员，他的名字还是父亲给改的。参训队先后毕业的一百多名俘虏军官，都下到四纵队所属部队，投入打老蒋的战斗中。他们表现不错，好多人后来当上师、团级干部。

渡江战役以后，四兵团向江西南昌进军，父亲带着参训队在行军的路上碰上了陈赓司令员，他骑在马上问："部队情绪怎么样？"父亲说："你看，情绪很高嘛！"他挥了挥手，策马加鞭而去。参训队从河南漯河一路走到江

图 2　1948 年 11 月，晋冀鲁豫野战军南下时，四纵司令部参谋训练大队指导员侯好玉和大队长张志丰（右）合影。摄于河南漯河

图3　1948年11月1日，四纵第一期参谋训练大队毕业典礼。摄于河南郏县三教堂

图4　1950年2月，第二野战军第四兵团进入昆明，昆明各界人士举行欢迎大会。陈赓（左）、宋任穷（中）、卢汉（右）在主席台上

西，有时一天行军上百里，只吃两顿饭。为了吃饱肚子，有人总结个顺口溜：“头碗浅，二碗满，三碗盛过太行山。”意思是吃第一碗和第二碗不能盛太多，否则等你吃完头一碗或第二碗想再去盛第三碗，很可能就没有饭了。1949 年 5 月，父亲在渡江战役中荣立三等功。

南昌解放以后，中原野战军和华东野战军会师，陈赓讲话，动员向大西南进军。四兵团政治部办的《南征小报》称：“我们铁脚板，跑过敌人汽车轮子。”这个时候，参训队训练俘虏的任务结束，但还保留编制，转为培训政工干部。四兵团继续挥师广西、广东，在广西南宁，参训队办了一期党训班，父亲专讲毛主席的“批评和自我批评”。战争年代，部队思想政治工作都是断断续续，见缝插针，利用行军打仗的间隙做宣传教育，往往一个战役结束后，在部队休整阶段抓紧时间进行干部培训，基本上边行军，边学习，边打仗。

二野四兵团日夜兼程进军大西南，实行大迂回从两广包抄云南，切断国

图 5　1950 年 10 月 21 日参加云南省军区第一届宣教会议时的合影。侯好玉在第三排右四。摄于昆明

民党军南逃出境的退路。五兵团则从贵州向云南挺进。进军大西南时，父亲回忆说，战士的铁脚板真能跑过敌人的汽车轮子。为了围堵敌人，昼夜行军，边走边打瞌睡，官兵上下只有一个念头，解放大西南是最后一场战斗，要是追不上敌人恐怕再没有立功的机会了。1949 年 12 月，云南省主席卢汉宣布起义，国民党第八军、第二十六军匆匆南逃。1950 年 2 月，陈谢兵团进驻昆明。全市万人空巷，观看解放军入城仪式并举行欢迎大会，陈赓、宋任穷、卢汉出席。抗日战争和解放战争期间，父亲留下了这几张十分珍贵的老照片。

新中国成立以后，1950 年父亲在云南省军区直属政治处任宣教股长，在云南省军区所属部队开展学文化运动中荣立三等功。1950 年 10 月 21 日，他参加云南省军区第一届宣传教育大会，那时候刚刚进城，戴大盖帽，穿粗布军衣，胸前佩戴解放军胸章。

母亲陈健坤今年八十六岁。她十六岁参加革命，1948 年在昆明求实中学读初中时参加学生运动，加入中共地下党外围组织“云南民主青年同盟”（简称“民青”）。1949 年 4 月，解放军渡过长江，大西南解放在即。为了迎接解放，地下党号召并组织民青部分同志下乡打游击。临行前母亲对她弟弟讲，假期学校组织下乡去教书，而弟弟陈健奎说他也要下乡去教书。姐弟俩这时候互相才知道他们都是民青成员。然后两人一起拿了家中一床大毛毯，剪成两半，作为行李，又偷了家中十多个半开银元（两个“半开”顶一个“袁大头”）。7 月 14 日，母亲和十四岁的弟弟陈健奎以假期旅行为名，按约定到昆明火车站买票上车到宜良，然后坐船过盘江，徒步走到路南县游击区参加中国人民解放军滇桂黔边纵队（简称“边纵”）。这支革命武装从创建到西南解放，一直活跃在云南、广西、贵州等地开辟根据地，扩大革命武装，发动农民群众和展开争取民族上层人士的统战工作。当时从昆明各学校调入“边纵”的这一批“民青”积极分子，多数是在校初、高中学生，共计一百余人。姐弟俩分到四支队三十二团政治处从事宣传文教工作。四支队活动在滇东南丘北、广南、富宁、麻栗坡、马关等中越边境和云南、广西交界地区，主要执行清剿小股土匪武装，铲除国民党地方政权，解放边疆县城的任务，为解放军入滇扫清障碍。

1949 年 10 月 1 日，中华人民共和国成立。消息传达下来，部队和当地群众一起举行盛大集会，母亲第一次见到用土黄纸印的朱德、毛泽东肖像，印象极其深刻。1949 年 12 月，中国新民主主义青年团成立，经团中央批准，云南省的民青成员正式转为青年团团员。1950 年 2 月云南全境解放，母亲和舅舅由四支队调入滇东北六支队二十六团。随后边纵各支队与驻地解放军合并整编为军分区，母亲所在的六支队整编后组建曲靖军分区，姐弟两人在曲靖军分区政治部政工队工作。

1950 年 12 月，母亲被选送重庆西南人民艺术学院戏剧系专修科学习编导。西艺院长刘仰峤，副院长朱丹、沙仃，这是西艺专门为部队开办的一期专科班。专科班学员有来自西南军区所属各部队文工团团长、政委和优秀团员，也有从基层连队挑选出来的文艺骨干，年龄相差很大，母亲是班上年龄最小的学员。有些资历老的干部报到时骑着马，挎着枪，带着警卫员来上学，

图 6　1950 年，陈健坤（后排中）在云南曲靖军分区政治部工作时合影。那个时代女兵梳长辫子，穿上军服也是飒爽英姿

图7　1950年12月，西南艺术学院部队专修科部分女学员合影。左二为陈健坤。摄于重庆西南人民艺术学院大门口

被主持工作的副院长朱丹训了一顿："你们是来上学的，在这里就是普通学员，把枪上交统一保管，毕业再发还个人，警卫员退回去！"西艺戏剧系专科班开的课程有导演、表演、编剧、音乐、舞蹈、艺术理论、戏剧概论，还讲授苏联斯坦尼斯拉夫斯基表演体系。除了上课外，每周日都组织学员参加成渝铁路建设劳动，每天每人伙食补助五千元（旧币），相当现在的五角钱。有时候学员到重庆大坪原西南军区司令部大食堂吃中午饭，一碗蛋炒饭三角，或者在沙坪坝临江铺子买上几个包子。那时重庆物价非常便宜，一角钱可以

图 8　1951 年，重庆西南人民艺术学院戏剧系专修科女学员集体合影。后排左二为陈健坤

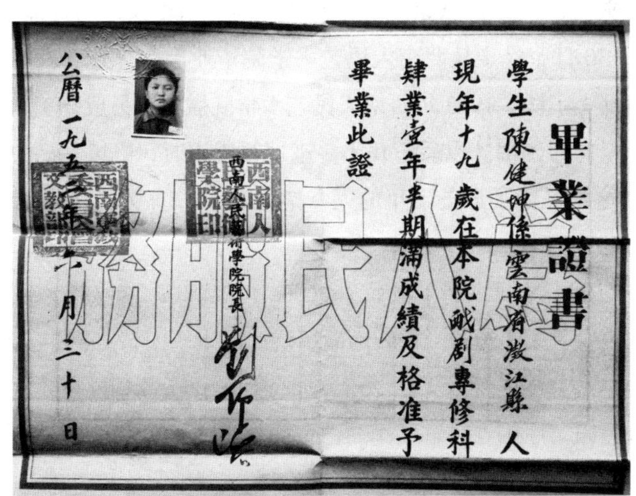

畢業證書

學生陳健坤係雲南省澂江縣人
現年十九歲在本院戲劇專修科
肄業壹年半期滿成績及格准予
畢業此證

西南人民藝術學院院長

公曆一九五二年六月三十日

图 9　1952 年，陈健坤获颁西南人民艺术学院毕业证书

图 10　1954 年 3 月 20 日，父亲母亲结婚时摄于云南曲靖部队营房

买一兜橘子或者一小包牛肉干。

戏剧系专科班上有一个学员叫刘世龙，战士出身，吹拉弹唱样样行，但理论学习并不突出，这不影响他后来成为长春电影制片厂的著名演员。刘世龙在电影《英雄儿女》中扮演英雄王成，那句“向我开炮”的吼声，影响了几代年轻人。西艺专科班原定学习两年，因为搞整风运动提前半年毕业。1952 年 6 月 30 日，母亲从西南人民艺术学院毕业后，分到云南省军区炮兵第四师政治部文工队。1953 年西南人民艺术学院撤销，另成立美术、音乐等专科学校。母亲回到部队以后，几十年来填写履历时，只填写高中学历。几个儿子争看这张保留了近七十年的大专毕业证书（图 9），不禁为上一代人的单纯而由衷地感叹。

1953 年，经师文工队指导员蔡华介绍，母亲认识了在炮十八团政治处任职的父亲。1954 年 3 月 20 日，在云南曲靖炮四师十八团营房里，父亲侯好玉、母亲陈健坤结婚并拍了照片（图 10）。那个时候，还没有授衔，军帽缀五角星，胸前依然佩“中国人民解放军”白色胸牌。

（原载《老照片》第 125 辑，2019 年 6 月出版）

光影里的妈妈

蒋　遂

有一首歌《烛光里的妈妈》缠绵动人，妈妈是每一个人须臾不会忘怀的人。妈妈离开我已经十四年了，但她的容貌常常在我眼帘晃动。所幸妈妈留下的照片，还时时可以令我怀念。尤其她年轻时，是一位扬州美女，美人肩、丹凤眼，那气质和典雅不同寻常。

妈妈盛静霞（1917—2006），字弢青，一字伴鸳，号频伽室。扬州中学、国立中央大学毕业。先后任教于国立中央大学师范学院附属中学、国立中央大学文学院、私立之江大学、杭州弘道女中、浙江师范学院、杭州大学。

妈妈的籍贯是江苏省镇江，但是她告诉忘年交何宗桓："原籍镇江，后见江南看不起江北，就索性只说自己是扬州人了。"

外公在扬州置办了住处，是一座清代的四合院，在扬州湾子街上。现在这座房子被扬州市政府命名为历史建筑。扬州湾子街很奇特，扬州市的老城区街道呈南北走向，只有湾子街是斜着穿过老城区的。湾子街现在也被扬州市政府命名为历史文化街区。

我的外公是盛炳华，外婆是陈春生。外公早年去日本学做生意，回国后在上海开办炳华纺织机件配件公司，是中国现代纺织业的开拓者之一。妈妈在扬州中学学习时，品学兼优，尤其写作才华横溢，被誉为"小冰心"。还在上海的《女子月刊》发表过小说《情波》和《忆友》（1933 年 3 月和 6 月）。

1936 年，妈妈考入著名的国立中央大学文学院中文系，得到了一干名师的欣赏和提携，有汪辟疆先生、汪旭初先生、唐圭璋先生、卢前先生、吴梅先生、钱子厚先生、章涛先生、赵少咸先生，等等。妈妈参加了汪辟疆建立

图 1　少女时代的妈妈。摄于 1936 年

的“雍社”、吴梅先生建立的“潜社”。她在古典诗词方面的天赋和才华突飞猛进，汪旭初先生在课堂上公开说：“中央大学出了两个女才子，前有沈祖棻，后有盛静霞。”现代青年学者楼培对她的评价是：“盛先生就是一个诗人。”有一次青年学者何宗桓去拜访妈妈，随口念了一句他人的诗词。妈妈一听，皱着眉头说：“平仄不调呀。”何宗桓很疑惑，回去查了原稿。原来是他记错了。这已经是她晚年的事了，但是说明她对古典诗词的敏感是与生

图 2　外婆、我妈妈（中）和我姨妈在扬州园林

俱来的。妈妈对古时候的诗人词人的作品随手拈来，李杜、苏黄、纳兰、徐凝等。有一篇文章是《莫砺锋谈妻子：有幸与你相守绵长岁月》，莫砺锋说："我只是一个专业的读诗人，不是诗人。我没有写诗的才能，偶然动笔也从不示人。"莫砺锋是中国第一位文学博士，又是程千帆的大弟子，但是他也知道写诗赋曲不是人人可以做得到的，更何况做好了，做绝了。唐圭璋先生执教六十五周年，妈妈作《定风波》贺之，吴调公先生说妈妈的作品是"压

图3　20世纪30年代，妈妈在南京国立中央大学女生宿舍韦斋

卷之作”。

定风波·为圭璋师执教六十五周年颂

甲子绵延六五周，芬芳桃李遍神州。犹记曲中频顾盼，重按，殷勤翻使学生愁。词是《花间》人是佛，超忽，果然“蕴藉不风流”。杖履追陪师亦友，翘首，一尊遥献碧湖头。

图 4　妈妈（右）和吴子我校长

可是，很不幸 1937 年由于全面爆发的抗日战争，中央大学仓促迁往陪都重庆。在迁移途中，在重庆的艰难岁月里，妈妈目睹了中华民族遭受的艰难困苦、自身的悲哀、抗战军民的浴血奋斗。她充满激情地写下了四十首新乐府《抗战组诗》，有反映百姓疾苦的《祖背翁》《巴中曲》《壮丁行》，有反映重庆大轰炸的《哀渝州》《警钟行》，有反映抗战军人的《张总司令歌》《天都烈士歌》，等等。现代青年学者陈文辉评价说："直逼杜工部。"1940 年妈妈大学毕业。她一向讨厌写论文，就对系主任汪辟疆先生要求用四十首新乐府《抗战组诗》代替论文。汪先生说："别人不可以，你可以。"就此顺利毕业。

哀渝州

五月四日岁己卯，夕照昏昏飞铁鸟。空岩蛰伏愤难伸，弹落如珠闻了了。冲霄烈火山头起，遥指渝州三十里。焰舌赪星正吐吞，江水无声天地死。黉宫少年皆尽裂，攘臂连踵来城阙。途中渐听哭声高，道上唯看残与缺。火云烟阵哪见城，雷轰电掣惊风逆。崩倒之下人鬼奔，焦烂之内号啼急。无头之人茫茫行，披发之魅当道立。横拉枯朽落焦梁，忽迸血浆飞断臂。瓦砾如山下有人，头腰已出股胫塞。翻砖拨瓦群力尽，挣扎牵拉终不得。泣请诸君断余骨，宁愿残生半身失！闻此呜咽皆泪流，一拽再拽肝肠出。彻宵灰烬化孤城，阴风惨惨天不明。十日掩埋哪得尽，百里哀鸿相扶行。烬中往往残骸出，峡底时时冤鬼鸣。中有百人藏一穴，穴口弹落相蒸烹。开山忽见互抱拥，逼视始知皆焦腥。城中从此华繁歇，早闭晏开行踪绝。僵尸夜起忽扑人，月光如水面如铁。呜呼！百年兴废事可推，昨日天府今劫灰！

毕业后，妈妈被国立中央大学师范学院附属中学校长吴子我网罗到学校教书。师范学院附属中学在重庆的白沙镇，学校在一位要人的私宅"衡庐"，有两棵巨大的红豆树，所以也称作"红豆树中学"。学生吴崇兰回忆："盛老师是当年国立中央大学名教授卢冀野的得意门生，也是吴子我校长的学妹，她长于诗词，一笔小楷，清丽秀逸，有才女之称。她到红豆树来教书的时候，是老师中最年轻的。她文静雅致，十足的古典美人。单身男老师对她有遐想的，不乏其人。"

妈妈对自己的心上人自然有一份考量。她向往李清照、赵明诚"归来堂"斗诗的乐趣，而讨厌达官贵人。她的老师钱子厚先生说："哪怕天涯海角，我也要为你找到一位。"果然钱先生看上了当时在蓝田国立师范学院教书的我后来的爸爸蒋礼鸿。钱先生将他介绍给妈妈时，他已在国立中央大学师范学院国文系找到一个教书的职位。爸爸蒋礼鸿是一位语言文字学者，诗

图 5　1945 年，父母结婚照

词也写得清新脱俗，他的老师夏承焘先生说："考据辞章不妨兼治，锲而不舍，可到陈兰甫，凌氏《梅边吹笛谱》不足拟也。"妈妈被爸爸的诗词深深吸引了。

鹊踏枝

蒋礼鸿

解道江南肠断句，消受年时，梅子黄时雨。去去栖香深院宇，梦魂犹怯花铃语。蕉叶抽情丝是绪，帘里浓愁，帘外天涯絮。密约鸾笺容易许，能言鹦鹉休频妒。

前　调

盛静霞

谢尽荼蘼香入句，十二重帘，遮却闲风雨。篆袅微烟沉院宇，凝情

图 6　1947 年，妈妈和姐姐在秦望山

似解流莺语。难绾难分千万绪，风聚漂萍，可是沾泥絮？漫问新愁深几许，低回不信天能妒。

从此两人鸿雁传书。经历了几番曲折后，1943 年他们在重庆订婚，1945 年结婚。主婚人是著名学者柳怡徵。陆蓓蓉在《萧条异代使人愁》中描述订婚的情形："这对夫妇订婚了。这订婚可不比寻常，一时师友贺诗如云。著名者如钟泰、唐圭璋、唐长孺等，都是学界高人。看看他们的贺诗都有些什么样的句子：'……情会使人奔走，未待红丝两足缠''有琴心暗逗、连环倩解，凭栏看，流云缓'。"可以感到，在战争岁月里，这一对患难夫妻使许多人深深地牵挂。特别有意味的要算"青鸟不传云外信，白沙今日是蓬莱"一句，用了李中主的成句，巧妙地镶嵌着"峩青"和"云从"的名字。也许，那段时间里对于彼此，家国沦丧、亲戚离散之痛苦稍稍地得到了慰藉，因为从此，乱世之中多了一个可以亲密依靠的人。

图 7　我和妈妈在道古桥宿舍

抗战胜利后，爸爸妈妈随国立中央大学回到南京。1947 年，因中央大学人事纠纷，爸爸被中央大学解聘。爸爸偕妈妈回到母校杭州之江大学。他们在六和塔西麓的秦望山头龙头安家落户，筑起了爱的小巢。同年我姐姐出生在“头龙头 10 号”，五年后我也出生在“头龙头 10 号”。之江大学一带的山山水水留下了他们的身影。

九溪溪中碎石无数

满溪石不碍潺湲，清到无痕碧可怜。
疑是诸天仙女过，一齐遗下翠云钿。

渔 舟

小舟无数趁潮忙，踏浪凌波势欲翔。
行到中流歌忽缓，千条银网一齐张！

我出生前，妈妈因为一直忙于工作，从之江大学教师宿舍去工作时，要穿过高高低低的山路，穿过木质的情人桥，曾经在山路上摔了三次跤。我出生的时候，脐带绕了脖子三圈。所幸接生的是一个日本战俘医生，他医术高强，把我倒吊起来拍屁股，大约半个钟头，我终于哭出声来。所以妈妈一直对我抱有一种歉意，对我特别温柔体贴。我从她身上得到深深的母爱。

1952年院系调整，之江大学的文理学院并入浙江师范学院，以后浙江师范学院又并入杭州大学。家搬到当时的西溪湿地道古桥宿舍。

妈妈对我道德品质上的要求非常高。“三年困难时期”，因为吃不饱，我偷偷拿了一张学校食堂的馒头票，但我穿着姐姐的鞋子（那个时候，我的衣服、鞋帽常常是姐姐穿戴不下的），鞋子太大，馒头票从鞋子里掉了出来，被妈妈发现后，她很生气，拿着补袜子的“鞋底板”打我手心，鲜血从手上的纹路渗透出来。她一边打，一边含泪问我：“还偷不偷东西了？”从此我知道做人一定要诚实，这是妈妈仅有的一次打我，却使我懂得了做人的道理。

妈妈又是一个爱生如子的好老师。浙江师范学院学生刘先平说：

一天下午，我正从教室往宿舍走，只听有人喊：“刘先平同学！”回头一看，是盛静霞老师，从另外一条路岔过来的，走得很急。我喊了声：“盛老师！”

盛老师教我们古典文学，在词学上很有造诣。……等我转过身子，盛老师说：“你为什么走路都低着头？喊了两三声才听见？心事太重了。我知道你受了批判，其实没什么了不起，你又没做过见不得人的事，有什么难堪的呢？你知道，交心时，我把和你蒋老师枕边的话都说了，后来就批我这些。难堪的是我吗？我从旧社会、旧家庭中走出，寻求独立自主、民主自由，也是受过很多煎熬的。想当作家，有志气。志气是个

图 8　1958 年，学生送给妈妈的毕业照

宝。你这样忧心忡忡，对谁有好处呢？也有人曾嘲笑我填词写诗是自命不凡，想当李清照。要是因为这个我就不写诗填词，不是反而证明我真的是自命不凡吗？我看过你写的作业，有灵气，有可能成为一个大作家。人不能因为别人说三道四就不走自己的路。我看你有点沉沦，心里很难受。抬起头来走路！奋斗是医疗痛苦的良药，挫折能使人学得聪明。你去读读文学史，有哪位作家是一帆风顺的？李白、杜甫、司马迁……我和蒋老师欢迎你有时间到我家来聊天，来啊，一定来！”

浙江师范学院学生邵作彦说：

盛老师担任我们的课不多，就是我们班两个组的作文批阅工作。我

图 9　20 世纪 50 年代，全家在道古桥居所前留影

们的作文课是整个年级三个班一起上的。年级主讲老师是马骅老师。马老师上课水平高超，极富有吸引力，大家都很喜欢。他上过之后，三个班分别由三位老师负责批阅和点评。负责我们二班这项工作的是林士明老师，因为林老师还负责我们班的现代汉语的教学工作，所以我们班四个组的其中两个组的作文批阅就由盛老师担任。

记得第一次她给我们批改作文时，对我搞“四清”回校后写的第一篇作文《工作队进村以后……》很赏识，给我打了个“5-”的分数，那大概是全班最高的分数了吧？记得当时拿到班里读给大家听。回想这篇文章之所以能够取得较大的成功，主要是当时下乡搞“四清”的时候，我是每天记日记的，把当天的所作所为、所见所闻、所思所想都记在日记本上，当老师把作文题目布置下来后，我只要去把相关内容组织一下就行了，并没有花费多大的力气。不想就这样一篇轻而易举完成的作文

图 10 妈妈在特殊年代的留影

被盛老师看中了，给了高分，当众表扬，真的让我有点受宠若惊的感觉。

后来，作文本上又写了几篇文章，盛老师都给了“5-”的最高分，或许，盛老师以为我是一个很有才气的学生，其实，我并没有多大能耐，我不过是比较喜欢中文这个专业而已，我甚至觉得五年的学制太短了，还应该在学校里多学几年。但盛老师给我的鼓励，使我在人生的道路上觉得信心满满。

本来爸爸妈妈可以在学术、诗词中度过自己的一生。可是特殊年代使他们度过了一段艰难的时期。爸爸被打成“现行反革命”关进“牛棚”。1969 年 3 月，我们姐弟俩被迫远走黑龙江插队落户。而妈妈因子虚乌有的之江大

图 11　姐姐（前排中）在黑龙江农村时拍的集体照

图 12　妈妈和她的孙子、儿媳妇郭敏琍合影

学“黄金案”被关进杭大体育馆，也受到了非常的折磨。

爸爸妈妈一辈子在道古桥宿舍工作生活。爸爸在那里完成了他的代表作《敦煌变文字义通释》，这部书成为敦煌研究学者的案头必备之书。爸爸在1994年被国家人事部任命为“缓退（无期限）高级专家”。妈妈在那里和夏承焘先生合著的《唐宋词选》是新中国第一部唐宋词的普及性读物。

爸爸妈妈相爱、相伴、相携、相助走过了一辈子，被世人赞誉为“神仙眷侣”。20世纪80年代，妈妈提议爸爸妈妈两个人为医学事业捐献遗体，爸爸欣然同意。1995年爸爸去世，这忠贞不渝的爱情才落下帷幕。

2006年妈妈去世后也将她的遗体捐献给医学事业。而我的妻子郭敏琍2019年去世后，也将她的遗体捐献给医学事业。算起来我们一家两代三位亲人都为医学事业捐献了遗体。

妈妈一辈子淡泊名利，豁达自信，是留给我最大的精神财富。她说：“年轻时，我是以‘林妹妹’著名，想不到我长寿如此，堪以自慰，一笑！”青年学者何宗桓在纪念她的文章中说：“‘万事无如杯在手，百年几见月当头’这一联，盛先生一定非常熟悉，才会顺口一改就戏赠云从先生。在《桃花扇》里，此联乃是大书家王觉斯（铎）‘奉敕’所书，悬挂于南明‘薰风殿’的，极写小朝廷文恬武嬉、及时行乐，借以抒发浓重的兴亡之感。抛开此意，我倒是很喜欢这后一句，觉得像是人生的缩影，尤其是盛先生这样真正的诗人。近百年来，风雷激荡，个人在时代的泥石流中，是异常渺小的。‘天下三分明月，二分独照扬州’，纵然生长扬州，百年之中，又何尝见得几多月色呢？写到这里，我仿佛看见她在冲我微笑：‘格末又有什么关系呢？’”

（原载《老照片》第133辑，2020年10月出版）

伯父们

颜长江

那应该是一个明亮的上午。远山秀媚，梅州城金山顶图书馆掩映在树木中。一群少年在此合影。分头，衬衣，西裤，还有墨镜。他们青春，洋气，我看了都羡慕。

那是 1953 年，合影的是中华街秋官第（即振威将军第）的颜家兄弟们，都是十四世亨字辈，共一个太公，即清末的颜守正，城中有名的大善人。

民国遗风而接新中国气象，这幅梦幻般的银盐作品满足了我对父辈对家乡的所有想象。太美了，说起来，我们现在哪有这样的派头呢！

这幅已经漫漶的合影（图 1），让我感叹国家与青年的朝气，更感触于拍摄之后，大浪淘沙，兄弟们各自的命运，迅速在海内外浮沉展开。

我感叹呵，这么鲜活的世界远去了。

我最熟悉的基亨伯父不在此幅照片上，但梅州到底是侨乡，家族留下的老照片还有不少，我看到了基伯童年时的照片。

如果说上一幅有牛奶般的质地，此幅（图 2）的技巧更让我这个专家惊叹。孩童们平均分布得宜，黑位水平够足，非常凝重。

是的，一群孩童，竟然有不同一般的气质。毕竟他们来自传承两百多年的城中世家，哪怕此时已然破落。

我一眼看出左一就是基伯（颜基亨），后来他老了也是如照片中瘦如竹竿，人淡如菊的。照片中都是他亲兄弟姐妹们，除了中间那位，是他家朋友的儿子忠古（现生活于南非），当时寄养在他家。左二是我珍秀姑妈（现居

图 1　梅州青年合影。摄于 1953 年。右起依次为颜亮亨、颜吉亨、颜运亨、颜永亨（蹲者）、颜谋亨。左一疑为颜接亨，一说为邻居邓填元

图 2　20 世纪 40 年代，秋官第兄弟姐妹的合影。左起依次为颜基亨（后以一东字行）、颜珍秀、颜忠古、颜谋亨、颜远秀

广州），右二是谋亨叔（现居中国香港），右一是远秀姑妈（嫁到毛里求斯，已逝）。

这一幅大约摄于抗战末期的照片上的孩童们，后来基本上全是大学生。虽然当时国家有难，但客家人文脉不断。

照片中其实还少了我父亲。基伯与我父亲亮亨，也许是秋官第中，如意堂下，最好的兄弟。我父亲现在告诉我，他曾一人生活在祖屋，那时只有基伯家让他来吃白饭。因为我爷爷在 20 世纪 30 年代就和另几位兄弟下南洋了，一直下到非洲毛里求斯国。

1947 年，我亲伯父接亨也到了次毛里求斯国，跟我爷爷过活。一间小店，生意也不好，接伯还去照相馆当了学徒。

1952 年，我奶奶也要出国与爷爷会合，要带父亲出去。父亲给老师写信，表示自己作为新中国的少年不出国。结果校方把他的信贴了出来，那就真出不去了。临上车时，父亲躲起来了，跑到一家面馆——“我在那里吃 face（面），吃得 very 饱”。奶奶等不到她儿子，托人找到后，我父亲也只是挥手说个再见，没有安慰的话。奶奶只好抹泪远去。

这一别，三十年。

父亲如此爱国，与基伯有关。他们相差半岁，如同亲兄弟。父亲说，过年那天，基伯就会搞来狮子，他执头，父亲执尾，跟上几个小弟兄，逢店就去贺，基伯手从狮子口中伸出，抓人家贡品桌上的香肠。过年嘛，店家总会给两个钱物。这是他们度过贫穷生活的一个办法。

基伯又是颜屋第一个看《毛泽东选集》的人，还曾弄来著者的像，像是给老屋注入了光辉。父亲最难忘的是，他们参加抗美援朝演剧队，扮演角色到松口等村镇做宣传。父亲扮地主，基伯扮特务，很受欢迎。

这张老照片（图 4），说明了他们那种革命兄弟情。1951 年的这一天，一群少年居然很有雅兴，拍下了“胜利归来”。左二为我父亲，右一很像基伯，但父亲认为不是，他也记不得其他人了，也不记得为何要拍这照片。可怜父亲鞋也没有。

父亲的革命意识，还与尤亨伯有关（与父亲是同一太公）。1948 年末，

图 3　20 世纪 40 年代末，颜亮亨与其兄颜接亨（左）、其姐颜豪秀（后去台湾）

图 4　梅州革命青年。左二为颜亮亨

尤伯高中没读完，“投共”去了。几个月后，回到了老屋。父亲当时十三岁，说“共产”不好，尤伯脱口而出：反动派！这可是新词儿。

父亲还有两位异姓好友，朱玉生、李腾杞。三人仿桃园三结义。那两位进了颜府，也管我奶奶叫阿妈。1952 年，朱伯伯下印尼去了。这一别，就是四十来年。朱伯伯出洋后，跟潮经叔（我爷爷辈）学摄影，然后为乡民拍照。

客家人出南洋，大多有成，90 年代归来，已成富豪。朱伯伯令我叫其伯父，他讲起印尼华人，那是另一部史诗，不多提了。

父亲没走，他哥哥又想回新中国。奶奶后来常骂父亲："你不跟我走，你哥又硬要回唐山（指祖国）！否则兄弟齐心，我和你爸何至于那么惨！"

当时，接伯觉得新中国光芒万丈。他到了外洋，也不好混，然后在 1953 年，他回国了。作为爱国青年，新政府不会亏待的，先让他进北京"华侨补校"，后他又考进北京工业学校学习。

那是他春风得意时，作为一个照相师，回到家乡的时候，很想拍点什么。我推测，他和众兄弟来到金山顶图书馆，拍了前面那张美妙的合影（图 1）。

父亲回忆，这幅照片中左一一副华侨的派头，可能是接伯。接伯确实也是刚归国的华侨。那意气风发，几十年后我们都能感觉到。当然，贵亨叔却说那不是他，说接伯当年比这位还漂亮哩！

据贵叔现在回忆，有一年接伯暑假回家，他讲了一件有趣的事。说有一

图 5　缅甸华侨颜然经与自己和朋友的孩子合影。右一忠古，右二颜谋亨

天，经过天安门广场，后面有两位中学生模样的女生，拖着长长的毛辫子，脚步匆匆，很快就超过了接伯。超过他时，两条辫子往后面一甩，刚好把他插在上衣口袋的一支钢笔给钩走了，钢笔就挽在毛辫子上。

那时，接伯刚回国不久，不太会讲普通话，叫了几次那两位小姐："同志，同志！"但她们就是不回头。他加快了脚步，走到她们面前，用手比画让她们停下。她们以为是坏人，想高声呼喊，被接伯制止了，说："同志，你的毛辫子把我的钢笔钩走了。"普通话不大标准，好不容易才比画清楚。女学生拿起辫子一看，果然挽着一支笔，不好意思地把笔取下来还给了他，并道了歉说："不好意思，对不起！"说完，不好意思地跑开了。

父亲说，还有一件事。接伯回国旅行，走到杭州西湖，听见一位姑娘说客家话。于是上前搭话，竟然是梅州城中通好的长辈女儿，也是回国赶考的毛里求斯华侨。事情就这么巧，这位吴小姐就成了接伯的女友。然而参加高考时，接伯信心不足，只考上了中专，吴小姐考取北京外国语学院学德语。接伯自觉地位有了差别，也就分手了。吴小姐后来是中央人民广播电台的播音员。

我常想，他们在西湖边偶遇的场景，实在有点美好，那是新的中国，新中国的新青年。

一切看起来那么顺利。1956 年，接伯被安排在河北邯郸工作，还读起中国人民大学函授班。

而 1954 年，基伯与他姐珍秀两人一同考取河南开封师院地理科。这是颜府最早的两位当代大学生。他们这些南方人怎么适应河南的，我不知道。有天我突然问：您那时生在足球之乡，踢不踢球？基伯一笑：少时都是赤脚踢，到了开封，入学即进校队了。基伯一直瘦如竹竿，很难想象他会踢球。

我记得基伯家有一张老照片（图 5）上有一位穿西装的男子，英气逼人。那就是他们的父亲——华侨颜然经。真是有其父必有其子。

又过一年，即 1955 年，我父亲考取华中师院中文系。自从乾隆年间颜屋考中两位武进士（两位军门均名列客家诗人）之后，这是颜屋的文化高光时刻了。当然，二百年来，一定有更多没得到功名的人才。比如我爷爷钦经和叔公耿经，他们是毛里求斯华侨，在家信里展示了惊人的诗才，尤其是后者，新旧诗都行，80 年代写给我们兄弟俩的明信片上，总会有一首诗。从他的白话诗文里，我们感觉到了未曾体验过的汉语之美。而他们只是小商人而已。

父亲是秋官第最后一位诗人。进校之后，1957 年，见武汉长江大桥正在修建，父亲一激动便来了首长诗，还是歌行体——《大桥行》。写好后投稿，竟然刊登在《羊城晚报》头版，次日香港《大公报》转载，火了一把。得稿费四十元，用其中两元请同学们吃了馆子。一个月后，接伯从邯郸来，父亲又请他美美地吃了一顿。我能想象，少年时期吃不饱饭的他们，该是多么开心。

这一年，也是“知识分子的春天”。父亲也“放炮”了，怀着一腔热诚，给党起草了一封信，还与要好的同学赵三秋推敲了一下。信的内容自然是向党提建议，中间有一条是取消共青团，因为造成了等级意识。这信寄团中央转党中央。结果，此信真的得到中办批转，转到湖北省委，省委领导又加了批示，于是这事就大了。

当时组织上照顾父亲是华侨家属，暗定他为“中右”。而赵伯伯，一个大学生，“顶替”我父亲成为第一批“右派”。他是长沙人。年老后见他，依然皮肤白皙，个子瘦高，当年也应是相当英俊潇洒的。

1959 年，父亲被分配到湖北西部宜昌县工作。赵伯伯受石声淮教授（钱锺书妹夫）等关照，在学校奶牛场工读三年，然后作为“摘帽右派”被分配到更西的湖北利川县。

诗人总是天真于政治。1960 年，父亲在斗争意识极强的分乡中学被定为“右倾机会主义分子”，原因是帮彭德怀说话，虽然他并非党员。8 月，他被下放到县农场，其实就是集中全县“右派分子”“历史反革命分子”等人员的劳改场。他们分为四队，父亲所在队里有彭兰生、王先富等我后来也知道的人。

彭兰生伯伯是退伍军人，转业到宜昌做教师。他怎么成“右派”的，父亲到现在也不知道。只知道当时听人说，他太敢说了。父亲说，当时大家是不会问别人的问题的。

说起彭伯伯，父亲最难忘的是当时他目睹了一个事件。彭伯伯有天写了

图 6　1963 年婚后不久，父亲颜亮亨与母亲郑必珍于后来的三峡坝址中堡岛合影

一个请假条，说爱人就在附近，身子有病，想去探望一下。

农场管他们的领导看了，不准，同时将请假条扔在地上。

“你可以不给我假，但不能扔我的假条！给我捡起来！”彭伯伯竟然发火了。

“你这‘右派分子’也太猖狂了！”那个领导被激怒了。

彭伯伯接话，这一句才精彩：

“‘右派’也是人，而人是有尊严的！”

我能想象彭伯伯的天门口音，是怎样震动了农场。“强项！”父亲这样形容对彭伯伯的最初印象。两边人劝，那领导才骂咧咧地叫着“我迟早要收拾你”走了，就像契诃夫笔下的那个变色龙一样。

书生一怒，也可地动山摇。父亲何尝不是。

这一波浪潮过后，彭伯伯后来到三斗坪小学工作，父亲到了三斗坪中学工作，两人自然成了好友。

生活就是这样，错过了十五的月亮，但十六的月亮更圆。

劳动一年，父亲恢复工作，然后有了妻小，度过了一生中快乐平静的几年。不过，1966年来了，有“案底”与海外关系的父亲，一下子又首当其冲了。在县里的批判大会被批斗后，父亲与彭伯伯一同劳动。彭伯伯这样回忆：

有次给县礼堂建设打夯，大家有气无力，因为祸从口出，不敢唱，不敢喊，没号子就打不好。正无计时，突然听到圆润响亮的号子声，原来是全县挂了牌的颜亮亨先生在领唱毛泽东主席诗词——

“钟山——哎——风雨哟，起苍黄，百万那——哟喂子嗬哟——雄师哎，嗨呀，过大江……”

大家投去赞许的目光。劳动有了成效。

那年头会多，父亲开会时丢了把折扇，扇骨上有他的手书“××× 万岁”。次日，扇子出现了，不过上面的字变成了“××× 坏”。

虽然审来审去，并不能肯定是他写的，但我父亲终于还是成了“反革命分子”。因为照顾侨眷，罪名前面加了个定语：“划而不戴的”。

多年以后，他回想起神秘的扇子事件，竟然说不能肯定是不是他写了那四个字。也许是人改的，也许真是自己写了。其实父亲至今思维敏捷，记忆力不错。我想，小说《1984》的著名一幕，主人公真诚地相信手有六个指头，这样的事，就这样发生在我父亲身上了。

三斗坪。这个光辉的名字，三峡大坝坝址所在，从来都是大江奔流，风云际会。在这里，著名教师颜亮亨那是无人不晓的。我的童年也给裹在他的风云里。

彭伯伯在，王先富也来了。他们是好友，彭伯伯还有一位同屋老师李有森叔叔，李叔叔很快也成为父亲的至交。这是艰难岁月里的一群好友。

回到学校，书是不能教了，就与老“棚友”王先富一块，在学校打杂，种菜喂猪。

那十来年里，赵伯伯也在利川安了家。1968 年初，他与夫人携着出生才几个月的儿子赵世龙，回乡探亲。在宜昌转船时，向三斗坪中学挂了个电话，没想到接电话的人厉声喝道：“你是何人，找颜亮亨何事，准备干什么……”吓得赵伯伯赶紧扔下电话走了。

二十多天后，宜昌来了两名外调干部。赵伯伯果断承认是他打的电话，十年不见的老同学嘛！来人查不出有什么串联意图，警告了事。

父亲正式戴上“反革命分子”帽子是 1969 年。1968 年 1 月，父亲深感前景难测，竟动了回乡探亲的念头。好在当时形势有一点缓冲，他竟然被批准了。这样，两口子携着长子——四岁的颜文斗，辗转费了不少劲，回到了秋官第。此时距离家已经十来年了。

父亲一家人在梅州的只有接伯了。他 1961 年调回广东，在汕头人民银行工作，后调回到梅州，在梅江报社任会计。此时接伯已有两个孩子，也是很穷，夫妻月收入六十多元，比我父母亲还少二十。兄弟十二年未见了，接伯从厨房拿出两小块猪肉，指着小的说，这是年三十吃的，指着大的说，这是大年初一吃的。

接伯是位有见识的人，本来兄弟俩家事国事，文章诗歌，都是无所不谈的，然而父亲不敢透露自己的处境。1960 年那次因苦闷给接伯的长信，已经让他兄长震惊，责他要谨言慎行，早日进步，现在如果告知新的苦难实情，那是更吓人了。

父亲又去朱玉生伯父家。当然，父亲穷得照样是空手上门。朱伯的父亲很热情，说朱伯在印尼发展得很好，回来了几次，坐的都是日本飞机呢！问父亲近况，父亲只好又假言以告。

回到武汉，父亲突发奇想，要去河南探望基伯与珍秀姑。他与他们感情上等于亲兄亲姐，也许以后难得一见了。于是父亲让正怀着我的母亲带着孩子先行回家，自己一人来到河南。

基伯在荥阳县（现荥阳市）马固中学教书。未料基伯不易找到，他正在受审查，被短暂关过。父亲好不容易才在该县印刷厂找到躲着的他。比起诗人性子的父亲，基伯是位老实人，又是读理科的，怎么也被难了呢?

因为“特嫌”。原来，基伯是读地理的，野外考察拍了些照片，连同与接伯在天安门前的合影底片，寄到了香港八叔（我得叫八叔公）开的照相馆冲洗。这就麻烦了，小将们疑惑为什么要寄到香港冲，而那合影的接亨又是归侨，这就里通外国了……

兄弟俩都大难当头，只是相对安慰了一下。次日父亲便赶往兰考。到了兰考火车站，看到要饭的，其中一位唱着：“焦裕禄，毛主席的好学生！”

父亲一阵难受。找到兰考一中，与珍姑见了面。珍姑说焦裕禄的女儿是她的学生，焦本人也来开过家长会的，为人和气，没有架子。珍姑六岁的女儿张慧带着我父亲来到了焦墓，父亲恭敬地三鞠躬。

道生一，还生二，还生三。

父亲没想到的是，此后不久，接伯竟也出事了。

与意气风发的父亲不同，接伯是长得敦厚，人也老实。不料被单位陷以错账，罪名是“私挪公款，支持派仗”，竟然坐牢一年，此后又在“牛棚”劳动五年。其实接伯只是会计，做事都是上级的指示。

由此，颜屋作为知识分子的三兄弟，都成了另类人士。而此时，不论是远去印尼的朱伯，还是在毛里求斯的五个亨字辈兄弟（全部是在该国出生，我的一位伯父四位叔叔），正以华人特有的奋斗精神，在通往富裕的道路上努力。

父亲被宣判后，就离开学校，到暮阳村劳动。其间 1970 年“一打三反”，父亲与彭兰生、王先富这三位十来年前的“棚友”，竟然再度成为三斗坪学区三个“反派”。彭伯伯的故事精彩，他自述“两番加冠，鱼肉于革保之间，六秋饲豕，蒙冤因顶峰之罪”。

原来，父亲有次下山，在码头遇到彭伯伯，谈起林彪的顶峰论。两个人看法自然一致。不料有次开会，彭伯伯说漏了嘴，说出与颜老师一起探讨“顶峰论”的事情，于是，竟致发回天门当农民了。

他回忆说，除了他们这些人，还常有农村的通奸者。有次大家叫骂那失足妇女，彭伯伯忍不住说了同情的话，没想到一转眼，那失足妇女高喊道:

“打倒‘右派分子’彭兰生！”

一次，彭伯伯被允许参加一个学习会。校方向新来的年轻英语教师介绍同事，到了他这儿，竟是用英文说：“He is right。”

那英语老师会意了。彭伯伯虽是语文老师，此时却轻蔑地说：“你们说错了，right 是形容词，应该加 er，才变成名词，才是‘右派’！”

那两人愕然。

父亲劳动的地方都很有意思，比如暮阳就在《水经注》里提到的黄牛岩上，石牌村则是抗战史上石牌保卫战的胡琏将军指挥部。这两个地方我实地考察过，一直都穷，尤其是暮阳，名字好听而已，穷得房顶都多是石片，连瓦都没有，高山深渊，取水也是个问题。

父亲在暮阳，那是不见米，不见油，白天干重体力活，晚上睡在柴草上。曾一同在学校小溪边担水种菜的王先富老师，后来也到了暮阳改造。

1976 年，历史正在剧变。父亲当时已被允许回到学校。年尾的一天，传来一个噩耗：王先富这位湖南人——我不能确定是该叫伯伯还是叔叔——死了。劳动时，从坎上摔下了悬崖。

限于身份，父亲不能前往帮忙。据去了的老师们说，王老师粉身碎骨。父亲做了一首诗怀念，中有两句：“身无双飞翼，失神望暮阳。”

我很能想象父亲呆呆地立在操场上怀念故友的样子。我觉得这两句诗真是好诗，看似平常，但解史可助解诗，它是多么惊心动魄啊！“暮阳”一词，本有诗意，有谁知道这诗意隐含血泪呢！

李有森叔叔胆子大，他帮着收尸回来，从口袋中掏出一件东西给父亲看：“我还找到了王先富的眼珠子。”

王先富的妻子从湖南走来，老实巴交，碍于王先富的身份，也谈不上赔偿，什么都没要就走了。

父亲和彭伯伯对此事总是感叹：“他倒在了黎明前啊！”

黎明很快就到来了。

母亲设法团聚，调到了离宜昌市区不远的土门中学。调令下达，正好是毛主席去世那天。父亲去了一看，发现彭兰生也在这里。彭伯伯四年前被打回老家自食其力，现在看来恢复政策了。彭伯伯笑着说："三斗坪的造反派说我们有不解之缘，这不，又到一起了。"父亲也设法调了去。

又一个新时代开始了。我家与海外的亲戚也联系上了。计算器、手表、自动伞，尤其是海外来信上花哨的邮票，让校内外的人很是惊奇。父亲从来是敢试新鲜事物的，他穿上了西装，人们在他背后指指点点："颜老师的衣服背后给剪了一刀！"

过了几年，我也读初一了，对在初中工作的彭伯伯有了直观的印象。他们一家生活在池塘下方的坎子上，阴暗潮湿。彭伯伯总是穿个背心，摇个棕扇，白白的脸上总在流汗。他不像我父亲那样斯文，感觉总在斥责老婆孩子。他的天门口音，总是让我感到紧张，与湿热的湖北天气，与难忍的贫穷生活联系在一起。他叫孩子名字的声音至今让我记忆如新："宅余！宅余！""宅"字他发音为"策"。天门口音，如同唱歌，尾音拉得老长。

为什么叫宅余这么怪异的名字？现在想来，应该是取陶令公"方宅十余亩"吧！彭伯伯诗也不错的，不过，这一代知识分子，哪可能如陶令公那样，归园田居，置身政治之外呢？

1979年，父亲获得平反。因为是华侨家属，并未被停发工资，所以只赔偿了抄家的经济损失八十元。彭伯伯获得改正，得了历年扣发的工资，不过才七百元。也是此年，赵三秋伯伯收到华中师院来函：通知"右派"改正，请转达所在单位。

父亲平反后，仅两个月，就收到通知：当选为宜昌县（现宜昌市）政协委员。真是一朝翻身了。一年后父亲又进阶为政协常委，父母也调到县城，不提。

这是中国知识分子的春天吧——算起来，是第二次春天。

同年，梅州为接伯平反。平反后，他立马设法找到已定居香港的基伯父亲然经，以其子名义，于1980年举家迁往香港。他再度成为华侨，当时已五十了。好一个人生大回旋！后来他对我说，刚去时的工作，就是扛煤气罐，一层又一层楼往上扛。后来才到“三江国货有限公司”任会计。那时刚开放，国货兴盛了几年，我家也常有了印有“三江国货”字样的塑料袋子用，很是洋气。

1985 年，父亲入了党。家兄文斗曾对我多次笑着回忆：“父亲入党后，很严肃地开了个家庭会议，宣布‘我入党了’，今后要更加努力工作，你这个大儿子要多管家里的事。”父亲写信给香港的接伯，接伯回信说：“入党也好，可以进一步证明，过去几十年整你是整错了。”

赵三秋伯伯的经历也差不多。他也入党了。入党后不久，在一次会议上他自我介绍：“我，赵三秋，昔日的‘右派’，现在的中共党员！”

80 年代，中国的大时代。

1985 年，赵三秋举家调回长沙。到此时他已在利川二十三年。他常吟诵刘禹锡的诗句：“巴山楚水凄凉地，二十三年弃置身。”

也是 1985 年，基伯举家调回广东，在黄埔区的广州第八十七中学当教导主任。

那些年，广东开始领中国风气之先。我家也终于与海内外亲人频繁接上了头。我此时才开始真正见到所有的伯伯们，当然，还有毛里求斯回来一见的祖母。我从此开始习惯于一个广东家族的所有，包括交流的困难。老一辈普通话很差，或者不会，海外的更不会。一桌宴席上，我们常常需要译员，我的半吊子英语，竟然都是用在了家宴之上。

广东是中国的希望，是父辈的故土，在接伯、基伯的鼓励下，父亲开始想调回来，有意思的是，身为湖北人的母亲，也义无反顾——她总是说，湖北整得我们这么苦，走！

八十七中是广州最偏远的五类学校，是最差的一级中学。有趣的是，几任校长是梅州人，客家人也可能只能在郊区形成自己的天地了吧！1988 年，经基伯努力运作，曾瑞天校长见到父母亲，很是欣赏，准备接收。宜昌县方面也心怀愧疚，设法开了绿灯。于是，在临近暮年之际，父亲举家迁往黄埔。彭兰生伯伯送别直送到了飞机前。

父亲和基伯这对少年好兄弟，老来竟然在同一所学校工作了。我也才有

图7　1990年1月，四位“棚友”在颜文斗婚礼上留影。左起依次为彭兰生、曾庆顺、颜亮亨、望熙文

机会，伴着改革开放的春风，与几于传说中的颜家亲人们见面。

基伯我是第一次见。他很瘦，也显得精干，说话嘛，客家普通话非常轻柔，穿着白衬衣，有一些仙气。他确实是个好人。父亲说，有一天，他拉父亲出校，去探望一位发烧住院的学生，加以勉励。那学生很是感激，后来也成了该校老师。他也爱他的地理学，曾与珍姑父、植物学教授张金泉先生等下去考察植物，我还跟过他们在梅县阴那山踏勘过一次。

接伯，我的亲伯父，也是首次见。基伯若风中细柳，接伯则稳若泰山，敦实而又声音浑厚，有大哥之范。见我是当记者的，他跟我谈相机，用客家普通话和我聊，声音糯糯的，说他用过“勃朗尼卡”，香港叫“碧浪之家”。他是位行家。

他虽不怎么写诗，但在新世纪初，我父亲再去暮阳故地并作长诗后，却写过一篇文章，评我父亲的诗，题目叫《从〈大桥行〉到〈暮阳行〉——一代知识分子的心理转变历程》，可见虽去了香港，但还不忘内地语境。

1990 年，大学毕业生工作是难找的，我得到广州才行。

此前一年多，我向往着去《现代人报》实习。接伯间接决定了我的人生，他要我找他的“棚友”、广东电视台的作家张木桂先生。张伯伯说，好说，就写了一个条子，给他待过的另一个“牛棚”的“棚友”易征先生——《现代人报》的总编、当年陈布雷死后国民政府“新文胆”易君左之子。我就这样进了上一辈的“棚友圈”。1990 年，我终于在《现代人报》开始了新闻生涯。

1993 年的一天，一位瘦高的年轻人来到八十七中我家。原来是赵三秋伯伯的公子赵世龙，南来广州找工作。我们很谈得来，我介绍他加入了《现代人报》。1994 年，赵伯伯来广州看他，我也才第一次见到赵伯，老人家也是同基伯一样瘦高白净，不同的是，言语间有湖南人的霸气。世龙后来又进入《南方周末》《羊城晚报》，这兄弟疾恶如仇，成为中国有名的社会调查记者。

“当年老赵替我当上‘右派’，现在我儿子助他儿子成名，也算还了一点旧账了。”父亲这样说过。

1998 年，华师老同学回校集会。父亲首次当众向赵三秋伯伯道歉。赵伯

图 8　颜亮亨与赵三秋（右）在老同学聚会上相聚，两人相拥涕下

伯说："那都是时代的错。"一时两人抱头痛哭起来。

有意思的是，带头整他们的同学也在座，那人也道歉。

"我们一家都要感谢基伯。"父亲常常这样说。其实岂止我们这一家。基伯帮我父母调动过来，他自己也没意识到的是，他这一举动，我看有"洪太尉误走妖魔"的效果。此话怎讲？这是因为我父母来了，在湖北宜昌县已经工作的家兄颜文斗，便常被母亲催促南来。那时广东是中国的磁石，但我哥在宜昌已结婚生女，谈何容易。到了世纪之末，机会来了。

父亲在华师的同学还有一位苏成权（图 8 左二），也是广东人，也是分配到了宜昌下属的秭归县。同父亲、赵伯一样，娶了湖北女子，生长子胡盛华（从母姓）。我与胡盛华自少便如兄弟。20 世纪 90 年代，胡盛华因我家调到广州而辞职南下，跟着广东诗人黎明鹏做些小生意。他们盛邀家兄南下创业，于是我哥下决心辞职，南来广州，三位好汉立足城中村，创立了一个新的行业：出租公寓。

这一事业急剧扩展。我哥不停地向家乡要人，于是我绝大多数表兄弟来了。彭兰生伯伯之子彭宅余也来了。家兄做事，颇有宋江聚义的感觉，利益均沾，见者有份，如此谁都想来，于是个个来个"投名状"，渐有数百上千，深入广深城中村，为数十万外来工提供住宿，湖北老家几个镇也因此富了起来。

这一功德，基伯是源头，我父亲是第二源头——不仅儿子南下，他同学之子胡盛华也是关键人物。

我们的父辈，这些天南海北的知识分子，以广东为圆心，决定了我们这一代的命运。第二代人的紧密，是罕见的。

新旧世纪之交，也许是父辈们最快乐的时候，大家退休了，孩子也自立了。父亲与基伯，两位好兄弟常一起出游。这在当年又何曾敢想？有一次，他们一群八十七中同事，坐火车走兰州，转青海入拉萨。运动健将一般的父亲，突然高原反应了，不得不飞返广州。而基伯这根竹竿，却牢牢地插在高原上。

我大感意外。可能我父亲好烟酒，而基伯没任何不良嗜好？

他们回来后，基伯照常三天两头往我家跑。这次我送他出小区，问他此

图 9　约 1996 年，前游击队员、曾经的少尉尤伯坐在秋官第观音厅

事，他只说了一句："我宁愿死在去西藏的路上。"

这个温和的老先生让我刮目相看。其实我真不了解他，他的内心绝不平淡。

他和父亲不同，没那么有激情，没什么诗文传世，几篇地理学论文，估计也难与大家相比。但是，我觉得他和父亲做了一项真正的重要的学术工作，可属于史学。我认为，家族史才是国之正史，正如我的伯父列传，也是中国一代知识分子的写照一般。世纪之初，作为留在大陆的颜屋两位重要的知识分子，他们与其他叔伯一道，开始修家谱。

我家虽处于宗族之风很盛的广东，但没有家谱。修近三百年以来没有过的族谱，这工作我也向往的。说起来，也与我有点关系。1996 年左右，我曾回到秋官第，那时刚爱好摄影，不免拍下祖居、祖坟，算第一次较好的纪实专题。尤伯一家，是唯一常住在秋官第的人，在如意堂，这位老游击队员爱谈的是我们的世系，从到梅州始祖历山公开始，他一一能说出十多代的祖宗名字，我也就记下来。

我当时确实看到了光。我写下了这些，甚至根据郡望（陋巷）与堂号（鲁国），来到山东曲阜颜府，但怎么也无法通过行辈将我们与颜回世系联系起来。

这都写了文章发表在《焦点》杂志上，也成了修谱的参考。

革命一代，现在成了宗族事务的先锋，这很有趣。家兄对此总是一耸肩，潇洒地说：“大家都要找组织啊！”

这次修谱，最重要的学术课题，是搞清一世祖从何而来。基伯率大家根据只言片语，从广东到江西、湖南、福建，总之在五岭南北往返，发现、比对、考证。其中历史渐渐清晰，发现的惊喜纷至沓来，常有山重水复之困境，却总有柳暗花明之惊喜。在我看来，这是一次学术传奇。层层剥离，最后发现了一世祖又名文端公，与广东颜姓第一豪门连平颜氏（三代五督

图10　2004年，族谱编委于振威将军第大门前合影。前右二接亨，右三尤亨；二排右四基亨，居中亮亨

图 11　接伯，1999 年在香港寓所

抚，与英国打马尾海战的总督颜伯焘即其一）一世祖文厚公实为兄弟。如此，两个广东客家最重要的颜氏世家竟然是兄弟家，他们的上一世，正是福建龙岩韩坑颜氏的四世祖宗华公。就像每个客家家族的传说一样，有一位祖宗，会将子孙驱往各地，自立门户，再建纲常。这一位祖宗厉害，后代文臣武将都齐全了。

而福建，正是所有客家人的故乡中转站，如同北方洪洞。于是大家又访龙岩颜氏，这可能是三百年后第一次回家报告。福建的祖谱不仅再次证明了连平与梅州的一世祖兄弟关系，也接续上了前面数十代，证明我们来自庐陵，一直上溯到真卿公，也就是说，来自山东琅琊，再上始祖就是颜回了。

基伯住的离我们大约两站路。我还记得那些时候，他几乎每天都来与父亲商量，考证，订正，看样，他总是手里握着一叠纸张，红光满面。我也深受感染，以至于印象中的他，永远停留在那一张笑脸。

2004年重阳节，振威将军第三百多后人聚会，族谱正式发放。盛世修谱，基伯当了首功。这也许是他一生中最开心的时刻。接伯等来自港台地区，强叔等来自毛里求斯等国外，尤伯当时也健在，还有他们上一辈的长辈也有回来。这是百年盛事，我受命在屋顶拍了全族合影。基伯遗憾他的几个孩子没能来，特地找人将孩子们的影像做了上去。

新世纪开始的十几年里，是中国的上升期，诸事平稳而不用多说，但有一个节点得说。大约是2006年，在黄埔那间老式的泰丰酒楼里，父亲迎来了他的两位朋友。彭兰生、赵三秋，这两位相互从未见过的“右派”，因我父亲，也因我父亲造就的他们的儿子都到了广州的机缘，坐到了一起。赵公子世龙和我作陪。也许还有李有森叔叔，他的公子也跟着我哥干，于是他也常来了。忘了基伯是不是在座。

在我心里，他们仨让我想起“岁寒三友（右）”。

后来彭伯伯的儿子又回宜昌发展。我们就没再见面了。

我作为一个城市白领，总是不知忙些什么。在这个时代，我们顾不上老人，一晃多年过去，我们才知道，和他们谈得太少。然后会偶然发现，他们迅速老去。

接伯常来广州看父亲，变成父亲常去香港看哥哥。渐渐接伯坐上轮椅了。然后，2018年，接伯去世了。我也参加了葬礼。那是一个小楼，钻石山殡仪馆。香港道士，那专业，那斯文，尤其是道袍质量真好，真是仙衣飘飘那种，让我印象很深，香港到底还是不一样。接伯一生虽然戏剧化般艰难，但总算给子女安排了一个好地方吧！

图 12　约 2008 年，彭兰生、颜亮亨夫妇相聚于广州颜文斗寓所

基伯一开始，总是自己坐个车来见父亲。一周总有一两回，却很少留下用饭。他是一位体谅兄弟的人。渐渐地，也要保姆陪过来才行了，后来要坐车，扶着过来了。再后来，说话也很少了，来兄弟家坐而无语。前几年住进老人院，可是我没去看他。直到在广州殡仪馆再见。终年八十六岁。

2022 年 5 月 14 日夜，颜基亨先生在广州仙逝；才过了几个小时，5 月 15 日，我叫了一辈子伯伯的彭兰生先生，在湖北去世。

他们并不相关，但于我而言——鲁迅说，院子里有两棵树，一棵是枣树，另一棵也是枣树。现在感觉一块儿倒了。我已过半百，可以以文章送走伯父们了，不管是有血缘的，还是没血缘的。

同接伯一样，基伯的告别礼人很少，只有十来个人。基伯留下的遗言，是要埋在祖坟旁边。一位知识分子，在中国南北都生活过，最后还是想回到祖宗身边。

那坟我熟悉，我们一块儿去过。但这愿望很难实现，现在地权早已不是个人的了。但若实现，他也许是半数漂泊谋生直到海外的颜家人中，唯一死归故乡的人。父亲说，他百年后也想这样。

真不知道彭伯伯晚年怎么过的，前几年还听说他女儿因车祸去世了，真是天地不仁哪！他与基伯并不认识，但他们几于同日去世，却触动我的心弦：伯父们的时代远去了！

前些年，父亲每次回去湖北，都要见彭伯伯。彭伯伯总会说起当年，愤愤不平。在生命最后的那一刻，这位强项的人，应该是死不瞑目啊！

他是九十三岁。仁者寿。

死后其子宅余寄来老人的诗集。我看到里面有顾准式的光芒。

我写这文章，其实也是自罚。他们都很看重我，但我欠他们一句话。作为一个总是在历史文化语境中品评时事人物的写作者，我应该对他们说："您是很杰出的人。您就是历史，也对得住历史，做人与为文，都不虚此生。我们会写下你们的历史。"

他们或能安慰一下啊！

父亲亨字辈中排第六，前五位已过世。新中国的第一代知识分子，基本远离。我熟悉的伯父伯伯们，只有朱玉生伯父、赵三秋伯伯，还在。祝他们健康长寿。

（原载《老照片》第 144 辑，2022 年 8 月出版）

母亲梁秀娟的舞台生涯

白其龙

我的母亲梁秀娟，1920 年 11 月 29 日出生于北京。她的母亲梁花侬是知名的京剧演员，工老旦、彩旦和丑角，十一岁入田际云（艺名响九霄）创办的北京第一个女子科班崇雅坤社坐科学戏，出科后常年在北京华乐戏院、城南游艺园等舞台演出。家中来往亲友多为京剧梨园界前辈。她的父亲檀则蕃，安徽望江县人，为官宦之家。祖父檀斗生曾任清朝重庆知府，祖伯父檀振升曾任翰林院主考官等要职。父亲从小饱读诗书，诗词歌赋皆精，有安徽才子美誉，曾任多家报社主笔。共育有四位子女，长女梁秀娟，长男梁先庆，二女梁雯娟，三女梁玲娟。

我的母亲梁秀娟，五岁入私塾，读了《孝经》《大学》《中庸》《论语》等。由于体弱多病，开始在课余时间随姨母梁桂亭及玉成科班刘玉芳练功健身。姨母梁桂亭也坐科于崇雅坤社，工小生。母亲七岁正式入小学，学名檀秀娟。由于在家庭里耳濡目染，从小就喜欢京剧表演。十一岁受京剧前辈齐如山鼓励，由母亲延请多位老师到家中教戏，同时兼习青衣、花旦及昆曲，并开始绑硬跷，勤练跷功。青衣开蒙老师是玉成科班出身的李玉龙。李老师先教会《朱砂痣》《浣纱记》，再教《奇双会》《武昭关》等戏。从小打基础，随王惠芳老师学习唱腔，张彩林老师教花旦戏，先教《游龙戏凤》《鸿鸾禧》《铁弓缘》等戏，着意指点眼神和动作之间的配合，也启发了自我此后对手眼身法步的特别讲求。

北方昆曲名家韩世昌用半年时间教会昆曲《思凡》，随后在北平织云公所某银行家母亲寿宴上露演。稍早的农历五月十八关公诞辰在北平关帝庙容

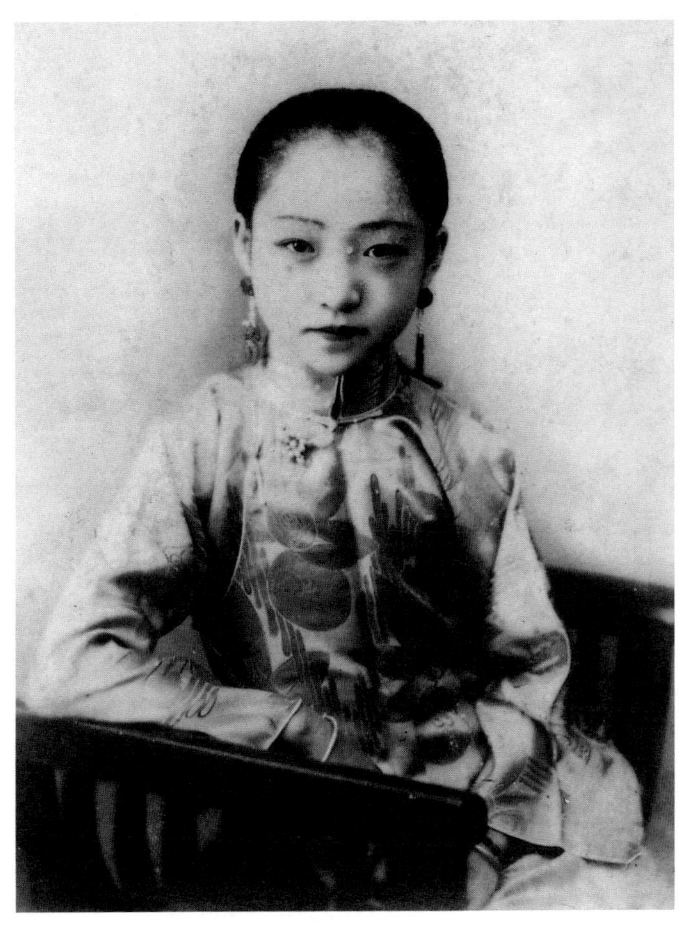

图 1　1930 年，梁秀娟摄于北平

纳千人的大礼堂演出新学成的《朱砂痣》，算是母亲生平第一次演出。韩世昌老师先后又教了《牡丹亭》的《游园惊梦》《西厢记》的《佳期拷红》和《白蛇传》的《断桥》以及《昭君出塞》等剧目。经过韩世昌老师、马祥骥老师一丝不苟的严格指导，使母亲在艺术上进步飞快。

第二年农历五月，二度在北平关帝庙大礼堂演出《奇双会》，由姨母梁桂亭搭档小生赵宠。演出利落出色，名声从此传开。在准备做个“文武昆乱不挡”的专业京剧演员时，遭到她父亲的激烈反对。最后，母亲仍决定从事

图 2　梁秀娟昆曲《思凡》剧照。1931 年摄于北平

京剧事业，做专业京剧演员。因此，母亲改从母姓——梁秀娟。

十四岁时，母亲从北平春明女子中学辍学，全心投入京剧演艺事业。由我的外祖母梁花侬筹组剧团秀立社，正式对外公演。母亲梁秀娟是当家旦角，剧团成员有红生泰斗李洪春，花脸侯喜瑞、孙盛文，武生高盛麟，以及薛连汉、哈宝山、王盛如等五十多位。姨母梁桂亭搭配小生。秀立社首次公演在北平前门外华乐戏院，剧目是《盘丝洞》和全本《金山寺》。剧团角色整齐，

图 3　梁秀娟（前左）与大妹梁雯娟、二妹梁玲娟于 1933 年在山东青岛所住饭店拍摄

图 4　梁秀娟《梅玉配》剧照，饰演韩翠珠。1933 年摄于北平

图 5　梁秀娟《霸王别姬》剧照。1934 年摄于北平

演出精彩而轰动九城。在华乐戏院演出期满后，又转往西城哈飞戏院，继续演出了《玉堂春》和全本《贩马记》。卖座鼎盛，声名远播。随后，受邀前往天津、武汉、开封、济南等城市巡回演出。陆续又排演了《儿女英雄传》《梅玉配》《杜丽娘》《蝴蝶杯》等剧目。所到之处，佳评如潮。梁剧团秀立社打响了知名度，母亲梁秀娟声名大噪。

十五岁那年，拜四大名旦之一尚小云为师，她常演的《汉明妃》《杜丽娘》《杏元和番》《玉堂春》《盘丝洞》等剧目，都经过尚老师的悉心指导、加工，使得她在京剧艺术上更加精进。随程玉著学了《棋盘山》《乾坤福寿镜》等戏，随丁永利学了昆曲《林冲夜奔》。年仅十五岁的母亲梁秀娟已俨然成为“文武昆乱不挡”的京剧名演员了。当年梁花依、梁秀娟、梁桂亭被誉为京剧界的“梁氏三杰”。

1935 年，应邀到上海黄金大戏院做新春公演，从正月初一开始连演两个月。当时上海名角如云，梁剧团秀立社能在一个戏院连演两个月，可见实

图 6　梁剧团秀立社在山东济南的演出剧场山东大戏院的舞台。当天演出的戏码是由梁秀娟、梁桂亭、李洪春主演的全本《玉堂春》，孙盛文、王盛如主演的《普球山》。舞台中间最上方是上海名人杜月笙送的“美妙绝伦”四个大字。摄于 1935 年

图 7　1935 年，十六岁的梁秀娟在山东青岛剧场大门前拍摄。当天的戏码牌上写的是由梁秀娟、梁花侬、梁桂亭主演的全部《得意缘》

图 8　1935 年，梁秀娟在山东青岛所住的饭店院中拍摄

图 9　梁秀娟《盘丝洞》剧照，饰演蜘蛛精。1935 年摄于北平

力之强。在上海，名老生麒麟童周信芳先生与梁秀娟搭配同台演出全本《骊珠梦》和《宝莲灯》《战宛城》《薛平贵与王宝钏》等，周信芳在《蝴蝶杯》中饰演田玉川，在《雷峰塔》中饰演许仙，母亲梁秀娟在周信芳先生编演的《平西剑》中饰演樊梨花。在上海与京剧大师麒麟童同台献艺，使得母亲此行额外收获了不少舞台经验与见识心得。

1937 年，梁剧团秀立社应邀赴东北沈阳、大连、哈尔滨巡回演出。7 月 7 日卢沟桥事变后，北平被日军占领。为躲避日本人的不断骚扰，母亲被迫

图 10　梁秀娟与弟弟梁先庆同台演出《乾坤福寿镜》剧照，梁秀娟饰演胡氏，梁先庆饰演寿春。1935 年摄于北平

提早结束了舞台演出生涯。在北平长安戏院告别演出，点出戏码是《汉明妃》和全本《玉堂春》。演出后，梁剧团秀立社也随之解散。

（原载《老照片》第 124 辑，2019 年 4 月出版）

燕园风雪后

郑 玫

父母的恋爱史，有两个不同的版本：一个是母亲当年跟我说的，另一个是父亲跟我讲的。将两个版本凑起来，方为完整，也混搭成一件有趣的往事。

父亲说，第一次相遇，母亲就给他留下了深刻的印象。那是 1951 年夏末，母亲被燕京大学录取，从上海坐廉价学生专列去北京，中途经过天津。父亲在 1951 年母亲入学时，已经是三年级的学兄了，因为我祖父工作的关系，父亲当时在天津居住。学生专列停靠天津站，他负责给这些北上的上海学生往火车上送食物。按照我父亲的版本：那些上海新生与从沪返京的旧生到天津时，已在火车上坐了六十多个小时，手中早已完全无粮。他一上车就看到了我母亲这位“饿得两眼放空”、来自上海的小姑娘，他把大堆由他祖母准备的酱牛肉、茶叶蛋和肉包子送上火车，简直就是救了这帮同学，包括我母亲的命，因为火车经停天津后还要咣当咣当地再走一天，才能到北京。可以想见，我母亲当时一定对他产生了良好的印象。

我母亲在世的时候，也跟我说起过第一次坐火车离家去北京读书的情形：当火车一离开上海火车站月台，多愁善感的母亲就开始哭，一路上老生们纷纷想各种办法逗这个年龄最小的妹妹开心，但是她还是不停地哭。车到天津，她模模糊糊记得有人送来大包小包的食物，一时之间，车厢里的同学很是激动，纷纷去抢着吃。但她对那个所谓的“救命恩人”一眼也没瞧过，而他送上火车的那些东西，她一口也没吃。母亲家中管教甚严，除了吃饭时在餐桌上，其他时间，俱不得进食，尤其不准吃别人家的东西，当然也从不吃零食。母亲一生对食物都是淡漠的，而我遗传自父亲那边的“吃货”基因，让她一直都颇感失望。

1951年母亲考入燕京大学时，内地已经解放两年了。她那一届从上海、北京、天津及香港招了近百名学生，录取名单都刊登在《人民日报》上。那时候燕京大学师生总计500人左右。不似解放前，学费是用金条来缴纳，母亲入学时学费是以每斤小米的价格折算，总共为1000斤小米。解放初期，燕京大学的伙食很多时候也是粗粮，父亲属家中阔少，除了父母给钱，自己还写稿赚外快，自入学开始几乎是天天下馆子。去得最多的，就是燕园东门外与燕东园之间的“常三食堂”，据说那里最出名的是许地山饼、黄小姐菜、叉烧肉炒面……父亲派头很大，常带着一帮同学，吃完说一声郑先生挂账，抹抹嘴就走了。前些年与父母的老同学们聊天，他们都很缅怀“常三”父亲请客的好日子，那里基本上就是燕京大学新闻系的饭堂。母亲对“常三”当然也是印象深刻的，最爱那儿的红果酪。

图1　母亲（右一）离家赴京入读燕京大学时，与她的母亲及大妹妹摄于上海华亭路家的二楼阳台

图 2　1949 年，父亲（中间搂着同学的那位）与他新闻系的好友们摄于燕京大学“贝公楼”，也称办公楼

图 3　1950 年冬天，父亲（后排左二）与新闻系的同学们在未名湖上

父亲被打成“右派”，全家跟着下放西北那些年，天黑得早，吃过晚饭后，不能唱歌，也不能瞎讲故事，他们就给我讲他们上学时候的事儿。一方面这都是自己的琐碎事儿，不会引起不必要的麻烦；另一方面，这也是他们最爱讲的话题。各种对学生时代的缅怀，也免不了互相揭老底，很是有趣。说起“常三”，父亲当然要说他每次去请客多么威风，但是母亲则将故事接着讲述下去，说后来发现所有人在“常三”吃完以后，都告诉伙计是“郑先生账”，结果父亲一个学期下来，把生活费和外快全搭了进去，总要跟着我母亲蹭吃蹭喝一段日子。当然，这些细节是父亲从来不提的。

回到我父母的恋爱史。让母亲真正对父亲留下印象的地点，虽然也是在天津，但并不是像父亲说的火车停靠那次。1951 年，父亲在天津《大公报》暑假实践时被抽调到华北城乡物资交流展览会宣传组帮助工作。10 月，燕京大学组织师生到天津参观这个展览，那时我妈刚刚入学不久，是个很认真的学生，作为新闻系的新生自然要跑遍每一个展馆。父亲说她当时抱着一个本

图 4　从照片背后的题字，推断这张是父亲与母亲确定恋爱关系后的合影

儿，要把每个馆的纪念戳都盖上。父亲已经在展会上工作多时，轻车熟路，带着这位师妹很快就达成了愿望，也借机加深了友谊。

到天津去参观展览会的几十个新闻系同学，基本住在我父亲位于重庆道的家里。他家的客厅能容纳下上百人起舞，据说晚上经常歌舞升平。母亲矜持，不愿住男同学家，与其他女同学同住天津圣公女中，但被邀请参加过父亲的家宴。父亲的祖母，也就是我的曾祖母待客非常热情，除安排了罗宋汤、炸猪排、土豆饼和色拉，每人还上一只巨大的梭子蟹。

父亲的女同学中不乏风华绝代的美人，但是曾祖母那双碧蓝的眼睛却偏偏在所有女同学之中相中了我母亲，这个举止谈吐以及餐桌礼仪都突显家教，笑起来眯缝眼的大家闺秀。当她确认了最心爱的孙子也是对这位女孩情有独钟时，就更放心了。母亲后来说起我父亲的“阿娘”，也就是我的曾祖母，很是有趣。老太太每天下午有喝下午茶的习惯，浓浓的红茶一定要配奶油蛋糕，母亲嫁入郑家后被派驻天津记者站，住在婆家，曾祖母总差遣我母亲去给她买蛋糕，而我的祖母，也就是我母亲的婆婆，是严禁任何人给有糖尿病的老太太买甜食的。我母亲为这“两头不讨好”的差事挠头不已，为了躲避，经常主动在单位值班。

1951 年冬天父亲任燕京新闻系的系主席，给当时新闻总署署长胡乔木写信要求去参加土改，不久新闻系 1949 级同学 18 人加入政协土改团，当时土改团团长为田汉与千家驹，在广西参加了南宁及贵县两地的土改。1952 夏父亲回到北京，分配在《工人日报》实习。母亲这时已经是大二的学生了，秋季开学再次坐火车自沪赴京，父亲当时正好在丰台采访，之前就打听到母亲乘坐的列车，知道会在早上五六点钟抵达丰台，父亲便赶上那趟车要给她一个惊喜。上车后他一节一节车厢地找过去，终于找到了我妈，她当时趴在桌上睡着了。我爸在她脑袋上弹了几下把她敲醒，迷迷瞪瞪的母亲得知父亲是

图 5　母亲因说得一口流利普通话而被选为学校广播电台的播音员，据说声调迷人，让不少男生痴迷

图 6　刚刚入学时还是娇小姐的母亲

图 7　被改造成为现代革命女青年的母亲

专程来接她，感动不已。似乎就是从那时起，这位新闻系的小才女成了我老爸的女友。

父母的合影不多，找到的，父亲大多形象不佳，按照现在斯文的说法，是极具“波希米亚风”，直截了当地说，就是衣冠不整。从各种合影可以看出我爸妈是从 1952 年走在一起的，直至母亲 1998 年初去世，他们在一起共 46 年。父母的老同学经常开玩笑揭老底，说父亲赢得母亲芳心完全因为近水楼台。父亲当时是新闻系的团支部书记，母亲单纯地向组织交心都被父亲看了个清楚，知根知底当然容易制定追求策略。另外新闻系还分成几个生活小组，组里各年级的同学都有，我母亲当然是被“学生领袖”分到了自己所在的那个小组，美其名曰“为帮助她改造思想”。父亲说，母亲一副大小姐做派，刚到北京读书时冬天穿一件貂皮大衣，他认为不妥，让母亲换上蓝布棉服。本来她还戴瑞士腕表，用的笔也是名牌，父亲说：“好在开学没多久就都被她弄丢了，要不实在招摇！”

我自有了记忆开始，印象中我父亲一直都在“改造”着母亲，好在母亲

图 8　父母在燕大校园内留影

一直都很崇拜与尊重她这位学兄，虽然偶尔“伶牙俐齿”地讥讽几句，但基本上对父亲是言听计从。1953 年父亲毕业，被分配去的单位要求报告有无恋爱对象，因为如果没有的话，组织上是会替他们安排的。他打听到如果有结婚对象，就必须通过政审才能结婚，而且这个过程会越来越严格，父亲当时的上级是位很热情的女士，听到我母亲的家庭出身，知道这事儿拖不得，马上就替父亲批了申请，督促他赶快去办理结婚。

父亲快刀斩乱麻，赶紧跑到母亲实习的报社拉她去结婚。母亲后来说

图 9　母亲在燕大校园内留影

起这段逼婚过程，似乎父亲是借组织上的力量，让她糊里糊涂地嫁掉了。现在想想，她那时候才是个大三学生，虽然与父亲的关系已确定，但是校门未出就成为人家妻子，确实委屈。我大约 8 岁的时候在父亲当时的老上级家住过一段，老奶奶说："你妈妈是娇小姐，嫁给你爸爸是委屈了，当时他们去办手续的时候，你妈一直挂着个脸子，办手续的人还专门打电话到我们单位来问，说那个男的是不是二婚啊？那个女孩子老大地不情愿，就差掉眼泪啦！"

图 10　母亲在燕大校园内留影

母亲的确是位娇小姐，从小不谙家务，不要说厨房从来不入，就连家中厨房与饭厅之间的配菜间，她都没有进去过。后来去读大学、在单位都是吃食堂，直到被发配到大西北的银川市女中当语文老师，自己才不得不学着做饭，从脱煤坯、生火开始，然后是和面……母亲做饭，在整个银川市是出了名的，大家说起来都笑得合不拢嘴。好多年以后，我碰到母亲当年的学生，她告诉我，吃过晚饭，她们想去听高老师弹钢琴，见她还在院子里忙着呢。原来，花了大半个下午总算把炉子鼓捣着了，面也和好了一团。同学们好奇地围了上来，只见母亲拿出一把尺子比划着，然后用小刀在摊开的面饼上拉出了一根根的面条……学生们看得目瞪口呆！之后，又眼看着她把那一根根面条下到锅里去煮。“我们都等着看那尺子拉出来的面条会煮成啥样，结果高老师煮成了一锅糊糊！”这个后来当了大学英语老师的学生感叹道。

图 11　1961 年父母在宁夏银川市安家，摄于中山公园

“你妈妈是我最喜欢的学生！”侯仁之老先生生前见到我总这样说。燕京大学是不限制选课的，任何学生都可以选修学校里的任何科目，母亲选了侯仁之先生的地理课，因为选侯先生课，有很多外出考察的机会。父亲当年也选过侯先生的课，说那时候侯先生把他的儿子背在背上，带着学生们从南口下车一直走到八达岭。母亲选修侯先生课时就更有趣啦，侯先生的儿子大了些，不用再背着，他就可以带着学生们走得更远些。有一次侯先生带他们一直走到了望京台，天已经黑了，在那儿等着第二天看日出。我妈他们那群同学一边走一边吃，到了晚上所有的干粮都吃光了，结果第二天早上，侯先生只好把自己的干粮拿出来让他们分了吃，自己却饿着肚子。后来我多次陪母亲去侯先生家中做客，每次她都不会空手而去，想必是依然记得当年让先生挨饿的事儿！

图 12　作者与父母在宁夏银川市中山公园内，大约摄于 1971 年

我几乎没见过父母很恩爱的模样，除了母亲去世后火化前那一刻，父亲从来没有在我面前亲吻过母亲。他们倒是经常争论，不是一般夫妇之间关于柴米油盐那样的争吵，而是俩同学，为一篇文章、一种观点的激烈辩论。最激烈的时候两人针锋相对，话不投机，一个摔门而去，另一个进了房间“砰”的一声关上了门。他们之间的感情有多么深，我在母亲去世之后这近二十年里，见父亲每每动情地提起与他举案齐眉的小师妹、相濡以沫的妻子时，才有了更深的体会。

1997 年底，母亲病情加重由香港转往北京 301 医院医治，父亲从香港赶去探望她，轻描淡写地说他一人在港，周末去看了一场电影《泰坦尼克号》，并将整部电影绘声绘色地给母亲描述了一遍，讲到最后，生离死别，在一旁的小护士哽咽了。我当时正怀着老大，躲进了病房内的卫生间强忍住眼泪，走出来时正好看到父亲站在病床尾注视着母亲，而她也正看着他。四十多年两人之间牢不可破的默契，全在那四目交投的对视里了……

母亲在入燕大的时候，是有个男朋友的。他们是高中同学，住在同一条路上的洋房里。小时候母亲跟我说起过她的初恋，我想主要是为了对我灌输不要太把初恋当回事儿。我之前一直都惋惜母亲没有嫁给那个听起来十分优秀的男生，而选择了貌不出众、一辈子倒霉透顶的父亲。世间的事情冥冥之中总有安排，母亲去世前一年，她那位初恋男友有一次机缘巧合得到了母亲的电话，与她取得了联系。我终于在医院里见到当年传说中的“奶油小生”，的确风度翩翩，温文有礼。事后，我笑问病榻上的母亲嫁给父亲后悔否？她想了一下，笑着说：“不后悔，我跟着你父亲，过了精彩的一生。”

父亲郑介初，母亲高哲。父亲一直以“哲夫”为笔名，意为“高哲之夫”也。

（原载《老照片》第 112 辑，2017 年 4 月出版）

一个军人保育员的影像记忆

杨 潜

张建明是烟台市粮食局的离休老干部。这位1948年参军入伍的老兵，在共和国成立前后的几年中，曾有过一段特殊的军旅经历：军人保育员。其中于1951年初之后的近两年中，调到时任华东军区司令员陈毅的家中工作。她后被送入华东军区转业干部速成中学，1955年学习结业后转至地方工作，直到1986年底光荣离休。

参军与南下

张建明1929年出生于黑龙江，父母是闯关东的山东人。父亲平日里给地主种地打工，农闲时则靠进山打猎勉强维生。土匪绑票，军队抓丁，一家人终日提心吊胆。她六岁那年，父母决定带她和大姐返回山东蓬莱老家。回乡的次年，母亲不幸病故，父亲眼见无法养活两个女儿，狠狠心只好送人。张建明被送到李家庄村的一户从外乡逃荒来此的人家，父亲收了三十元钱，充当再去黑龙江的路费。好在这户人家为人善良，让张建明能在绝境中活下来。隔年从东北传来消息，挖矿谋生的父亲也病死他乡了。活动于胶东地区的中共抗日武装来到张建明的家乡，逐渐长大懂事的她总算是找到了终生依靠的“亲人”，并于1944年加入了共产党。抗战胜利前后，张建明已成为受党组织信任的骨干，担任了村里“青年妇女抗日先锋队”队长。反“扫荡”时转移群众，筹粮支援前线，织布做鞋拥军，参加土地改革……火热而艰险的斗争生活，使张建明经受了考验和锻炼，也坚定了她一生的信念。

图 1　张建明 1951 年摄于南京

说起她离开家乡参加解放军，老人讲了“赌气”参军的故事。有一次做完上级交办的工作，深夜回到家中已是饥肠辘辘，她正吃着凉透的干粮，家里人说：“你给谁家干活，人家也得管顿饭吧？看你整天忙来忙去的，这不是白忙活？”尽管是句半开玩笑的话，还是伤了她的自尊。当时动员参军的对象，全是青壮男丁，入伍为的是战场杀敌。一个没啥文化的农村姑娘，参军机会不多。后来听说胶东军区一所收容烈士遗孤的保育院，招收保育人员，张建明就找到上级，说什么也要参军。开始村里区里都不愿放走这样一个能干的党员骨干，最终还是没有拗得过她，开具了一封介绍信。1948 年 11 月，张建明冒着寒风步行近百里，来到胶东军区北海分区的驻地黄县（今龙口市），第二天就高高兴兴地穿上了军装。很快分配了工作给她，让她到一位分区领导家中担任保育员，任务是看护孩子。

中共的保育事业始创于抗日战争时期的延安，为的是收容抚养牺牲烈士的遗孤、出征将士及高级干部的子女，解除妇女干部的繁重家务，以免去她们的后顾之忧。这一制度也逐渐在其他解放区推广开来，并根据不同情况，有集中

图 2　1949 年初冬，青岛解放后的张建明（右一）与战友

开办的保育院，也有分散于各根据地隶属部队的保育班。编入解放军序列中的保育员群体，虽鲜见于军史公开记录之中，但仍旧是为适应战争需要而设立的特殊“岗位”，直到 20 世纪 50 年代进入和平建设时期，才陆续从军队序列中取消。张建明参军后虽身处后方，远离战场硝烟，但随军转战万里，一路南下

图 3　1949 年，张建明（左一）在第三十二军领导家中做保育员

到江西、福建等地，亲历了人民解放军“横扫千军如卷席”般的胜利。

1949 年 2 月，由胶东军区所属部分部队为主组成的第三十二军，在平度古岘镇正式成军，张建明所在的部队也编入其中。1949 年 5 月上旬，第三十二军对即墨、青岛地区的国民党守军发起进攻，至 6 月 2 日青岛解放。张建明跟随胜利的队伍喜气洋洋地进了城，还和姐妹们去照相馆拍摄了一张照片，把胜利的喜悦定格在飒爽女兵的笑容中。

图 4 解放初期女军人换发裙装后，张建明留影

1950年的春节刚过，第三十二军按照中央军委部署调往福建，执行以剿匪为主的海防、警备和作战任务。车辚辚马萧萧，大军一路南下，经由江西上饶抵达闽北地区。张建明随同军部驻扎南平县城。这时，张建明因工作出色，组织让她担任了保育班的班长。虽然福建的国民党正规军，或被歼灭或逃窜台湾，但残余势力及土匪武装依旧活动猖獗，严重威胁新政权的巩固。第三十二军入闽后，进行了无数次大小战斗，共歼匪特8000余人，有力地配合了福建的土地改革与剿匪斗争。1950 年 12 月，遵照华东军区命令，第三十二军番号撤销，军部机构调到上海，部分直属队随即启程北上。第三十二军军机关一部与原二十九军军部合并组建铁道公安司令部，大部则充实重建的第八兵团兵团部。在该军撤销的前后，下属部队分别调归其他部队建制，直到今天陆海空三军里仍有它的血脉延续。

就在部队进行大规模调整之际，上级派人找张建明谈话。谈话前，她紧张了好半天，心想是不是组织上要让她复员返乡，自己识字不多，部队上不需要她了。领导跟她谈话时，肯定了她参军以来的工作表现。接着，向她交代了一项新的工作任务：到华东军区的一位重要领导家中做保育员，并宣布了工作纪律以及注意事项。其中“领导家中情况绝不能外传，不该知道的事情绝不打听，不该做的事情绝对不做”。这些保密方面的要求，特别是在新中国刚刚成立初期，出于保护党和军队的高级干部安全的需要，是极为严格的。当时的华东地区，不甘心失败的敌特分子时常有破坏和暗杀活动。

图 5　张建明收藏的军队在福建剿匪时的照片

辛卯年（1951）春节后，张建明来到南京，被人领进了位于汉口路的一个院落。此时她才知道，这里是陈毅及家人的住处。

在陈毅家中

直到今天，张建明老人依旧习惯把她当年的工作称为“保姆”。因为她的主要任务是照看陈毅三个未成年的儿子，还协助料理一些家务。

陈毅一家刚由上海搬来南京。上海解放后，陈毅本已在上海安家，抗美援朝战争爆发后，中央决定让陈毅住南京主持华东部队的工作。那时他仍担任上海市委第一书记、上海市市长，按理应该保留着湖南路 262 号住宅，可他执意交还了房子。此后，陈毅频繁往来宁沪道上，每次出席会议或参加活动，都是临时住进市政府招待所。直到 1953 年 7 月《朝鲜停战协定》签订，他返沪工作，又和家人搬回上海，同时交还了南京的住房。

图 6　1953 年，张建明与丈夫王家南在南京中山陵

张建明在陈毅家中的工作忙碌而有序，最初的忐忑不安很快就变得快乐而充实。陈毅的三个儿子活泼可爱，很快就和新来的这位陌生的“阿姨”打成了一片。大人们对三个男孩，一律称呼小名，分别是小侉、小丹、小羊。对出生不满周岁的陈毅幼女称呼“小姑娘”。在张建明老人的记忆里，小侉聪慧懂事，小丹精灵调皮，小羊乖巧听话，老大小侉和老二小丹已入汉口路小学读书。几个孩子从小爱学习、懂礼貌，与陈家的家教家风有极大关系。虽然陈毅与孩子相处的时间较少，但回到家中，都会对小侉、小丹的学习情况进行“抽查”。抽查最多的是唐诗和古文，并不局限于课本的内容。一次，让哥俩分别复述《水浒传》“三打祝家庄”的故事，小侉应对充分，受到表扬；小丹则“卡了壳”，受到批评，结果是一个喜气洋洋，一个表情沮丧。孩子们每看到父亲回家，便会仔细准备，以备查考。对孩子们的管教，父亲宽松，母亲严格。陈毅关注最多是孩子们的品德品行，母亲张茜则更在意孩子的学

图 7　张建明收藏的陈毅游泳时的照片（1951 年于南京）

图 8　张建明收藏的陈毅与外宾在一起的照片（1951 年于南京中山陵）

习成绩。陈毅喜欢与孩子们在一起，并时常流露慈父之爱，遇到心境大好之时，会和孩子一块玩扑克，常趁孩子们不注意，把大王小王抽出，放在屁股底下，惹得小侉、小丹直犯疑惑："大王哪里去啦？"待小把戏"露馅"，孩子们便与他扯作一团。

张建明和其他勤务人员在工作之余，则补习文化，增长见识，她还学会了骑自行车。对于出身于农家的姑娘来说，这是一件多么美妙的事！工作时间稍长，在张建明的眼里，陈毅更像和蔼可敬的长辈。曾在战场上让敌人胆寒的陈毅，对部属和身边的工作人员却有一副菩萨心肠。在她的记忆里，陈毅健谈、开朗、风趣，总能让人无拘无束，从心底里感到温暖。按老人的话说："这么个功勋卓著的大元帅，就像个普通人，没有一点官架子。"张建明讲述了亲历的一件事：有次陈毅外出回来，下车时警卫关车门时疏忽大意，车门挤断了陈毅左手小手指，随即送医治疗，大家心里也十分难过，肇事的警卫更是惊吓得大哭起来。陈毅经治疗后询问警卫的情况，工作人员告诉他，被保卫人员带走去问话啦。陈毅立即说，那怎么行！赶紧叫他回来，今后注意就是了。按照组织规定，工作人员专门有一个大伙房就餐。一次张建明送孩子吃饭，刚要离开，陈毅问她吃过饭没有？答说没有，于是就招呼她和家人一起吃。张建明说那可不行，并解释说这是领导的交代。陈毅笑着说，那我现在就交代你过来一起吃饭。老人有件值得自豪的往事：在陈毅家里充当了两回厨师。陈毅有次问她会不会做些你们家乡的好饭吃吃，张建明实话实说，家里穷得能吃上个苞米饼子就不错了，只是过节啦、害病啦，家里才会下个热汤面、糊个疙瘩汤。陈毅说，那就糊个疙瘩汤吧。张建明老人便做了一锅胶东风味的疙瘩汤，陈毅、张茜每人喝了一大碗，陈毅连声称好。又说你们家乡的饺子也很讲究呀，张建明高兴极了，马上应允："等下次您再回来，我就给您包顿饺子吃。"

张建明回忆说，陈毅平日叫她小张或张明。为啥把她的姓名减去一字。老人说，陈毅所率的华野部队有一位鼎鼎大名的战斗英雄叫张明，也是山东人，曾获"华东一级人民英雄称号"，担任过全军英雄集体"洛阳营"的营长，陈毅常常引以为军中荣耀，就把"张建明"的名字故意叫成"张明"。而英雄张明则逐步成长为我军高级将领，担任过原南京军区副司令员，这是后话了。

回忆点点滴滴的往事，不仅仅寄托了张建明对陈毅的怀念。这些记忆里，为首长服务的这段时光，与陈毅家人特别是那几个活泼可爱的孩子，与其他的工作人员相处的日子，也成了她永久的幸福与珍藏。至今，陈毅的秘书、司机、警卫等，还会不时地在她的脑海里浮现，因为部队就像一个大家庭，那种温暖伴随了她一生。她说，参军后她最喜欢的事就是照相。在青岛、在福建、在南京，都留下不少青春的身影。在老人的影集里，还镶嵌了许多陈毅与共和国的领袖们及陈毅个人的影像，这些珍贵照片大多是陈毅以及家人送给她的。如今，它不仅是属于私人的珍藏，在某种意义上，也成为见证历史的文物。在陈毅南京家中工作的两年，张建明老人还有缘在各种场合，见到过毛泽东、周恩来、朱德、刘伯承、彭德怀、宋庆龄等许多党和国家以及军队的领导人。

图 9　张建明收藏的陈毅孩子们的照片

图 10　张建明收藏的张茜与孩子的照片

入速成中学

陈毅家人搬离南京前，正值全军开展精兵简政运动，他主动提出了精简自己身边的工作人员。起初，考虑到高级首长的安全保卫，组织上并未遵行照办。陈毅说：自己作为上海的主要负责人，经常在外面作报告，动员大家增产节约、精兵简政，首先应从我做起。这样，警卫班从 16 人减到 5 人，不再保留厨师，暂时留下照看幼女的保姆。对张建明的安排，也征求过她的

图 11　张建明摄于烟台

意见。陈毅原建议她去学习医疗护理，可张建明觉得自己入伍前没有机会上学读书，入伍后学到的文化也很有限，特别希望有系统学文化的机会。这样，张建明就进入了华东军区转业干部速成中学，学校驻安徽省无为县县城，毕业后统一分配至地方工作。在校学习期间，张建明经人介绍，与来自三十一军的练兵模范王家南相识并结为夫妻，两人都是胶东人。毕业后，张建明先分配到设于滁州火车站的一个办事处工作，丈夫则分配到驻山东的第二十六军。不久，为解决张建明与丈夫分处两地且路途遥远的实际困难，于 1955

图 12　1955 年 1 月，张建明从安徽转业干部速成中学毕业时的合影

年将她调往相距较近的山东省烟台行署粮食局工作，直到离休。他们相濡以沫，养育了二子二女，在各自的岗位上默默奉献了一辈子。

1986 年底，张建明办理离休手续时要填写出生日期，因她很小没了双亲，只是听年长几岁的姐姐说过她出生在夏天，不记得具体日子。张建明想：从小时候起就没有过过生日，现在退休回家了，这辈子跟了党走才有了今天幸福的晚年，便在出生日期这一栏上写下了“7 月 1 日”。

虽然笔者难以尽述张建明老人的故事，也无法披露全部的珍贵影像，但我还是动员老人把她的往事告诉更多的人。虽然这不是轰轰烈烈的战争传奇，它仍旧是大历史中不可或缺的有血有肉的细节，同样能够见证昨天。

（原载《老照片》第 115 辑，2017 年 10 月出版）

大雅宝记忆

李 楯

有一种记忆是深深地刻画在一个人的心中的，人还活着，记忆就不可能消失。大雅宝，就是这样的一种记忆。

——题记

我在1948年秋，一岁时随父母从椿树胡同的旧宅（那是一个大院落，正门在南柳巷）搬到大雅宝胡同甲2号居住——当时，它是国立北平艺术专科学校的宿舍，住在那里的有李苦禅、李可染、叶浅予、董希文、韦江凡、滑田友。一些美术界中人，如齐白石、徐悲鸿也常去。后来，搬到这里住的，又有王朝文、张仃、彦涵，以及黄永玉、范志超、吴冠中。

1952年，我家从这里搬出，住进了和平门内东顺城街48号，是北京师范大学的宿舍。

对于一个年近七十的人来说，已到了该把回顾、反省人生作为一件事来认真做的时候了。从我一岁到五岁在大雅宝胡同居住的四年中，所经历的，与后来的几十年有着太多的不同。其中前期属于共和国建立之前的历史，而因居住在一个建立于1917年的艺术院校的宿舍，它又与始自清末止于1952年院系改革的中国近代高等教育史相关联，与那样的一个时代的人文历史相关联。儿时的记忆，是破碎的。我甚至不能清楚地描摹大雅宝胡同甲2号的三个院落。我只记得家里不同于后来所见一般房屋的是：进门处，先有数尺宽的水泥地，然后是房屋的大部分地面比水泥地略高数寸，铺有木制的地板。我常在地板上玩，一把小刀被我从地板缝中插进去，就再也取不出来了。

图 1　1951 年，我在大雅宝胡同甲 2 号

图 2　我和母亲在大雅宝胡同甲 2 号院内摘西红柿

我记得院中种有很多西红柿，母亲带我摘西红柿时用的是给我洗澡的盆。后来，这个盆被父亲按刘亚兰的主意，改作了自制的烤箱（用两个同样大小的盆，一个去了底，在盆面上焊上一层铁皮，上面放一个不到一寸高的支架，要烤制的食品就放在这个支架上，另一个盆打几个孔透气，焊两个把手。烤制食品时，把第一个去了底的盆放在蜂窝煤炉上，支架上放了食品，然后再把第二个盆倒扣在第一个盆上）。

大门外是一片略有坡度的平地，有一些拉车的牲口在那里进食、休息。我常能见到驴打滚。我还记得出大门不远（哪个方向记不得了）有个小铺，母亲曾叫我去买过酱，好像我买的酱是坏的，又去换过。记忆中那时常随父亲去美

图 3　我在“抓周”时，抓弄着画笔和水彩色盒

院，我个子很小，在美院的操场上跑；也随父亲去画室，那画室中支立着一个一个的画架。父亲周围的人们都认为我长大也会是一个画家——在周岁“抓周”时，我抓弄的是画笔。谁知长大后笔下画出的竟不是画作，而是别的。

我三岁上幼稚园，在东单三条，还记得由老师带着，排队出去玩。

东单有家法国面包房，那里有很好吃的起司面包和苏打饼干。母亲总说我是吃美国奶粉长大的，到有了妹妹后，就没有美国奶粉卖了。我还记得那时王府井的东安市场，记得吉士林的西餐。母亲在协和医院生了妹妹后（我和妹妹都是林巧稚接生的，我出生时，由于是战后，协和医院还没有恢复正常的运营，所以妹妹出生在协和，我则是请林巧稚出来，在后来是人民医院

图 4　我和妹妹在大雅宝胡同甲 2 号中院的家中

的西四西边的一个医院出生的），父亲曾高兴地带我去了吉士林。后来，吉士林成了父母时不时带我和妹妹去的地方。除吉士林外，整个东安市场都给儿时的我留下深深的印象：一处四面相对的四个摊子，卖果脯、金糕、栗子羹和糖葫芦，在另一些地方，有卖绒花、折扇、纸狮、脸谱、戏人等工艺品的，有旧书店，有写着“丹桂市场”的匾，还有卖奶油炸糕、核桃酪、爆肚等小吃的，还有东来顺和森隆。东安市场北是金鱼胡同，东有校尉胡同，邻近的就是父亲就职的美院和我的东单三条幼稚园。我们搬到大雅宝胡同住后，爷爷、奶奶时常会来看我们。那时，爷爷、奶奶来都是雇三轮车。大雅宝胡同门外的那片小小的空地，是常常停有三轮车的地方，蹬三轮的，和那些赶大车的，也常常蹲在门外的路边休息、吃饭。如果说，大雅宝胡同甲 2 号是画家的聚落或是聚会之所，那么，门外，就是个世俗的聚落了。

当我只是一个小孩，站在门口望去时，不知这样的一种门内的艺术和门外的市民生计都行将变化——当然，这变化已在悄然发生。母亲 1946 年结婚，1947 年毕业于中央大学，同年生我，1950 年生我妹妹，直到 1951 年，我四岁（妹妹一岁半）时，母亲才去中国美术家协会工作。为了照料我和妹妹，先是请来了我的五奶奶。五爷是爷爷的弟弟，爷爷在清末离开旧家庭，去日本学印刷制版，后来在清度支部的印刷厂工作。爷爷带出了他的两个弟弟——五爷、六爷，一个在铁路工作，一个在邮局工作。五爷先去世，五奶奶寡居，在我和妹妹小时候，照看过我们。当时，是 1950 年。半年后五奶奶回去了，我的外婆和小姨来了，由外婆照看我们——后来，直到“文革”中才知道，外婆和小姨在当时之所以从四川来，是因为大舅在“土改”中被镇压了。大舅是母亲的哥哥，在他的影响下，母亲参加学生运动，成了中共地下党员；三舅在解放军到了四川后，也参加革命，后来是中共党员、政府官员；四舅、四姨入伍，后来死于朝鲜战场。在很长一段时间里，人们不提此事，后来，人们虽不再回避、遮掩，但仍不愿提此事。一个人来到世上，就这样无声无息地走了。我曾想，他有坟吗？他的亲人会去看他吗？而外婆，则同时或稍后，成为被镇压者的母亲和革命烈士的母亲。

我不事收藏。前几年在电视台做谈话节目时，才知中国大陆竟有 7000 万人做文物字画的收藏，于是才会催生了那么多的“鉴宝”节目。我见过太多的好东西了。劫后遗存的一些物件，倒与我的大雅宝记忆相关联。这，就是一个纪念册和一些从我儿时相册上撕下来，幸而未毁掉的照片。纪念册 16.5 厘米长，11 厘米宽，布面、洋纸，用丝带扎系。之所以是洋纸，我想，可能一是因为父亲是画西画的，二是因为这在当时是个好东西。现在，扎系纪念册的丝带早已不见了，纪念册的布封面上污迹斑驳。纪念册中留下了当时与父亲相交的一些人的笔迹，但纪念册的大部分是空白的——我想，父亲在我儿时给我这个纪念册，是应觉得它是可以画满的。大部分空白，是因为在大雅宝之后，就已经没有什么人再在这个纪念册上画画了。纪念册中的第一页，是齐白石先生画的两只蛐蛐，纸的右上角有“白石老眼”四个字，左

图 5　在东单三条幼稚园时，老师带我们去玩，第二排左起第七人是我

下角有一方篆刻着“白石”二字的印。父亲说，这是齐白石先生来大雅宝胡同时，用可染先生砚池中的残墨给我画的。我想，白石先生一生作了那么多画，而用洋纸画的，不说唯一，大概也不会多。纪念册中的这一页已被撕破，在背后用透明胶条粘起。

纪念册中还有吴作人先生用铅笔给我画的像，寥寥数笔，在左下角写着“作人，1948，北平”。

纪念册中还有李可染先生画的一个小孩和一只青蛙，也只是简单数笔，地面略加烘染。画面题有“可染”二字。

纪念册中又有一页，四人用钢笔作画，画了三个小人，一把钉耙，画的人是戴泽、韦启美、董其香和另一个我辨识不清他的签字的人。

纪念册中还有几幅，是父亲后来的学生画的。

从这个纪念册中，可见大雅宝这样的一个画家聚落，或是文化人聚落中在一个时代即将过去时的情景。画西画的和画中国画的是朋友。一些画作是

图 6　爷爷、奶奶、我和妹妹，在大雅宝胡同甲 2 号

他们生活的印记。由此，我又想起来我家已失去的另一个纪念册——我父母的结婚纪念册。我清楚地记得，上面是徐悲鸿、吴作人、谢稚柳、陈之佛、傅抱石、潘天寿等人的画。父母结婚时来宾的签到册尚存，上面记载着来客中的画界人是：徐悲鸿、吕霞光、黄显之、吕斯百、赵无极、林风眠、秦宣夫、庞熏琴、王临乙、王合内、余文治、胡善余、黄君璧、常书鸿、刘开渠、傅抱石、潘天寿、李可染、关良、陈之佛、谢稚柳、费成武、秦威、蒋碧微和张道藩。

父亲于 1928 年就读于当时的北平艺术专科学校，师从王悦之、卫天霖。在这前后，曾经在这个学校任教的有林风眠、徐悲鸿、常书鸿、高乐宜、彭沛民、钱祝九、王曼佗、郭风惠。父亲的同学有秦宣夫、秦威、郁风、张瑞

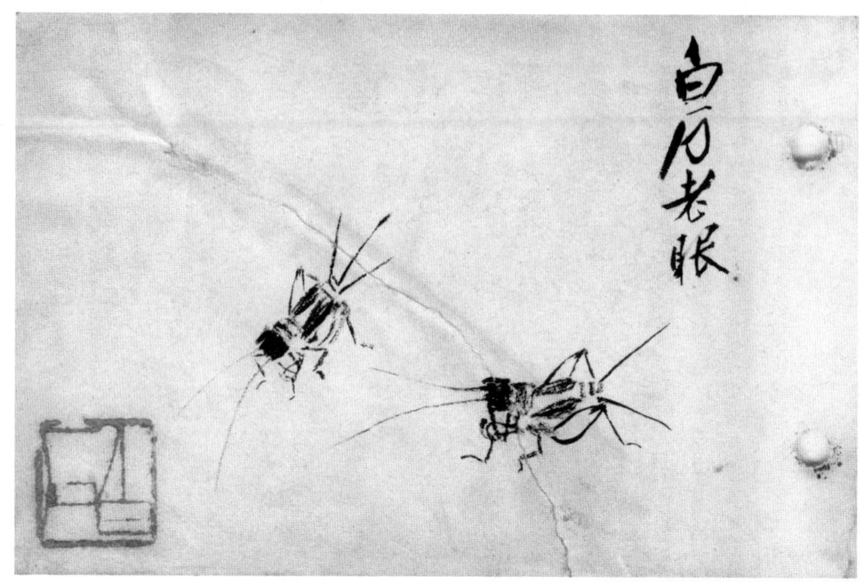

图 7　我的纪念册：齐白石画的蛐蛐

芳、张仃。而其他在这里学习过的，前有李苦禅、王雪涛、刘开渠、萧淑芳，后有侯一民、李天祥等人。

父亲留法，就学于巴黎高等美术学校，同在这所学校中学习过的有：徐悲鸿、林风眠、潘玉良、张道藩、常书鸿、吕斯百、刘开渠、颜文梁、王临乙、曾竹韶、吴作人、唐一禾、秦宣夫、胡善余、吕霞光、黄显之、赵无极、吴冠中。

父亲于1940年到重庆，后在中央大学任教，其时共事交往的有：徐悲鸿、张道藩、吴作人、唐一禾、吕霞光、黄显之、吕斯百、秦宣夫、王临乙、傅抱石、潘天寿、陈之佛、谢稚柳、李可染、黄君璧、常任侠、常书鸿、丁聪、叶浅予、秦威、冯法祀、余仲志、郁风、张安治、艾中信，以及吴祖光、田汉、艾青、老舍、曹禺。

在中央大学，父亲和徐悲鸿同教一班（父亲每周去两次，徐悲鸿每周去一次）。从那时，至北平艺术专科学校，再至中央美术学院初期，父亲所教学生有：李斛、戴泽、韦启美、张大国、吴承砚、单叔子、侯一民、钱绍武、

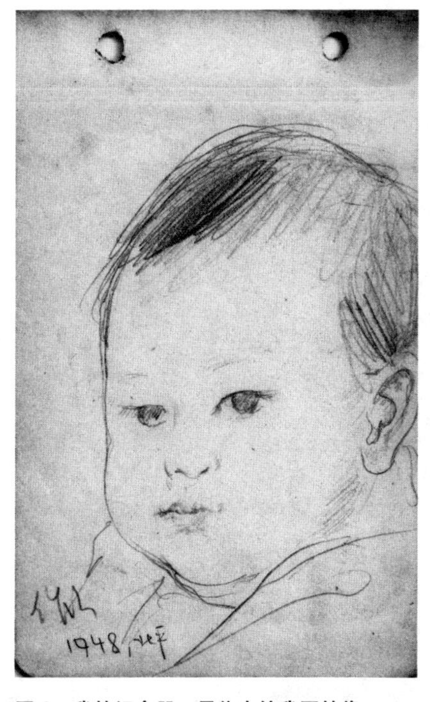

图 8　我的纪念册：吴作人给我画的像

图 9　我的纪念册：李可染画的小孩与蛙

骆新民、靳尚谊。

自 1948 年至 20 世纪 50 年代初，父亲在北平（后为北京）交往的，除前述各个时期的之外，又有：李苦禅、王朝闻、郑振铎、滑田友、蒋兆和、常任侠、黄永玉、吴冠中、卫天霖、潘洁兹、任率英、翟奉南，以及启功、黄药眠、陆宗达。

我曾说：应该认真梳理一下父亲那一辈人的绘画传承谱系，以及因了一种当时人的生存方式所致的在艺术上的交互影响。这会是近代中国美术在与外部交融过程中的传承谱系，以及一种蕴含、显见于画家及其他文化人的交谊、往来、聚会中的交互影响——画中国画的，也上过美术学校，学过素描；画西画的，后来也多画水墨画（父亲除外）。私人交往中，父亲与傅抱石是酒友，经常一块喝酒，买一个松花蛋下酒，一人一半。还有一次，一个开葡萄酒厂的，要买吴作人的一张画，吴作人及朋友们的出价是用葡萄酒摆满画

图 10　我的纪念册：戴泽、韦启美、董其香及另一人（署名难以辨识）的画

面，于是父亲、吴作人和一些画界的朋友跑到山坡上，把酒都喝光，一个个跌跌撞撞地下了山。在这种看似一般的交往中，蕴含着不同艺术、不同人之间的交互影响，其实有着深邃、久远的意义。除西方美术（父亲还在法国学过博物馆学，有很多时间，终日在卢浮宫）外，父亲对宋明以降的画作（包括文人画）无所不喜，对汉唐陶俑、民窑粗瓷、壁画及碑帖，及域外东亚、南亚、中亚佛教题材或世俗题材的绘画，也都有兴趣。父亲是有过收藏的，只不过后来，没有了。

父亲搬出大雅宝后，与人的交往日少，从父亲那里可见的画家聚落或文化人聚落的情景也就终结了。只在父亲晚年，才想到要留下些朋友们的画，又准备了一个画册，但一是旧友飘零，所余无几，二是父亲自己的时间也有限了，不久，父亲辞世。父亲最后准备下的画册上只留下了李可染、吴冠中的两幅画。

我儿时的相册，记得是棕色的封面，在黑色的相册纸上，用今天已经不再用的透明相角固定着一张张 120 胶片洗印的照片。照这些相的相机，也是个历经劫难的器物。父亲留学的那几年，手头拮据，省吃俭用积下些钱，买画册和书，后来，又反复去挑选，买了自己喜爱的 Rolleifler 相机（后来，父亲又被称作摄影家，受郑振铎之命和吴作人、常任侠等去做麦积山勘察，出版《麦积山石窟》画册时，收入的照片，多是用这个相机照的）。回国时，走到上海，遇中日战事起，回不了家，只得随流亡的人们经南京、武汉、长沙到昆明，最后，又去了重庆。从法国带回的自己的画作、买来的画册和书，都毁于日军的轰炸，唯独这个相机带在身边，得以留下来。后来，“文革”抄家，相机被当时北京师范学院美术系的人抄走，“文革”后，“落实政策”还回来时，已是伤痕累累。

曾经装入我儿时相册的照片，曾使人回想起那旧日的时光：母亲坐在书桌前，背后的墙上是幸存的父亲留学时的习作；父母在一起，墙上除父亲的画作外，还有齐白石先生为父亲画的蟹——当时，还没有裱，现在，早已不知去向。

另有些照片，是在大雅宝甲 2 号的前院，有着我一生喜爱而北方又不多见的竹子，我和父亲坐在张仃先生的家门口，父亲是在教我吸烟吗？他可能想不到，这个孩子长大后却是个强硬地主张在公共场所“禁烟”的人呀（作为法学家，我主张尽管吸烟有害健康，但吸烟是个人的自由，吸烟不应伤害那些被动吸烟人的健康）。

我家住在中院，照片中可以看到：母亲和我在父母卧室的窗台前；母亲带着我和妹妹在家门口——当时，我至多五岁，妹妹应是不到两岁呀。

父母 1946 年在重庆结婚，当时，“二战”结束，人们期望着一个和平时期的到来。父亲原本是一个只生活在艺术的场域中的人，回到北平，住进大雅宝胡同甲 2 号，正是父亲一生中相对安稳的几年，可以不问其他地搞艺术。

图 11　在大雅宝胡同甲 2 号的家中，父母背后是齐白石先生给父亲的画

一张早已遗失，国内的亲友也已找不到，从海外扫描传回的照片，再现了那个时候家族最后聚首时的影像——我才两岁，由母亲抱着，地点是清华大学的丙所——我五太姨父梅贻琦先生的家。

搬到大雅宝时，父亲三十八岁，在国立北平艺术专科学校任教。今天通过网络检索尚能知道在那年父亲画的画有：《古殿》《五龙亭》《鼓楼鸟瞰》《美人蕉》《白塔》《中南海》《蝴蝶花》。同是在那年，父亲在中山公园的水榭举办了画展，展出油画三十五幅，另有画稿十四幅。画展由徐悲鸿作序。徐悲鸿曾和父亲共事，同教一个班。教学上，他看重父亲的方法，凡学生作画有了毛病，他就把这个学生交给父亲，说是“治治病”。绘画上，他非常喜欢父亲的画，称其为“中国油画风景第一”。他为父亲的画展作序，说：

图 12　大雅宝前院，母亲和我

余尝谓艺术家之倾向可以不问，但艺术家苟无为艺术而艺术之精神，其艺术必不能持久。可以断言，李瑞年教授留比、法多年，浸润其艺术作品，好为沉深雅逸之音。其作风与法之 Daubigng、德之 Achenbach、俄之 Levitan 相近，得外光派之神趣。如其所写青城——尤以《采花人》幅，其情调之高逸比之吾国古人，殆云林、子久之儒也；又如静物之《鱼》《瓶花》等幅，皆精妙绝伦。此皆潜心于艺，以美为归，所艺为艺术而艺术之精神者也。李先生频年教授中大艺术系，孜孜作画，绝意外务。此次集其作品三十余帧，公开展览，吾知爱好艺术之人士必将以先睹为快也。

图 13　大雅宝前院，父亲和我。背后是张仃先生家，左侧是董希文先生家

父亲还有一幅画，极为徐悲鸿先生称道，画面上是两棵枯树。徐先生曾对父亲说，要父亲为他临一幅。父亲说，临出来，即使是画者自己临，也难与原创作时同，就把这幅画送给了徐先生。母亲说，这画原挂在徐先生在美院的办公室中。徐先生去世后，曾被对外友协借去挂过。后来，就不知去向了。那应也是父亲重要的代表作。一个时代过去了，另一个时代开始了。

1949 年 3 月 8 日，北平军管会派沙可夫为军代表，接管了国立北平艺术专科学校。1950 年 1 月，中央美术学院成立，徐悲鸿任院长。1951 年，父亲参加文化部组织的赴广西土改工作队，田汉任队长。

1952 年，知识分子思想改造运动后，父亲调至北京师范大学图画制图系

图 14　母亲和我在父母卧室的窗前

（美术系）。后来任美术系系主任（这个美术系后和音乐系一起从北京师范大学分出，成立了北京艺术师范学院，后又改为北京艺术学院，后来又分出，到了当时的北京师范学院）。

一个人，能记住什么，忘却什么？一个人群，能记住什么，忘却什么？——“记忆”，作为人文社会科学研究中的一个领域，有时是会使研究者惶惑的。父亲九十诞辰时，妹妹和我为早已逝去的父亲做了纪念展。当时研究美术史的范迪安先生正担任中央美术学院的副院长，他见了大为惊异：没有见过，也不知道有李瑞年这样的画啊！于是到了他做中国美术馆馆长时，就一定要为父亲做百年诞辰展。中国美术馆在范先生做馆长时，收藏了父亲的十余幅画（其中包含父亲的代表作）。父亲百年诞辰展时，我的朋友、北

图 15　大雅宝中院，我家门前，母亲、妹妹和我

京大学的郑也夫教授起意约三五个朋友看画，并在一起谈谈。打电话给陈丹青（当时，陈先生在国外，故未能参加。参加的有：阿城、章诒和、丁学良、李公明、郑也夫，以及妹妹和我），陈先生说了一句话：我真的不知道有李瑞年先生这个人。

美术界人不知道，忘怀了，界外人就更不知道了。这，就是记忆，在这样的一块土地上，我不忍心中的记忆随肉身逝去，故写下来。

（原载《老照片》第 122 辑，2018 年 12 月出版）

一份百年家谱

——我的家族故事

田　野

我的老家位于黄河岸边的山东省济南市济阳区王荣村。2019 年 9 月，我前往遥墙机场时于家中小坐。在拜访族中一年近九旬的“恩”字辈爷爷田恩起老人时，在其家中见到田氏家谱及世系图一份。

物有本末，事有终始。本着追根溯源的想法，我开始整理这份家谱，将旧本影印下来，将原谱移交济南市档案馆永久保存。把整个家谱通序，反复理顺，逐步对整个家族有了具体的、更多的了解。据家谱记载，我们田氏先民们从明洪武二年（1369）便择居济水之滨、黄河岸边，在这里生活繁衍至今已有六百多年历史了。

一、田氏家谱

我看到的这份田氏家谱，成书于民国二十八年（1939）仲冬月，由洄河石卿印务局印制，共 210 页。其谱首页：五世同堂。共分为三个部分：通序、系序、谱系表（分为总支、二支）。

通序记叙了始祖太公，自明洪武二年由冀州枣强县城南，择居山左（即山东省）济南府邑河北济水之滨（济阳）。始祖长兄名“佩”，二弟名为“翁”。遂以姓为村名，谓曰“田家庄”。翁祖迁至济邑城西王荣村，从此在这片土地上繁衍生息。后代有能文的，有能武的，乐善好施，著书立说，虽无科第之人，但也知书达理，称得上诗书门第。后逢兵荒之时，烽火频起，谱牒文本遗失较多。

山東歷城縣田家莊

田氏家乘

中華民國二十八年仲冬月印

图 1　田氏家乘封面

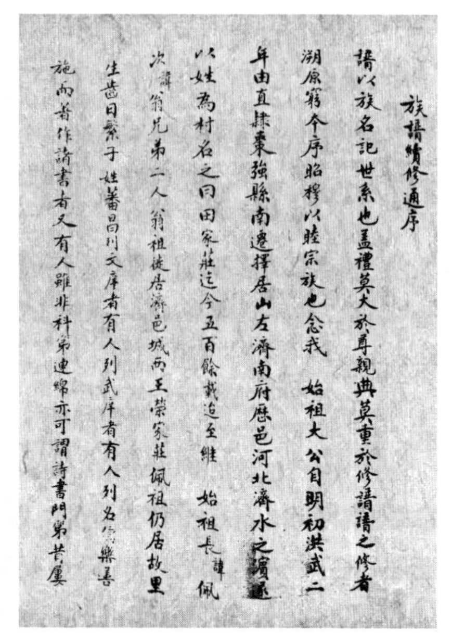

族譜續修通序

譜以族名記世系也蓋禮莫大於尊親典莫重於修譜譜之修者溯原窮本序昭穆以睦宗族也念我　始祖大公自明初洪武二年由直隸棗強縣南遷擇居山左濟南府歷邑河北濟水之濱遂以姓為村名之曰田家莊迄今五百餘載迨至維　始祖長諱佩次諱翰兄弟二人翰祖徙居濟邑城西王榮家莊佩祖仍居故里生齒日繁子姓蕃昌列文庠者有人列武庠者有人列名[illegible]樂善施而著作詩書者又有人雖非科第連綿亦可謂詩書門第昔屢

图 2　田氏家谱内文

始祖及先辈期间，有些断序，至续谱时的民国二十八年，已有五百余年历史。后族叔振海、服（五服）叔景芳等人说，到水有源才能长流，木有本才能叶茂，人无本怎么代代相传呢？活着的后人怎么才能不忘祖宗呢？于是倡议续修。所幸族内有迁居张仙寨的后人尚有谱根可查，并且族中有叫万祥的愿意出资，族内能干事的都愿意为此出力，这样在丙寅年（1926）农历十月开始细心研考谱根，广泛搜集，远承古人，遵照先辈们所修编的谱本，秉承原有格式进行续编修谱，经采访、征名、造册、梳理分支派别，绘制世系图，按次理清谱本，并形成稿，但因经费支绌没能及时刊印。后由族众商议，出售庄东坟地内的百余株柏树，得九百余元，置祭田，修碑，继谱，众人不辞辛苦、任劳任怨。终于民国二十八年家谱得以刊印。

从无谱到有了家谱，一看便知谁与谁是同支，谁与谁是远派旁系，由此，虽后人繁衍兴旺，自上而追溯均能查对，从前如果不知道始祖一人可以不敬重，但从今往后凡是本族的无论是工、农、士、商，都务必期望不忘木本水

图 3　高祖父

图 4　曾祖父

源，家族和睦为善。这次修谱还续修了辈行十六字：迺修其德，嗣续克昌，继述惟善，延寿增光。我父亲这一辈为“修”字辈，父亲兄弟四人依次为田修文、田修武、田修圣、田修贤。

二、奶奶和爷爷的故事

我奶奶叫李万英，生于 1907 年，也就是清光绪三十三年。奶奶的娘家在济南市济阳区葛家村，是我们王荣村的邻村。对于奶奶我没有记忆，后来听妈给我讲奶奶的故事，用妈的话来说，“你奶奶就是一个传奇”。

爷爷家只有兄弟两人，世代为农，家境贫寒。奶奶嫁过去后，家徒四壁，连床被子都没有，奶奶一生共养育了四个儿子和两个女儿。为了生活，地里的活操劳完后，和爷爷起早贪黑地干起了豆腐坊。挑选、煮豆、磨豆、煮浆。晚上都是干到十一二点，早上爷爷再起来挑着豆腐，敲着梆子，挨家串户地去卖。

奶奶生二儿子的时候，正好是赶着煮浆的时候，实在坚持不住了，自己到灶屋里的灶台前生下了孩子，用牙齿咬断脐带，找了个破麻袋片子包了包孩子，接着去烧火。爷爷找不到人急了，问："急等着用火呢，干啥去了？"奶奶说是去生孩子了。爷爷生气地骂道："早不生，晚不生，急着用火了这个时候生。"奶奶不答，只是继续烧火……生活的困苦，生存的艰难，让人绝望到一切都为了先活下去，爷爷的责骂，奶奶理解。

到奶奶生小女儿，也就是我小姑的时候，奶奶正在秋收，觉得要生了，自己在场院的一个谷堆旁边生下了孩子。接着，找了点软和的细草包了孩子，放在谷堆上，又赶回家，烧火做饭。等爷爷下地回来了，奶奶给爷爷打好洗脸水，才跟爷爷说："你洗完脸后，先别吃饭。"爷爷问为啥，奶奶告诉他："孩子生了，在场院的谷堆边上，你先去抱回孩子来。"

奶奶的这六个孩子都是劳作中出，奶奶没有休息过一天，生产后只忌三天的凉水。三天后一大家子的洗涮，照样干。为了节省柴火，一辈子喝凉水，从不浪费一粒粮食。

爷爷的家在村的道口边上，但凡有过路的都能上家里来歇个脚、喝口水，有要饭的，奶奶也是拿出家里仅有的一点吃的，尽量来让人家吃个饱饭。村里谁家有个头疼脑热的，奶奶会用土法给人家扎个针，放点血就好了。奶奶性格温和，没有脾气，从来是逆来顺受，没有丝毫的抱怨，没人见她发过火。村里的人都叫奶奶"好妈"。直到后来，她又为六个子女帮助照看孩子，奶奶就是为了照看我得了病。

1971 年，我爸爸在淄博工作，而我还不到一岁。晚饭后奶奶抱起我说："咱出去玩了，让你妈吃饭。"妈吃完后去找我们，看到奶奶坐在邻居家的鸡窝上，叫她，已经不能回答了，但抱着我的手始终没有松开。正好邻居家有来探亲的是位军医，诊断后确认奶奶是得了脑出血。后被大爷们接回济南治疗，并由二大爷照顾，直到甲寅年腊月初五（1975 年 1 月 16 日）去世，享年六十八岁。

爷爷名田恩和，上面有个大哥。爷爷是个大高个，结实的身板，不光会种田、做豆腐，还会泥瓦和木工活，十里八乡的，谁家盖个房子，只要能抽

图 5　奶奶和她的两个女儿及外甥们。约摄于 20 世纪 70 年代

出身，就一定去帮忙。到了吃饭的点，别人都急着收工了，爷爷则先围着房子仔细看，看看哪里还有什么纰漏，这些活他都只是帮忙，从不在人家吃饭。爷爷脾气大，但耿直，看见村里谁家的小孩子淘气做了什么不合规矩的事，他不怕得罪人，都要教训一顿，教育孩子们要守规矩。由于他的正直、担当，在村里威信高，家族中有个什么事，他都是主心骨。逢年过节的时候，家里放焰火，整个家族的人都是集合在爷爷家门口，由爷爷领着放。

无论怎样辛苦劳作，总也不能满足温饱。在姑姑的记忆中，炕上从来没有褥子，也没有枕头，铺的是麻袋片子，盖的是小半被子。因烧火做豆腐所以炕总是热的，全家六口挤在炕上取暖。在三年困难时期，地里的庄稼不等成熟了就薅下来吃了。那年 9 月里的一场大雨，淹了庄稼，接下来几乎就没什么可吃的了。有一点东西也是让孩子们吃，爷爷吃做醋剩下的醋糠和花生皮，吃了就不能排便，用铁丝弯成钩子往外抠，每次都疼得叫唤，痛苦不堪。爷爷终于在饥饿和病痛中离世，那是 1962 年，姐姐出生的那年，但爷爷没能见到她。

爷爷和奶奶的一生受了太多的苦，遭了太多的罪，但面对艰难的生活，却没有抛弃过做人的尊严，日子再穷，也不昧着良心争贪。小姑姑，要是看着别人家吃得好，多看人家两眼，也会被斥责。爷爷和大爷爷若在正屋坐着，儿子们回家一定在一边站着，毕恭毕敬地给长辈们点烟倒水；儿媳妇回娘家也要到正屋里给长辈们磕头禀告。他们就是要让孩子们懂得长幼尊卑的礼仪。另外，他们坚持让孩子们读书，供四个儿子和两个女儿上学。后来大爷从学徒干到了掌柜，有了自己的门店；二大爷就职于济南锻压厂；三大爷就职于省肿瘤医院；爸爸在哥四个当中年龄最小，读的书也最多，毕业于山东机械工业学院，成为一名工程师。弟兄四个没愧对爷爷给儿子们取名于“文、武、圣、贤”的期望，两位姑姑也都在济南安了家。

三、大爷和大妈的故事

大爷叫田修文，是家中长子，出生于 1926 年。他上了几年私塾，后为了家里有个出路，就跟着同村里在济南做买卖的一位长辈去做学徒。大爷肯吃苦，头脑聪明，又用心学习，很快就当上了店里的会计。后来，大爷娶了大妈，大妈娘家是大户人家，通过大妈娘家的帮衬，还有大爷爷给出了钱（大爷爷年轻时闯关东挣下的），并和一个表兄共同出资，在济南市馆驿街的中心地段开了家做糕点的店铺，叫“文华鑫”。接着，大爷接了家里的二弟出来，兄弟们一起经营，由于多年学徒的经验，加上自己的踏实肯干，没有多久，生意就红火起来。后来又接了四弟（我的父亲）去济南上学。生意没有做几年就迎来了公私合营，大爷被分配到济南市新市场做会计。风平浪静的日子，随着“文革”的到来终结了，因大爷当过掌柜的，被定性小业主，在“文革”时被扣上了“资本家”的帽子，经受了长达数年的批判和折磨。“文革”结束后，才重返工作岗位，直到退休。

大爷从十几岁出去学徒，每次从济南回家，骑的自行车上总也挂着各种东西，有给父母的，有给弟弟妹妹的。直到结婚后，回家的第一站也永远是父母家。他总是先到父母面前来问安，好的东西先送给父母，再是弟弟妹妹，

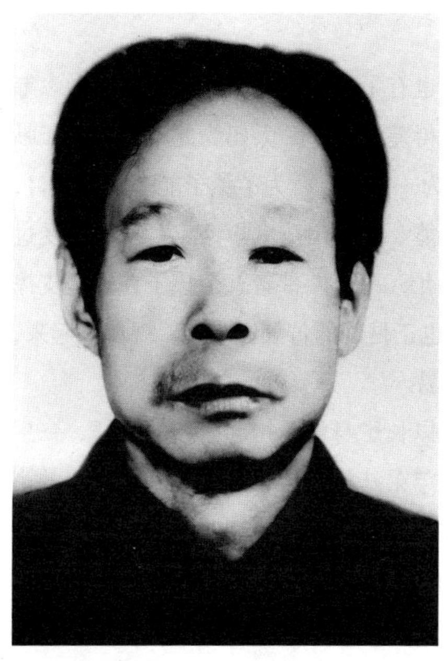

图6　大爷

图7　大妈

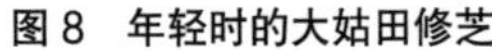

图 8　年轻时的大姑田修芝

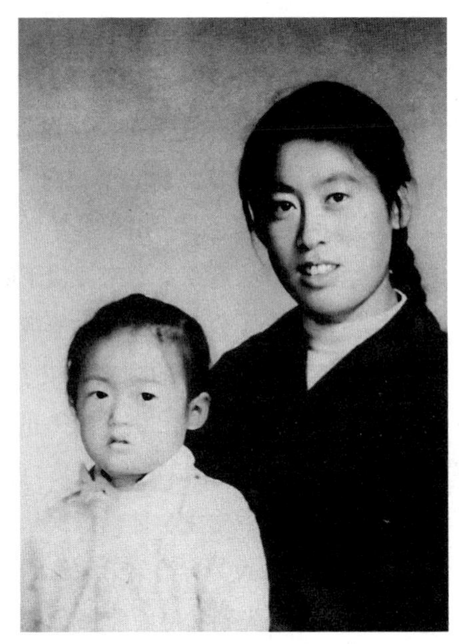

图 9　大姑田修芝和她的女儿

然后才回自己的小家。直到后来，大爷也有了五个子女，还坚持这么做。等他回到自己家，好的东西基本上也就分得差不多了，大妈为此不知和大爷吵过多少架。在那个物资匮乏的年代，身为一位母亲，为了孩子能多吃上几口，大妈做得也没有错，这是一个母亲的本能。大妈出身大户人家，从小没受过苦，嫁给大爷后，生了四个儿子一个女儿，一个人带着五个孩子在家里支撑着，生活的重担使大妈容易发脾气，这也正是她的苦处和难处。现在想起来，大妈和大爷吵吵闹闹一辈子，也实属不易。

大爷算得上旧时代长子的典范。他以长子身份承担起家族的重任，一生恭敬、孝敬父母；他以大哥的身份，对弟弟妹妹爱护有加。挣了钱，买的第一双皮鞋、第一块表都是送给了上学的四弟（我爸爸），他说，要让上学的弟弟体体面面的。两个妹妹的嫁妆，穿的衣服、铺的褥子、盖的被子、脸盆、桌子上的摆件，事无巨细，全都准备好，让两个妹妹开心出嫁。当他在济南立住脚后，十里八乡的乡亲们去了济南都奔到他那里落落脚，吃顿饭。要知道，那个时候，他每个月只有二十七斤粮票，去几个乡亲吃上几顿饭，他这个月就得饿肚子了。姑姑们回忆说，哥哥这一辈子就是奔波，挣钱，为了老的，为了弟弟妹妹们，为了孩子们，但从来没有为了他自己。在她们的记忆中，从来没有见到过大哥坐下来好好地吃顿饭，走到哪里都是摸棵大葱，找个萝卜，随便就是一顿。退了休后也还在外面打工，为孩子们多挣点钱，娶妻生子。

四、二大爷和二妈的故事

二大爷田修武，小的时候也上了几年学，早年就跟着大哥去了济南，在点心铺子里打工。公私合营后，他被分配到济南重型机械厂工作。二大爷娶过两个妻子。第一个二妈一直在家里跟着爷爷奶奶生活，和二大爷生了一个儿子。1960 年，生活最困难的时候，二妈实在坚持不下去，为了活命带着儿子改嫁给济南柳埠一个家境好点的人家，二大爷变成了孤身一人。后来，他在济南天桥馆驿街苏家大院里住的时候，认识了现在的二妈。二妈高中毕业，在当时算得上有文化的人。她是离异的，带着一个儿子，在交往中看中了二大爷的忠厚老实，执意嫁给了二大爷。后来又生了一儿一女，一家五口过得很幸福。

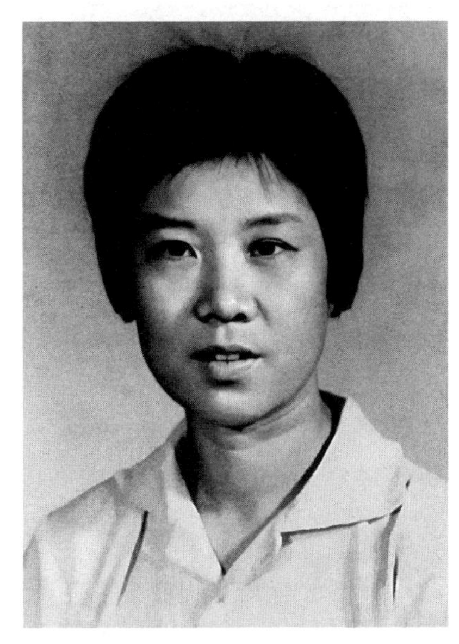

图 10　二妈

二大爷生性忠厚，更是心灵手巧，会做很多花样的饭，甚至会做豆腐乳和臭豆腐。1971 年，奶奶在淄博生病后，为了让奶奶有更好的医疗条件，大爷们把奶奶接到济南，由大爷负责找医寻药，二大爷负责照顾。奶奶腿脚不灵便了，二大爷便学会了针灸，无微不至地照料着奶奶，直到奶奶在他们家去世。二妈性格外向、开朗，“文革”时，大爷挨斗，精神极度颓废，数次要轻生，二妈不厌其烦地劝导宽慰。后来情况更为糟糕，造反派把大爷单独关押，不让他接近外人。二大爷和二妈不但不和他划清界限，还顶着压力，偷着写纸条，让二大爷送到一个公共厕所的一块砖下面，鼓励和支持大爷。家人的理解和亲情的支持才使大爷坚持着活了下来，熬过了那段不堪的日子。

在照顾生病的奶奶的时候，二大爷家里人来人往，也要吃也要住。他们不足六平方米的屋子，还有三个孩子，来的人吃了，孩子们口粮就不够了，但二妈从来没有一句抱怨的话，夫妻俩一直任劳任怨照顾生病的奶奶。奶奶安详离世那天，正下着鹅毛般的大雪，二大爷用车子将奶奶拉回济阳安葬。到了后来，我妈和我大姑同时病了，到济南看病，也是住在二妈家里。但家里只有两张床，实在住不开，二妈和孩子们就睡在地上，让姊妹们睡床，从没有一点不乐意的地方。后来，妈妈和大姑多次提此事，至今感念不已。

五、三妈和三大爷的故事

图 11　三大爷

三大爷是田修圣，早年跟着大哥出来后，没有在糕点铺里干，而是一个人在济南天桥最繁华的地方拉地排子车生活。以后又找了家工厂当学徒织洋袜子，还到东北的伊春去闯荡过。直到 1955 年回来和三妈孙西兰结了婚，被安排到了省总工会工作。再往后，因工作调整到省肿瘤医院工作，一直到退休。

三妈的故事最值得一说。三妈也是济阳本地人，嫁到王荣村的时候是 1955 年，当时才二十岁。济阳县成立了服装厂，她就在那里工作了。1958 年，她响应国家号召下放回乡，以女队长的身份参加了农业建设。三妈个子小巧，身高不足一米五，白白的皮肤，但就是这么一个小妇人，干起农活不服输。后来，有机会到省肿瘤医院的洗衣房工作，户口都迁过去了，但三大爷考虑到家里的父母，还是商量着让三妈回去种田，好照顾公婆。三妈放弃了到城里工作的机会，只身回到济阳家里，和公婆及两个小姑子一起生活。

那个时候，奶奶跟着儿子们在淄博或济南照顾孙子孙女，家里就是这个小小的女人，带着妹妹们生活，给她们做吃做穿，一待就是几十年。直到送走了公公，照顾两个小姑子成人，并给她们找好了婆家，嫁了人。同时，她还照料着孤身一人生活的大爷爷，那时有点白面，总是先让大爷爷尝一尝。饮食起居、端茶倒水、洗洗涮涮，几十年如一日，一直到老人家八十六岁去世，三妈才回到济南和三大爷团聚。

现在，三妈已八十四岁高龄，身板硬朗，只是因多年过度劳累，腿严重变形了。两个姑姑永远忘不了这位嫂子，一年总要约几次去看望这位老嫂子。

图 12　右为三妈，中间为表婶子，左为姑姑田修珍

姑姑们常说：老嫂比母。在她们的心中，这个嫂子就如同母亲一样啊！最让人动容的是，当问起三妈当年照顾大爷爷的事，她竟然说："老人家跟着我受累了，那个时候日子太穷他没享着福啊！"她还一直觉得，没能让老人多享受一点生活是心中的愧疚。

六、爸爸和妈妈的故事

我的爸爸田修贤，排行最后，1936 年出生。他长到十多岁时新中国就成立了，赶上了好日子。爷爷奶奶受苦受累供他读书，兄弟当中，数他读的书多。他从小聪明，调皮，上树摸老鸹窝，下河去摸鱼，是常有的事。因为淘气，少不了挨爷爷的打，但日子还是开心的。到大了些的时候，他就跟着我大爷去济南读书了。那个时候，大爷已经当掌柜了，他不愿意让四弟再受一点苦，就像父母一样疼爱着这个最小的弟弟。早上给钱让他去吃豆浆油条，

图 13　父母结婚照。摄于 1961 年

图 14　爸爸。摄于 1961 年

图 15　妈妈。摄于 1961 年

自己却舍不得买。爸爸就这样在哥哥们的爱护中长大。

毕业后，爸爸被分配到淄博运输系统当老师，教机械制图。1961 年，他和我妈结婚。有一次，爸爸到我姥姥家去的时候，姥姥、姥爷热情招待新女婿，有饭有菜，却就找不到爸爸了，后来在厕所里找到了哭泣的爸爸，妈妈问为啥，爸爸说想起了在家的爷爷奶奶没有饭吃。善良的姥姥、姥爷立即打电报让奶奶、小姑和还有大爷的儿子来到桓台，虽然也没有多少粮食，但是萝卜还是有的，能吃得饱，就这样两大家子人共同度过饥荒年。

妈妈漂亮贤惠，1962 年生下我的姐姐，1971 年又有了我，一共生养了两个女儿。后来，父母在青州安居，颐养天年。爸爸八十四岁于大福地安然离世。

爸爸一生较为顺利，先后当过老师、技术员，后来在管理岗位上退休。爸爸在平凡工作中不论是哪个岗位，都秉承爷爷奶奶的教导，认认真真，勤勤恳恳。在爸妈这个年代，生活已经变得比较好了，但爸爸的生活仍然很节俭，主要饭菜离不了咸菜和大蒜，喝过稀饭的碗一定要用水涮洗，再喝掉里

图 16　小姑田修兰

面的米粒。姐姐小的时候还在济阳住过，可奶奶去世后，就很少再回老家了。因妈妈家是淄博的，在娘家排行老大，离家又近，他们的主要精力都是照顾姥姥家的弟弟妹妹们。吃、穿、住、用，为五个弟妹们也操心了，直到这些弟弟妹妹全部都成了家，甚至直到他们退休，才安心放手。

七、我们的新时代

现在的王荣村，今非昔比。自2012年1月5日统一住上了楼房，家家暖气，老人们不需要再辛苦劳作了，只在温暖的家里看看电视，含饴弄孙了。

父亲当年的六兄妹，到我们这一代已有十九个子女，而我们的下一代大都还在读书，学位最高的已经读到博士。他们就像蒲公英的种子，飞落到祖国的各个地方，有在天津的，有在海南的，有在新疆的，还有留守在黄河岸边故地的。尽管天各一方，但我们的根却是一样的，都是喝着同样的水，流淌着同样的血，内心深处都有着同样的乡愁。田氏家族延续至今，依然兴盛，在这个的时代，不再有物质的匮乏，不再有生存的挣扎，不再有政治动荡。

一部老家谱，见证三代人的人生故事。田氏家族只是千千万万中华儿女中普通的一支，没有轰轰烈烈的英雄般的史诗，只有一份深厚的家国情怀。

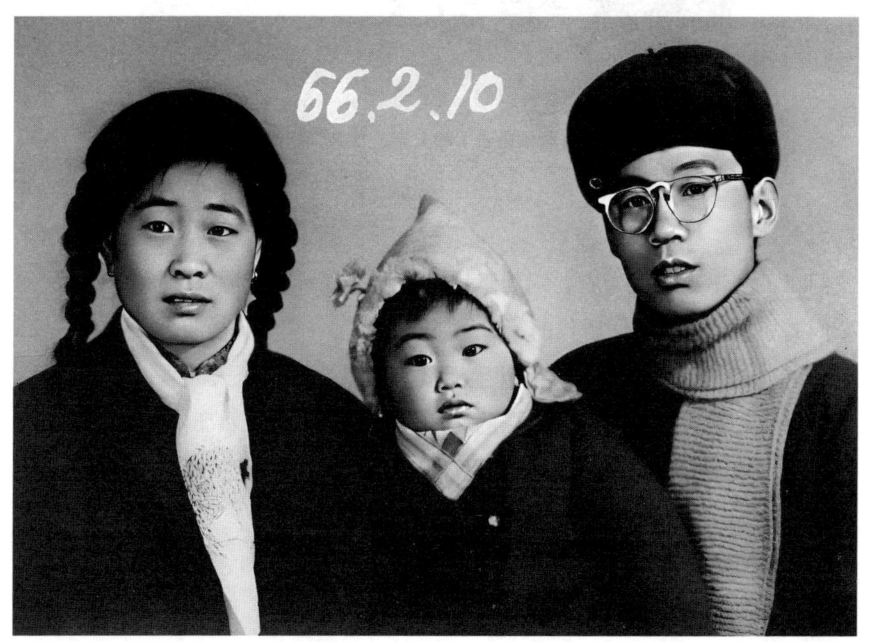

图 17　爸爸妈妈和姐姐。摄于 1962 年

图 18　我（后排右戴眼镜者）和父亲、母亲、姐姐、姐夫。摄于 20 世纪 80 年代

我们在黄河岸边世代为农，绵延坚韧、自强不息、忠厚传家。爷爷奶奶和父辈们的一生，告诉我们后代的，就是要吃苦耐劳，要真诚善良，要勤恳节约，要尊老爱幼，要本分做人。不管生活贫穷或富有，一个人的真诚是最贵的。不管容貌出众或平凡，一颗善良的心是最美的。父母长辈那份充满大爱的家风、家教和家道，已经深深融入了我们后代子孙的血脉之中。

（原载《老照片》第 147 辑，2023 年 2 月出版）

我的母亲李敬仪

吴小晴

我的母亲在1966年8月3日晚和我的父亲同时罹难，母亲当时是南京师范学院党委副书记。我怀念母亲，但对母亲的一生却不大了解。南通教育家曹文麟文集《觉未寮文汇》记有母亲的家庭身世，我还接触到了母亲的自传材料，因就了解的史事略述母亲生平。

一

母亲名李怡，字敬仪，生于1912年7月21日。母亲的生父名李桢，字筱湖，号苦李，世籍绍兴，客居江西。外公幼年丧父，苦读成才，精于金石书画，为吴昌硕弟子。1904年，外公应友人之邀，来南通主持翰墨林书局事，两年后与江宁张雪琴结婚，遂安家南通。母亲有姊李愉（巽仪），有弟其通、其达（李荆）及两妹。

书局薪资微薄，外公常要卖字画补贴家用。家庭开支拮据时，外婆会取出一点首饰要母亲拿去银楼变卖，母亲年幼，往往在银楼附近犹豫良久才鼓起勇气进去，有时她哭着对外婆说不想去，但还是不得不去。对此母亲记忆深刻，在《先母事略》一文中特别提及。

母亲十三岁入南通女师附小高级部读书。她知道上学机会难得，不仅家境贫寒，还因重男轻女习俗的影响。母亲说，自己能上学，是家里想要她带领弟弟读书。每晚外婆都要母亲带弟弟"温所习，偶怠，即峻责"。母亲说她"每次升学的允许都经人向我父亲劝说"，因此读书尤为刻苦。

图 1　外公李苦李

母亲小学毕业后，于 1927 年考入南通女子师范学校。张謇于 1905 年创办的南通女师，是中国近代最早的女子师范，在江北首开女子教育风气之先。母亲在女师学习非常努力，“总是想在家庭内做一个好女儿，在校内做一个好学生”。

1929 年，母亲家庭遭遇大变故。外公在上海治病时去世，家庭陷于生存困境，靠了朋友的帮助和书局发放的三年恤金，才暂时维持全家生活。母亲姐弟也互相勉励，帮助家庭。李巽仪是沈寿的学生，就到西亭小学教图画，她不幸染上了猩红热，回家后靠外婆照料而病愈，外婆却又病倒。母亲见外婆身体滚烫，就把外婆抱倚在自己怀里，用身体去分散外婆的体热，但外婆还是病逝了，此距外公去世才百日余。外婆的丧事办完，母亲也染上了猩红热，为了不再传染家人，就睡到了医院里，幸而挺过了这一关。此后，母亲家里只有姐弟几人维系支撑，生活费用要精打细算，在学习上则互相督促，更加用功。

1931 年母亲十九岁。这年九一八事变爆发，全国范围的抗日救亡运动波及南通，南通女师也汇入了救亡浪潮。母亲在女师是师二学生、年级级长，并照例担任女师学生自治会主席。女师学生冲破校方限制，上街游行，宣传抗日救亡，母亲还作为女师代表参加了南通学生反日会。面对深重的民族危机，母亲说她“这时才开始产生了爱国思想”。30 年代的国家民族危机激发了大批知识分子的爱国思想，由爱国而走向革命，成为他们人生的必由之路。

图 2　李苦李夫人张雪晴与子女合影。左起依次为淑仪、巽仪、其通、其达、张雪琴、敬仪

母亲读书期间深受曹文麟（勋阁）的教诲和影响。曹文麟 1906 年留学日本大学高等师范部，1908 年回南通省亲时被张謇挽留于家乡创办通海五属公立中学，他与外公李苦李为挚友，在诗词文章、金石书画上互为知音。曹文麟膝下无子，外公将小女儿过继给他，名曹中章。我的外公外婆离世时，母亲姐弟面对家庭变故束手无策，家中一切后事办理，甚至购置敛服等，全靠曹文麟四处奔波，家庭生计也靠他安排。曹文麟学识渊博，是南通师范名师，和顾怡生、顾贶予、徐益修并称“通州四才子”，母亲在女师读书时经常向他请教中国古典文学的问题，他也很喜欢我母亲，辅导她写作文章诗词，母亲感觉又获得了父爱。

1933 年初，曹文麟女儿中章因肺病去世。母亲对中章病逝深感悲伤，她多次看望曹文麟，期望减轻他的丧女之痛。曹文麟一向喜爱我母亲的孝悌、文雅和聪慧，郑重地托人要求母亲也给他做义女，母亲欣然答应，曹文麟十分高兴，他撰写《祭李苦李暨张夫人墓文》告知老友：“公子巽仪从孙君议属怡来侍，而怡亦极念君与我昆弟之好，且复敦古昔君子之谊，决然事我夫妇而一无所疑。我安肯负君夺君爱子，乃显旧氏命之曰李怡，而仍其字为敬仪。”

一天，曹文麟询问我母亲是否知道我外婆的家世，母亲说，家里藏有生母张雪琴的父亲张廷英（虎臣）的一些手抄文书。张廷英幼时遭逢战乱，家人遇难，于是投身淮军，征战有年，积功而为军官。曹文麟拿到这些资料，“披览有顷，亦为悚神，戚戚者久之”，感慨之余，动笔写了《清游击衔尽先补用都司兼袭云骑尉世职张公虎臣传》，详述了我母亲的外公的身世。

二

1933 年 7 月，母亲在南通女师以第二名的优秀成绩毕业。母亲感到不仅可以告慰早逝的父母，也没有辜负义父的期望，毕业后有了职业就能改善家庭经济境况，“对家庭的前途又有了希望”。曹文麟赋诗《怡儿毕校业诗以庆之》：“半分可让如求阙（儿成绩列第二），甲等非奇已胜常。一纸文书三载绩，赍函记取闰端阳。我借儿才门有耀，儿如我意益舒才……”他把自己的文稿

图 3　1948 年，父母亲和两个孩子

也托付给了我母亲，希望由她来完成女儿中章编辑父亲文集的遗愿。

母亲毕业后被南通教育局派做女子职业学校代理校长。女子职校为年长失学的女子补习文化和学习刺绣、缝纫技能，有学生七八十人，教师四人。母亲对这份工作充满了热情，当时，为了举办一个展示办学成绩的展览会，母亲唯恐筹备工作考虑不周，写信给义父求教，曹文麟以《怡儿书来谓方计虑所主职业校之展览会甚惧其过劳也》一诗作答："有智频当繁剧任，正须静气自安神。分工递进寻常事，百辈凭依总揽人。舟车千里失归期，熟晤云山又忆儿。母倘招儿相审顾，为防烦郁更防疲。"对她关怀备至。

那时，曹文麟几乎每天都来职校看望我母亲，和她谈论诗词文章；母亲也在不断接受新思想，她订阅了《生活周刊》，崇拜邹韬奋等人的思想言论，感到他们对腐败政治的批判，对国民党政府压制抗日救亡运动的抨击，切中时弊。

母亲毕业后的生活充满了温馨的亲情和乐趣，曹文麟诗文有不少记载。《怡儿游宁苏沪杭以诗为别》记叙母亲游历江南之事，描绘了绮丽的画面："大江本属幼时路，今日方亲江与湖。湖有文章山有画，为弘神智辟天郛……"

《游山杂诗》记叙母亲陪同义父登临狼山的情形："……登山有杖或言痛，儿数殷殷为我虞。自喜而今腰脚健，还当放鹤问西湖。（登山时，怡儿屡问能行否。自去年春与儿有游湖之约。）……儿随兄弟抠衣去，掠鬓风多塔数层。云脚四瞻天意绿，江流黄影不掀腾。（儿与巽仪、其达登塔。）……"

《元宵携怡儿狼山观烧》记1935年元宵节时，曹文麟偕我母亲及其同学等人至狼山观赏灯火民俗的事，生动描绘了元宵夜的景色，"……儿方邀诸姊，远视落日红。谓是画境界，水波趐碎红。……圆月在天半，色澹浮于空。万星竞摇动，似与波相泛。儿辈惊所见，诗画难形容……"

母亲有才女之称，又经曹文麟指点，诗词文章俱佳。她留下的诗词不多，有几首应是当年游历江南时的作品：

晓　起

西园古名胜，晓色扑双眉。
露重蝉鸣涩，云消月落迟。
荷香霏静气，燕影掠轻漪。
曲径幽如许，徘徊清我思。

忆江南（三首）

归梦断，凉月欲沉西。古柏窗前如鬼立，老枭屋角学儿啼。此景最凄迷。（初至无锡宿古文昌阁下，中夜梦醒，闻枭声有作）

风景地，难忘北山湾。雨外春江流一线，烟中远岫斗双鬟。渔唱画图间。（春雨如丝，旧游似梦，孤馆兀坐，不觉神往烟霭间也）

挥手去，客路短长亭。残月一钩星数点，马头宿酒未曾醒。回首旧山青。（别李雨萍）

我们存有30年代母亲画的荷花扇面，并题有小诗："平池碧玉秋波莹，

图 4　1949 年，父母亲和三个孩子

绿云拥护青摇柄；水宫仙子斗红妆，轻步凌波踏明镜。李怡。”

后来，母亲在 1962 年夏作《游善卷洞四绝句》：“群山拱护径幽深，砥柱当门笑迎人；白象青狮呼欲出，洞天寥廓四时春。悬峦滴乳讶神工，石磴盘旋峭壁通；怪道寒梅千古在，只缘根在雾云中。飞瀑双悬溅断崖，奔流壑底震风雷；还如月黑闻金鼓，万马腾骧列阵来。船行壑底声全寂，灯映巉崖影亦寒；历尽三湾方叹绝，豁然喜见碧天宽。”纯为写景，但“文革”时仍受到批判。

乙亥年（1935）十一月初七日为外婆五十冥诞并逝世六年，母亲和姨妈挈两个弟弟设置了祭筵，母亲写了《先母事略》，载于《通通日报》，文中写到姊妹兄弟俱已成立，“凡此皆母逝时未及豫知，偶一念及，亦为之惊且喜。然于母之生忌，宁能不念母若尚在顾儿辈之献寿欣喜为何如耶？怡不文，何能传吾母，然惧两弟他日或忘母德，谨就所知者述之，顾亦未由显母之生平于万一也”。曹文麟也特地写了长诗告慰其老友李苦李的夫人张雪琴。

三

1934年，经顾怡生介绍，母亲和父亲吴天石相识。父亲在南通师范读书时是顾怡生和曹文麟的弟子，后入无锡国学专修学校，1932年毕业回南通任崇英女中国文教员，旋即被国民党南通县党部以共产党嫌疑罪名逮捕入狱，获保释后由挚友李俊民介绍赴山东教书。父亲在山东常有书信向顾怡生、曹文麟问安、请教，或希望老师有诗文相赠，假期回南通，都要拜见老师。母亲为曹文麟义女，父亲对她十分仰慕。

母亲和父亲相识后，思想上的进步得到了更多帮助。父亲介绍了很多新书刊给母亲，有《译文》《时事类编》《妇女生活》等杂志，有《静静的顿河》《第四十一》《被开垦的处女地》等苏联文学作品。母亲对阅读苏联译著有了浓厚兴趣，她还阅读鲁迅的著作，对现实社会有了一定的认识，眼界也更为开阔，已"初步地注意了国家大事，展开了对革命美丽的幻想"。

母亲和父亲在1935年订婚，次年农历三月完婚，他们租赁掌印巷徐宅王氏屋安了家。这一年，父亲参与顾民元、江上青等编辑出版《写作与阅读》的筹划，以后也为杂志撰稿和做编委。母亲结识了父亲的许多朋友，同时阅读了更多的进步书刊。西安事变发生，母亲对蒋介石被扣感到高兴，但又觉得蒋如果被杀，国家又要陷于战乱。母亲的这一认识是当时许多知识青年不满于国民党政府对日妥协政策的思想反映。

1937年全面抗战爆发。母亲很兴奋，每天都去看发布的战事号外，关注战局的发展，参加抗日宣传活动。上海失守，南通城遭日机轰炸，人们纷纷下乡躲避，母亲这时已有了孩子，于是和家人一起避难于西亭。两个月后，日寇未攻南通，城区各校复课，母亲因代理校长责任所在，又回到南通城，那时职校学生已寥寥无几，母亲一人艰难维持着校务。1938年3月17日，日寇占领南通，国民党专署根本没有依照承诺通知各校，事先逃走了。母亲即避居于南通乡间的陈酒店镇超妙乡。

父亲在全面抗战爆发后和顾民元、马一行、李俊民、史白等志同道合的朋友一起，接受党的领导，开展抗日宣传，坚持做抗战教育。母亲的弟弟李

图 5　母亲的义父曹文麟先生（1879—1951）

荆也参加了江北特委开辟南通的工作。母亲在陈酒店镇的家成了党的秘密工作同志往来经过的歇足之处，母亲接触了江北特委许多同志，知道他们在从事抗战工作，热情照料他们的饮食起居，不怕麻烦。

母亲为了离奔波于抗战工作的父亲近些，居住在陈酒店镇有两年多，她应当地群众要求，负责教二十几个小学生，使他们不致因战事而辍学，而且也能有些收入维持生活。1938年夏，母亲有了第二个孩子，于是，除了教学，

图 6　母亲李敬仪。摄于 1955 年

缝衣、烧饭、带孩子等家务事都要自己做。母亲在乡间仍然阅读了父亲带来的很多新书刊，如《西行漫记》《中国的新生》《华北前线》等，对党有了新的认识。

1940 年 10 月，新四军抗日铁流东进，消息传到了闭塞的乡间，母亲感到很振奋，但是这段时间母亲与父亲的联系已隔断，直到有一天父亲回到陈酒店镇家中，母亲才知道了黄桥战役后苏北的抗战新局面，知道了父亲参加接收在北兴桥的旧南通县政府，并任南通县抗日民主政府秘书，以及又到马塘任如皋县（现如皋市）抗日民主政府秘书的情形。

这时，母亲身边只有一个不满周岁的孩子，两个大点的孩子已送回南通家里交由祖母带，就随父亲去了马塘。母亲在马塘的街上“看到枪上挂着红布的新四军”，看到如皋县抗日民主政府以及工作人员“面目一新的作风，和一贯所见的国民党不同”，感到耳目一新，非常兴奋，她说，“从此我才接触了革命”。

母亲的家安置在马塘乡间，这一带是游击根据地。1941 年 2 月，带在身边的孩子患惊风症夭折，母亲很悲哀，写了悼亡诗《儿殇之次日，即夤夜避乡》：“避兵夤夜又谋迁，遁迹扁舟亦自怜。转幸儿能安息早，流亡锋镝已经年。”母亲因少了孩子和家务事的牵累，于是经县长叶胥朝介绍，到县政府秘书室担任编审，整理资料，从这时开始，她正式参加了抗战与革命。母亲由于对父亲非常挚爱，深受其影响，因此母亲参加革命工作也是一直在追随着父亲所走的道路。

四

在如皋县政府，母亲“亲眼见到一些工作同志的艰苦廉洁的作风，再看到《论持久战》《新民主主义论》等书，对抗战的道理有了进一步的认识，对共产党的政策作风，也加深了钦佩”。当时，母亲参加了县政府举行的皖南事变遇难同志追悼会，她对国民党在寇深祸急的抗战艰难时刻背盟反共无比愤慨，对于新四军遭受重大损失深为痛惜，母亲的弟弟李荆皖南事变时在军部教导总队，母亲非常牵挂，幸而他历尽艰辛突围到了苏北（后在 1946 年 11 月鲁南泥沟战斗中牺牲）。

1941 年底，如皋县政府驻丰利，新四军一师师部也在这里，母亲“亲眼看到师首长们艰苦坚持的精神，很受感动”。因斗争环境紧张，根据地各级政府都在精简，如皋县政府奉命随师部行动，于是决定母亲等怀孕女同志和干部家属都各找关系作掩护“埋伏”。1942 年 2 月初，母亲回到南通城，在我祖母家附近的跃龙桥小学做了代课教师，但她只盼着生了孩子后赶快返回根据地。直到 1943 年 4 月，父亲在掘港苴镇托了人进城来接母亲，6 月，母亲带着三个孩子来到苴镇丁陈乡。

父亲这时任如皋中学校长兼文教科长，母亲被安排在如皋中学教初中国文。看到根据地抗战教育、减租减息、民兵建设热火朝天，母亲“精神上痛快极了”，但又“感到自己落伍太多”，“思想上有求进步的渴望”。教学之余，她贪婪地阅读各种书籍报刊，了解时事政治，特别是听了苏中四地委宣传部部长夏征农、苏中区党委组织部部长周季方作的报告，很受启发，“转变了过去为读书而读书的错误看法，认识了小资产阶级知识分子的弱点和出路”。

1944 年春，日伪对苏中进行“扩展清乡”，如皋中学北撤到了二分区东台鲁灶庙，在那里与东台中学、邱升中学、栟茶中学等合并组建了苏中二分区联合中学（“二联中”），顾贶予任校长。母亲在二联中是独立工作，此时父亲已随夏征农赴宝应创办新四军苏中公学，母亲把女儿送回了南通，交由祖母照料，只留两个男孩在身边，使自己能一心扑在教学上，她“在工作上自动地钻研”，感到“在联中各方面都很好，是锻炼独立工作的机会”。

图 7　母亲 20 世纪 60 年代初在南京师范学院校园

这时，父亲带信给母亲，要她也来苏中公学，不久又派了人来接，9 月，母亲带着两个孩子到了宝应固晋，投入苏中公学火热的大熔炉中。苏中公学是新四军一师的干部学校，大批干部集中在这里进行整风学习，母亲感到，到苏公去是把自己“推进到一个新的阶段”。母亲被分配在宣教科，她感到苏公处处充满着学习空气，于是向组织上提出了参加在职干部整风的要求。

经过整风学习，母亲被同志们诚意帮助、诚恳批评的态度所感动，去除了在苏公做客的心理和自甘菲薄的思想，认识到“要自觉地参加到革命里面去，不要只逗留在外面，革命事业就是自己的事业”。母亲认真撰写了自传，总结了整风的收获，提出了入党申请，于 1945 年 2 月加入了中国共产党。

抗战胜利后，为了教育和培训从南线投奔根据地和新四军的知识青年，1945 年 11 月，苏中公学分校在海安丁家所镇成立，父亲任校长兼党委书记，母亲也随之调到苏公分校，在此后的江海公学、华中公学、华中大学和苏南公学，母亲一直做图书资料、校刊和教务工作。1952 年江苏师范学院成立，父亲任院长，母亲也调任江苏师院宣教科长兼政治专修科副主任，从干部教育岗位转到了普通高等教育岗位。

1954 年初，父亲到省教育厅工作，母亲调到南京师范学院，先后任马列主义教研室主任和院长办公室主任，1956 年任院党委副书记，同时因“任中国革命史课教学好”“工作一贯积极负责”受到省委文教部表扬，后来母亲和父亲还以石友李为笔名编著了《中国现代革命运动故事》。1957 年，母亲“为有的干部、教师说过一些客观、公正的话，为此，在‘文革’中被加以包庇“右派”的罪名”。“由于她和当时马列室的负责同志的正确掌握，我校政治教师中没有划一个‘右派’”。10 月，母亲改任教务处长，1960 年后再度任院党委副书记。

“文革”初，母亲被打成“黑线”人物，但她极为看重人格和气节，决不违心自污，而以沉默抗争，因此在游街批斗中殒命。1978 年 5 月 30 日，在父母亲骨灰安放仪式上，老省长惠浴宇当场在悼词中加上了“悲惨遭遇，人间少有”八个字。

母亲是接受了传统文化教育，又汲取了新文化养分的知识女性，她在抗战时期参加革命，以后一直兢兢业业从事教育工作，去世时年仅五十四岁，一生短暂、平凡。母亲永远活在我心中！

（原载《老照片》第 140 辑，2021 年 12 月出版）

一名大尉军医1961年前后的日记

杨觅楠

杨觅楠（1919—2014），陕西长安人，1945年从兰州国立西北医学专科学校毕业，旋征调入伍，后就职于民国政府陆海空第四医院。1949年后，相继任职于西南军区总医院、空军西安医院。

——编者

1960年12月22日

……但由于自然灾害，带来了一点困难，首先是粮食。为了让灾区的同胞不至于饿死，国家号召我们节约粮食。虽然如此我们目前还是吃得不坏，每月有三十四斤。当然放开肚子吃是不对的，由于不再“暴食”，我一直没有再犯胃病。

六个月没有吃猪肉，也没有觉得什么，大家都知道为了换机器必须这样做，另一方面这样也是为了发展牲畜。无论怎样说，国家的钱绝没有进入私人腰包，我们付出的一点一滴都是为了国家未来的繁荣。将来会想到今天，那将很有意思。

古老的城市曾经有那么多大小饭馆和光顾的顾客，当然，进去的则大多是富人，我一年也难得进去一回。但我作为一般市民，也有自己可去的地方——早上买一个烧饼一根油条或者一碗镜糕，晚上的骡马市则有炒条粉米饭，辣子涮羊血，麻花油茶，油塔，烧鸡和猪头肉，冬天则有烤包子。总之花钱很少，回民做的各种糖果也使人流连。看过去，看现在，我想最多两三年一切都会恢复的。

图 1　母亲和四个孩子，摄于 1959 年春

不知何年何月，我养成了吸烟嗜好，前几月是每月两条，这个月只有五包，困难了，但也没有什么，只是不舒服一点，将来能满足的，不应该有什么怨言。

1961 年 1 月 5 日

元旦有两天假期，一号那天，因家中没有什么好吃的，于是大家分头跑着吃——小三去了搭灶的邱家，文璞去她们医院，我和老二去我们医院，老大去了他们学校。我去医院吃过饭后又赶去西关给司令员看病，午后大家都回家待了一会，又分头出去拿饭回来，因而晚餐是拼凑的。其中有侄儿康骥从交大带来的菜和馍，文璞从医院带来的菜。二号我起身后又去西关给司令

图 2　1960 年冬，全家在西安革命公园合影

员看病，回来已是中午十二点了，于是和孩子们一同搞面条吃，紧接着又想办法搞晚饭，两天假简直就是全在忙饭了。

自由市场开放了，场面使人惊心，那里没有固定的价格，买的人和卖的人自由讨价还价，把价钱记一下吧：肉 11 元一斤（官价 4 角 5 分）；瘦鸡每只 9 元（官价每只 7 角）；鸭儿每只 9 元；枣子每斤 3 元；花生每元三十粒；干柿子饼每个 2 角；萝卜每斤 3 角；大蒜每头 2 角；大葱每斤 6 角 5 分；土烟叶每斤 4 元 8 角；火柴每盒 5 角。这些东西一出来就有人抢着买，政府的办法是先放后收。

1961 年 1 月 8 日

昨天是星期六，晚上全家人很好地吃了一顿烤山鸡片，大家围着小炉子，吃了好半天，睡觉时到了两点。

天一亮文璞就带着小忻去上班，留下了我和忆儿一同搞吃的。为了节约时间，我们早上只吃了一顿煮洋芋，吃完后一同去街上走了一圈，顺便看看骡马市自由市场。那里更不像话了，一只鸡竟然讨价 12 元，烟叶子也要 5 元一斤，可是买的人还是那么多。听他们讲还有人卖馍，一个 5 元，拉到警察那里去，警察也不管。一个老太太把馍分成小块，2 角一块也有人抢着买，真是花样百出。除掉吃的还卖别的，六尺长的一块灯芯绒就开价 36 元。

今日的晚饭是面条加上菜，我们每人都吃了三碗。晚上回到医院，听到最近要开展两忆三查活动，是今年春季的工作重点，届时还要停止门诊。

1961 年 1 月 15 日

昨天是星期六，下午回到家中，和孩子们到骡马市看了看，市场上依然是五花八门，还是有人卖馍，而且生意很好。等到半夜文璞也没下班，今天早晨九点多才回来，说是夜里有了急诊。为了节约粮食，去自由市场用了 15 元买了 16 斤洋芋，于是早饭用洋芋代粮吃了一顿。当然红薯也能代替粮食，但更贵一些。下午我们又吃了一顿菜混面，只用了二斤面，因为时间太紧张，竟和老伴吵了架，想来还是我不对。小重是再有两周就要放寒假了，放假后只能他们哥俩共同搞饭吃。

晚上医院开了两忆三查动员大会，由王主任和政委作了报告，从 17 日正式开始。两忆是忆阶级苦民族苦，三查是查立场查工作查斗志。

我的粮食又吃超了，这两天只好每天吃八两，但比之荒年来那是好多了，应该认清目前的困难是能克服的，日子会越来越好。

1961 年 1 月 24 日

连日来闹胃部不适，也无心去看，因为看好了就得多吃，吃超了问题就会更复杂一些。

这个季节雨雪很少，有旱的迹象，今年可能又得大力抗旱，中央已经做了指示要抓好冬灌和蔬菜。如果春季缺雨，我们在两忆三查运动结束后可能也要参加抗旱。稳定了粮食问题，其他问题都好解决了。

1961 年 2 月 28 日

二月十五日是春节的正月初一，照例我们会有三天的假期，但谁也没能玩好，原因是不能在家一起吃饭，都要到各自的单位上去吃。春节的第二天，我和虎儿照例骑车子回了老家一趟。

家中也来了客人，因为粮食不足，有的客人不带粮食，招待起来也很为难，结果是我们自己吃的不够分了。

前天回家，知道了文璞要下放搞农村工作三个月，这样城里的家就只剩老大和老三，真是让人伤脑筋。

今天晚上回来，老大好不容易为老三找好了食堂，让我才放下心，谈起其中的困难，老大几乎要哭出来，家中没有老人，也没有中人，而虎儿还是一个孩子，就要提早负担起了家务事。我劝虎儿把两只鸡杀了，他不忍心还流了泪。真没有办法养鸡了，没东西给它吃，还盼着它下蛋。

周期性胃病又犯了，很不舒服。

1961 年 4 月 24 日

四月十一日，领导通知我开始下放劳动。回到家中准备下放所需带的东西，没有褥子，把小四的两个小褥子拼了起来，还好够长，又拿上小三的床单。咱家六口人分成了六个生活单位，细细想起来怪有意思的。我劳动下放到西安机场我院的农场，共有十几个人，每日翻地种菜，锻炼身体，还学了不少常识，只是一到晚上全身酸痛。

文璞还是在长安县各公社之间跑，调查子宫脱垂病，比之我要辛苦多了，两个星期都没有回家。星期日我休假，于是担当了家中的洗衣做饭这些家务。

现在除有高级点心和糖果可买之外，又有了高级饭。为了体验一下高级饭，上星期天让忆儿五点多钟就去排队，结果是人太多没有吃成。这个星期天四点半就去排队，算是吃上了。一份羊肉 2.96 元，富强粉的饼一两一个 0.06 元，烩菜一份 4 元。我和四个孩子几年来也从没有一次吃这么多肉食，竟然还剩了一些。大家非常满意，同时也省了做饭的时间（高级饭要凭每户每月一张的就餐券和粮票购买——编者注）。

孩子们的生活和教育确实是个问题，家中长时间没有大人，小三已经快成了阿三，但这又有什么办法。下半年小重又要上中学了，小四也要上小学了，想找个人来照顾他们也难以实现，而我们还要处处提防前院住的那个坏蛋。

1961 年 5 月 15 日

我们这个家很有意思，平时个人干个人的，生活环境全不一样，只有在星期六晚上到星期天的半天，才会聚在一起热闹或者吵闹。

我是星期六上午骑车回去的，家中当然冷冷清清，上午买了六两高级点心，吃掉一半算是早饭，下午熬了一顿稀饭，托前院的朋友给买了一份拼盘（7 元）。下午六时半小三去车站接回了他妈妈，虎儿去幼儿园接回了女子，等我们准备吃晚饭时小重也回来了。全家到齐，这是很难得的一次，我给大家炒了几两花生以示庆祝。文璞带回来一堆菜，这是留给星期天吃的，饭后孩子们一同择菜，为第二天做准备，文璞则开始大搞卫生，给四个孩子洗澡，直忙到夜里十一点。

由于营养缺乏，孩子们一个个都很瘦，于是和文璞商量星期天吃些“高级菜”。“高级菜”是较贵的，自然要征得文璞的同意。第二天早上，我们派出老大和老二前去排队，他们去晚了一点（早上五时），因此排到上午九时才将“高级菜”买回来，用了整整四个钟头。事实上这样的“高级菜”也被大众化了，买回来的是两份泡馍一份烩菜，于是我们的早饭就是豆片面加煮馍。大儿子吃了四大碗还想吃，小三子也是两大碗。早饭后，文璞为了给孩子们补鞋和给女子买布，还有他们医院的一些事，出门去了。晚饭是我带孩子们做出来的，索性让孩子再去外面买了一份菜（扣肉），加上面片和馍块，又煮出一大锅，这一下就都吃不动了。虽然是难得的一次盛宴，在饭桌上大家还是很客气的，你给我夹一筷子，我给你夹一筷子，表现了高尚的家族风度。但是，今天这一顿饭买菜就几乎花了 30 元，有什么办法呢。

我们每个星期天的晚饭都吃得很紧张，要在下午五时前结束，然后家庭“解散”。老大送老四去幼儿园；文璞赶去汽车站，去继续她的乡间工作；最后是我给虎儿叮嘱几句，让他少和小三吵闹，免得让她妈妈操心。一刹那间，这个家就像神仙钻洞，无声无息了。

1961 年 5 月 28 日

昨天回到家中，这是在夏收之前。文璞继续待在农村参加夏收医疗队，大儿子也在整理行李去三兆参加收麦，家中将只留下小三一人，这也没有什么，他一人在家锻炼一下也好。

香烟缺乏已成了我目前的一大威胁，找人想办法搞到的香烟十分有限。在我来说，哪怕少吃点，只要有烟可供就满意了。

1961 年 6 月 4 日

今天星期二，医院里放电影，我放弃了看电影得以回家看看。是不是家家都是孩子和大人在一起就好一些，孩子和孩子在一起就要吵架。在我们家中我一再把老大当大人看，他却总要和小三吵架，而且各不相让，我该说哪个的不是呢？总而言之，家中长时间没有大人是不好的，文璞一下乡就几个月，我住军营少有假期，孩子们太缺乏照顾了。

在家中给他们打扫了卫生，又给他们铺了凉席，这才骑车子回到医院，每每抽空回家看看也都是如此。

西安最近几日特别热，今天和昨天都达到 40（摄氏）度，午睡和夜寝都很难熬，谁叫我是怕热之人。

1961 年 6 月 22 日

前些天听医院里的人讲，因为库里存烟过多，本月份每人将供应十盒香烟，要连续供应三个月，于是缺烟抽的威胁暂时得到缓解。又有一说，以大尉的级别，到八月底，可以给到 35 盒。

1961 年 9 月 17 日

现在劳逸结合做得好，晚上一般不占时间，每星期三四是文化学习，大学学历以上自己安排，于是我得以回到家中做每周的家务事。

自由市场开放到现在繁荣了起来，以下是今天看到的：

图3 1961年初冬，全家在西安

卖肉的摊位在街上多了，猪肉六元一斤，羊肉四元多，腊汁肉六角一小两，腊羊肉一元三一小两，烧饼五角一个（二两大），有了肉夹馍，寄卖所新的永久自行车标价六百元（公价一百六），雁塔烟一元八角，打火石一元七颗，一块日光皂要一元五角，洋芋六角一斤，红薯七角，柿子一角一个，枣子七角一斤，板栗一元三两，大个的苹果一元二一斤，老骡马市的小吃慢慢地有了，虽然如此，也不能说明国家已经脱离困难。

今天家里也热闹了一下，吃了肉，并烙了饼，做到了畅怀饮食。

文璞的身体还不见好，肝脏病并无好转，但工作还在坚持着，只有劝她别只操心给孩子留，自己也好好吃些，再无别法。

图 4　1961 年 11 月，杨觅楠夫妇在北京

1961 年 12 月 13 日

今天城里落下今年的第一场雪花，如果早两年也是这样的风调雨顺那该多好。早晨做了第一次中医的"金针拨内障"，他们都不敢做，我就大胆地做了。（患者）是一个七十六岁的老人，效果很好，算是取得了经验，今后也可以多做一些。下午有三十多位空勤体检，累了些，导致夜里头痛睡不着觉，干脆起来写写最近的生活：

从十一月开始，经过了再三的凑合，算是实现了和文璞一道去北京的愿望。给亲友们带些什么呢？刚刚在前几天，自由市场被整顿了，准备在市场买些羊油的想法也就完蛋了，结果只好买了几斤板栗，给北沙的是一篮火晶柿子。

七号晚我们来到北沙和晓阳的宿舍，以老朋友的资格不必拘束，被安排在他们的卧室，而他们却挤到另一间小房子中。在那儿待了两昼三夜，他们给我们借了一辆小卧车，安排我们去了长城和十三陵，参观了地下宫殿和人民大会堂。回到城里，又拜访了文博文斗文玲等亲戚，还给岳母上了坟。虽然有小卧车拉着在城里城外穿梭，但还是一次辛苦的休假。

十七号回到西安，孩子们真是高兴，吵吵闹闹一整天，因为从北京带回来有吃也有玩的。我还有两天假，就在家中劳动，搞搞卫生。

孩子们在长大，但他们的粮食定量并未增加。我的粮食定量稍有增加，但入了冬肚子大了，也难以给孩子们节省下来。空二十五师送了医院一批食用油，分给我了两斤，拿回家去，大家都欢喜异常，因为多少个月来家中每人每月只有二两油，看到整斤的油还是几年来的第一次。另外领导上还分给我一百斤菜，也解决了不少问题，老家永文也送来六七十斤萝卜。

市面上的紧张并未解除，伤脑筋的香烟问题也难以解决，这个月看来是没有供应了，只好找一些旧日存下的劣品应付，但愿明年能好一些。

1961 年 12 月 18 日　星期三

每逢星期二医院里照例放电影，我总是牺牲电影而回家看看孩子们。这与部队里只能星期六回家的规定不符，但确实困难，家中没有大人，孩子们虽说已经习惯了这样的生活，但他们毕竟是孩子呀。

前几天算是买到了五包香烟，这能顶多久呢？我目前唯一的希望是能自由地买到香烟，哪怕是极普通的香烟也好。什么时候困难能过去呢？现在天气冷了，饭量也讨厌地大起来。

1962 年 1 月 23 日

好久没写了，原因是时间不够，刚宣布了劳逸结合，夜间不再开会，但本周的科技会又是夜夜不停。

小三放假了，为了不让他在家中打架，叫到这里来住，但我却没有时间照顾他。三年以来的国家困难还在继续中，因春节将临，可能给几包香烟，但确实太少了，看样子势必要吸烟斗了，不然可就一点办法也没有了。想戒烟吧又不太易，记得念大学时困难过一次，那是没有钱，今日则是买不到。

图 5　1962 年，杨觅楠的两个儿子在五柳巷小学工地上

最近全国都在听报告和学习，主要是反对走后门和贪污。报告说吃饭走后门，看戏走后门，给戏院卖票的人送几个萝卜就能坐第一排，首长反而要坐在他的后头。

去年这个时候有了自由市场，自由规格和现在差不多，目前虽然管制了一些，但市面上还是很乱，有些东西的价格与公家的相差不大——枣子公私都是三元一斤，可以代替粮食的栗子要五元，卖五香花生米的满街都有，五角一小两，麦麸一元五一斤，公家的肉卖六元一斤，私人卖肉的也是这个价。

在我来讲，缺烟是个大威胁，去年供应量大时向不抽烟的朋友们要来一些烟票，给自己存了一些，现在就一点办法也没有了。搞来烟叶子抽味道不对，但只能用此代替，真没想到学会了抽烟现在竟成了罪过。

现在国家的困难更大了，帝国主义十分猖狂，而修正主义又和我们捣乱，一切都必须自力更生，孩子们的需要又不断在增加。

抓了一批小偷，但小偷扒手还是非常多，人人恐惧，还好我尚未碰到过。粮食有定量，但家中却常有客人，而且来了后也都要吃一些，没奈何，本来稠一些的饭改成了稀一些的饭。

香烟紧张话烟史——在我能记得事的时候，祖父和父亲也都吸烟，那只是卷烟，我也从没有看到他们吸纸烟。自从我被人们领到戏院看戏时才见到有人吸纸烟。我还能记得那时最出名的香烟牌子叫“大富贵”，我对这种烟的兴趣仅仅局限于烟盒上的一张图片。巷子口的小贩摊和小铺里都有烟卖，我念书的那个私塾里大一些的学生也吸烟，在我家中也有一具水烟壶，用以招待客人，而且这东西家家都有。在我上小学的时候，最出名的香烟是红锡包牌、老刀牌和前门牌，满街上都有它们的招牌。念初中时，由于一种烟盒的图案引起了我的兴趣，于是买了一盒，就此学了起来。到了高中，纸烟已经常跟着我了，但说不上真正地吸。到了念大学的时候，一面读书一面吸烟已成了我的习惯，那时沦陷区的烟来之不易，吸的全是河南出产的香烟。这种香烟质量不坏，到处都能买到，我曾经向人借钱而吸。抗日胜利后到解放前，上海的香烟固然多了，但美国香烟却充斥市场，英国香烟也不甘落后，全在这一片市场上你争我夺。解放后我国自己制造的香烟质量在逐步提高，生活质量也在提高，我吸烟的数量也增多了，社会上香烟品牌数量之多史无前例。1958 年的夏天我最后一次在这里的合作社买了几包中华牌和牡丹牌香烟，到了 1959 年就只有次一级的了。1960 年比较困难，但托人还能买到些比较好的香烟。1961 年初，还能搞到一些飞马牌和红金牌香烟，再后来就到了只有三等烟的新时代，吸六分钱一包的烟成了常事。到了 1961 年底就彻底困难了，连首长们也感到困难，咱们就更不待说了。相信今后日子好了后烟会有的，哪怕恢复不到满街都是随便选购，能够满足次等一些的香烟就成了，因为我这个以烟伴读的习惯克服起来确实有困难啊。

（原载《老照片》第 114 辑，2017 年 8 月出版）

剪辫之忆

杨艳玖

1966年8月30日，那一年，我十九岁。留了六年的视若宝贝的长辫子将不得不剪去，我带着无奈与悲伤走进了理发馆，这张珍贵的纪念齐腰长发的老照片也由此诞生。

1963年，因父亲接受劳动改造，母亲带着我们姐弟五个从辽宁去了黑龙江。我当时十六岁，作为家里的老大，无可选择地挑起了养家糊口的重担。父亲在密山县（现密山市）兴凯湖农场机械厂给我找了份工作，在厂里拿最低工资，每天一元钱。父亲是厂里的会计，所以我只负责工作，不负责领薪水，当然父亲会给我一点买生活必需品的零花钱。

日子很艰难，生活要继续，无论如何都不能改变一个事实——那段岁月里怒放着我最美好的青春。我是一个乐观的人，爱唱歌爱打扮，尤其爱照相。生活拮据，爱美的天性不灭，怎么办呢？我不得不佩服父亲的心灵手巧，他买来花布，自己动手剪裁，然后教我缝纫，于是就有了照片里的这件花上衣，在当时还是很时髦的，同事们很是羡慕。当然，在我和父亲的合作下，弟弟妹妹们也都能穿上件像样的衣服了。即便如此，买花布的钱也是极有限的，事实上我只有两件衣服可换，两条裤子可穿，鞋子不穿坏永远是同一双。我非常珍惜，衣服总是洗得透透亮亮，叠得整整齐齐的，穿的时候也无比精心。

物质上的极度匮乏，也未能熄灭心中燃着的青春火焰，那时最让我骄傲的就是我的长辫子。我的头发很浓密，又黑又亮，没有一点分叉，前额是天然卷发，两条乌黑的大辫子在腰间摆来摆去，成了我身上的一道风景。我有时用一条手帕把两条辫子扎起来，有时把两条辫子叠起来，我总可以让我的

图 1　剪辫之前拍照留念

辫子花样翻新。那个年代梳长辫子的人很多，我成了其中的佼佼者，吸引了很多艳羡的目光。我对这一头长发备加呵护，那时没有洗发露，只好充分利用现有的东西：淘米水、肥皂、大碱等——这也是在艰难日子里人们的发明创造。尽管由于头发过长也给生活带来不便，但是我依然乐此不疲。

兴尽悲来。1966年，“破四旧”运动开始了。当不许留长发的噩耗传来，我当时的心情难以形容，可以说如坠深渊。因自己有着执拗的性格，硬着头皮，拖延不剪，很多人和我一样不情愿，厂里还有一些不想剪辫子的人拿我做挡箭牌：“小杨剪我就剪。”但形势所迫，厂里的女同事陆陆续续都剪了，我的压力越来越大。到最后我成了厂里唯一还梳辫子的人，什么事我都能妥协，唯独这件事我表现得很倔强。后来领导找到我并且给了半天假让我去解决头发问题，我知道我和我的辫子到了必须说再见的时候了。

我还清晰地记得那天。我很难过地握着两个辫梢迈着沉重的脚步走出了工厂大门，先去照相馆拍照留念，最后去理发馆剪掉了将近三尺的长辫子。回到家，我痛痛快快地大哭了一场。当然此事一时间也成了身边人茶余饭后的谈资。没有了就找不到了，失去了就回不来了，那两条长辫子不只是我青春岁月里追求美渴望美的资本和象征，也是那个精神生活同样匮乏的年代里的一种精神寄托。

别人剪下的辫子都卖了，只有我留着，小心翼翼地放在一个布包里，时不时地拿出来看一看。直到1968年，举家搬迁，离开密山，我不得不把辫子拿到采购站卖掉了，得了五元七角钱，买了件塑料雨衣，这件雨衣一直用到1991年。至此，这条辫子彻底地在我生命中消失了，我和辫子的故事也画上了句号，以后我再也没留过这么长的辫子。这件事既是我青春记忆里的点缀，也是伤痛。

今年我已是古稀之年，生命里总有些事情值得回忆，值得品味，尤其是在老年，会常常沉湎于往事。往事如昨，历历在目，或苦或甜，或悲或喜，都已成为我生命的一部分。

每个人的生命轨迹或多或少都会留下历史碾过的痕迹，每张老照片的背后都有说不尽的故事，这张老照片只是我青春岁月的一个插曲，时常悠扬而感伤地回荡在耳畔。

（原载《老照片》第122辑，2018年12月出版）

支边格尔木

谭　泽

1965年是“四清”运动刚刚结束，“文革”即将开始的一个特殊时期。这年8月，我中考落榜了。开始很难过，后来得知班上凡是出身不好的同学基本落榜了，而一些出身好的、平时经常考试不及格的同学竟然都被录取了。这才知道落榜和成绩无关，和政治有关。

落榜之后只有两条路摆在面前：一是等待招工就业，可能遥遥无期；二是下乡，那是不到万不得已不能走的路。就在这时，青海建设兵团来招兵了，这无疑是摆在大家面前的一条新路。特别是配合招兵放映的新疆生产建设兵团的纪录片《军垦战歌》，看得大家心潮澎湃。青藏高原、柴达木盆地、建设兵团、屯垦戍边这些充满诱惑的字眼，将好多年轻人的心撩拨得再也按捺不住。

那个年代十六七岁的年轻人，几乎从来没有离开过所居住的城市，绝大部分人都没有坐过火车。对外面的世界，大家既懵懂又向往。而对荒凉、艰苦这些词汇的认识仅仅是停留在字面上，没有真正地理解，更不知个中的滋味，只知道艰苦和光荣是连在一起的。

于是我毅然报名参加兵团。结果查体因为心律不齐，被刷了下来。事情往往就是这样，越是得不到的越千方百计地想得到。第二年春天，我又去报了名。这次负责查体的医生恰好是我家的邻居，他下班后去家里征求了我父母的意见，第二天在我的体检表上填写了“合格”二字。

下发军装之后，我到青岛中山路上的天真照相馆拍照留念（图1）。记得当时一英寸的照片是五角六分钱。照相师傅给我拍完之后，提出让我捧着

图 1　我的军装照

一本《毛泽东选集》，说是要拍一张样片。我没有听懂样片是什么意思，只是听明白我不需要再交钱。师傅拍的时候很上心，发现我的脖子太细，军装的领子挂上风纪扣后还有不小的空间，便拿来一个卡子从脑后把军装领子揪起来卡住，拍了好几张才算完。之后我取回了那张一英寸的照片和底片。到了青海之后，家里来信说，天真照相馆临街的橱窗里摆着一张好大的我手捧《毛泽东选集》的照片（图 2）。我走的时候是 1966 年的第三批，后面还有第四批，照相馆这是为了配合宣传。那个年代没有什么肖像权之类的概念，所以也无须征得当事人同意，但家里还觉得挺光荣的。一年后，家人去照相馆花了两块钱，把那张大照片买回来了。

4 月 15 日，八〇〇兵团战友满怀豪情地乘坐专列从青岛出发。一路上要给正常运行的列车让路，走走停停，三天后抵达西宁。两天休整期间，大家突然感觉上楼时有些气喘吁吁，连领导说这是高原反应。原来西宁海拔两千三百米，缺氧。之后我们换乘大客车，走了四天，抵达柴达木盆地的腹地格尔木。大客车还没有停下，透过车窗看见一个高耸入云的黄色风柱呼啸着迎面扑来，擦着车身过去，再一看车里每个人的头上身上全是一层黄尘。车外的路上有马车，上面坐着早我们半年来的军垦战士，军装已经褪色，脸晒得黝黑。我们面临的并不是纪录片中的欢歌笑语，艰苦的考验开始了。

一个月后，天热了。没有想到我们家乡只有夏季晚上才有的蚊子，这里大白天就铺天盖地地袭来。大家下地劳动要像养蜂人一样头戴防蚊帽，袖口裤腿都要扎紧，晚上睡觉要用床单把头蒙上。不少战友白天在地里做过测试，一巴掌拍在衣服上就能打死三四十只蚊子。加上强体力的劳动，出发时的热情才几个月就彻底被浇灭了。但是我们往家里写信，都是只报喜不报忧。半年后家里来信说希望拍张照片寄回去，看看我现在变成了什么样子。

格尔木只在城区有一家照相馆。我们连队离格尔木城区大约八十里，没有公共交通，要搭便车。我连住地偏僻，极少有车路过。我打听有拖拉机要去团部拉化肥，便请了假，坐在拖拉机拖斗里到了团部，这里离格尔木还有五十里，就站在路边等待顺路车。到格尔木已经是傍晚了。

图 2　手捧《毛泽东选集》的样片

第二天上午去照相馆照相。格尔木没有电，各个单位到了晚上都有自己的发电机，满大街都是扑通扑通的柴油发电机的声音。照相馆在城中心的大街旁，是一间平房，南面是一个大窗子，屋顶上也有一块玻璃，照相全靠自然光。玻璃上面都贴了白纸，为的是让太阳的光线柔和一些。上午去照了相，下午去取照片。第三天再搭车回连队。

本来把照片寄回家是为了让父母放心，没想到他们看了照片（图 3）反而增添了心事：这才几个月，那个十六岁的稚嫩少年，竟是满脸的惆怅。我今天特别喜欢这张照片，它拍出了当时处境下的神情，满是无奈和伤感。

我出发去青海的时候，父亲因病正住医院。我是穿着新军装去医院和他告别的。其实我知道父亲是不希望我去青海的，那么远，那么荒凉，在历史上那是流放地，新中国成立后是安置重刑犯人的地方。特别我们是按照一半男生一半女生的比例搭配的，明摆着就是移民嘛。但是父亲当时对十六岁的孩子并没有明说，只是说不去不行吗？事后我想，面对政府轰轰烈烈的动员，他不能散布反面的言论；再说看到我连续两年报名，他不想打击我的热情。

图 3　在格尔木拍的肖像照

和家人临别前的合影，唯独缺了父亲（图 4）。后来回家探亲，和父亲在院里拍了这张照片，这是我和父亲仅有的一张合影（图 5）。

由于我们驻地海拔两千八百米，气候、伙食都不习惯，加上强体力劳动，我变得又黑又瘦。回来探亲住了两个多月（每两年有五十六天探亲假，大家都多多少少超假），家里把积攒下的各种副食品票都拿出来买给我吃，临走时我变得又白又胖。只有四十多岁的父亲却显得很苍老，一是生活拮据，虽然父母都工作，但是要赡养奶奶和抚养我们五个兄妹，日子过得很紧巴；二是父亲出身不好，还有很复杂的海外关系，那会儿政治运动不断，父亲始终处于极端恐惧之中；三是他患有严重的高血压，营养跟不上，人很消瘦。

从青海格尔木往家里写信最快一周才能到，家里回信又是一周。父亲回信总是很及时，几乎没有让我失望过，让周围不少战友羡慕。父亲每次都是写三四张信纸，详细介绍家里的大事小情，甚至哪个亲戚来过，副食品供应又增加什么了，都说得详详细细，他是为了让我感觉仍然还和在家一样。

第一次回来探亲已经临近春节。我从西宁买好火车票给家里打电报通知了车次。没想到火车晚点四个多小时，抵达青岛时已是夜里十二点多了。站台上冷冷清清的几乎没有人接站。我们同行的几个战友家离火车站比较远，这时公交车已经停了，他们正在议论是否要在候车室待到天亮。突然我看到了裹着棉大衣的父亲的身影，我提起车窗大声叫喊。我们一行八个人，只有我父亲来接了！路上父亲说按照正点时间骑自行车来过一次，说是晚点了。这是今晚第二趟跑火车站，在候车室等了近两个小时了。

我 1969 年底回青岛探亲时，父亲身体不好，血压很高。过完年准备返

图 4　临行时的家人合影，唯独缺少了父亲

图 5　我和父亲唯一的合影

回时正忙着收拾行李，父亲坐在床边看着我装包，突然他把手表撸下来递到我手里让我戴上，说：你回去后我若是犯了病你能回来吗？我觉得这样的话不吉利，便说：别乱说，我回不来。

万万没有想到，父亲的话竟一语成谶。

我回兵团两个多月后的 4 月 17 日（这是我们当年从青岛出发纪念日的第三天）傍晚，去团部取信的通讯员带回一封哥哥发来的电报：父病危速归！我一看电报的发出日是 4 月 10 日，已经一周了！立即找连长请假，说电报是一周前发出的，我想去格尔木打个电报问问现在怎么样了。

那时正是"文革"闹得厉害的时候，战友中经常收到这样的电报，大都是家里不放心催孩子回去而编造的。甚至有一个电报竟然直接说"父病故速回"，事后得知是假的。连长可能被"狼来了"骗得多了，当即表示不准假。我央求他，我们家不会造假的，我只是去格尔木打个电报。连长说明天你们班要去拉野麻（水渠打卡子用），回来再说。

没有办法，我第二天跟班里人一起去拉野麻。我心里惦记父亲的病情，根本没有心情干活。班里的战友就说你快别干了，坐一边休息吧。拉野麻的地方很远，一直到晚上才回来。我一下拖拉机就去找连长，连长说现在正在搞运动，一律不准请假。我二话没说，扭头就走了。

格尔木 4 月份还很冷，都穿着棉衣棉裤。第二天一早还没有到开饭的时间，我去伙房要了个馒头吃了，又在口袋里装了两个馒头，换上胶鞋，步行出发了。原以为路上总会搭上便车，没想到竟然这么不顺，一辆车也没有搭上。路上饿了，就啃一个馒头，趴在水渠里喝两口昆仑山流下来的雪水。特别是最后那段路，天黑了，看不清路，只见前面亮晶晶的一片，那是渠道跑水了，面积太大，没法绕行，只好涉水而行。心里着急，天黑又害怕，硬着头皮深一脚浅一脚地朝着远处格尔木微弱的灯光走去。

八十里路整整走了十三个小时。我摸黑找到位于格尔木小岛的工程团二连我姑家表哥的宿舍，他陪我又走了三四里路，去了格尔木邮电局。邮电局下班后没有值班的，我们转到后面的家属院好一顿乱敲门，终于有一个声音传出来：什么事？我说有急事要打电报。对方说：下班了，再说都停电了，明天再说吧。我这时才想起来，格尔木晚上十点以后就没有电了，怎么可能发电报？

第二天，邮局还没有上班我就到了。开门后我把拟好的电报稿递过去，一百多字，大意是父亲病情怎么样了，回去绝对请不下假来，如果需要我回去那就不请假跑回去，后果无非是受个处分。明天动身的话，最快六七天到家。最后让家人把电报回到格尔木邮电局，我在这里等。

几个小时后电报回来了：父已于17日病故，后事处理完毕，不必回来了。看到电报我一下子怔住了，两三天来一直担心害怕的事情终于发生了！我禁不住泪如雨下，父亲这就走了？父亲病故的那天正是我收到电报的日子。其实那天哥哥又给我发了电报，只是我还没有收到。

我不知道是怎么走回工二连表哥宿舍的。午饭、晚饭都吃不下，整夜里一直睁着眼，父亲生前的一幕幕在眼前过电影，是那样亲切。我一直不相信父亲已经离我们而去了。

第二天中午我才回到连队。先去结了婚的好朋友王培法大哥家，他爱人姜远洁给我下了一碗面条，又找出块黑布做了一个袖章给我戴上，然后我去找连长。连长一看，可能心生愧疚，连忙说快回去好好休息吧。没有想到的是，晚饭后全连点名，指导员宣布因为我不请假外出，给予队前警告处分。散会后我找到指导员质问他：什么叫队前警告处分？指导员说就是队前批评，不进档案的。我什么话没说就走了。

就在写到这里的时候，我内心还在颤抖，禁不住悲伤和气愤！

父亲去世后，家里的收入减少了一半多，生活一下子陷入困境。我当时每月有十块零五毛的津贴费，从第二个月开始我每月往家寄十块钱，去除一毛钱的邮费，还剩四毛，只够买五张邮票。我几个要好的战友，这个送我一块肥皂，那个送我一管牙膏，还有的送我一沓信纸。这种情况持续了一年。直至妹妹就业，我才不再一月一寄了。

父亲去世的时候只有四十五岁。后来得知父亲死于医疗事故。那时正是“文革”时期，父亲出身又不好，家里没有过分追究，最后不了了之。

图6是我在兵团十五年最具纪念意义的一张照片，是1969年的秋天拍的。

当年兵团的干部有几个来源：一是从各单位选派来的；二是原格尔木劳改农场（兵团的前身）留下的管教干部；三是复员军人提拔的。他们有一个

图6　我（左二）在兵团十五年最有意义的一幅合影。摄于1969年秋

共同点就是文化水平很低。比如一位团领导就在大会上批评一个老大学生，“天天在家看《资本论》，研究如何搞资本主义”。我们连的指导员在主持召开秋收誓师大会时，念成了警师大会。类似笑话不一而足。

那时连队较乱。连干部不怕偷鸡摸狗旷工打架的，就怕有文化有影响的所谓“幕后人物”。于是就想借机整整这样的人，照片上的几个人就首当其冲了。我们几个都是青岛市南区江苏路管区的，家里住得很近，还都是小学或中学的同学，出身都不好，有的出身是资本家，有的亲人在台湾，还都平时愿意看看书，发表点议论。连干部都是陕西、甘肃、河南农村的，当兵后又都在青海西藏的大山里没见过什么世面，他们听说“资本家”“去台湾”，就觉得大逆不道。于是我们这一帮就被批为“一小撮”，我（左二）和右三还被打成现行反革命，那天是 1969 年 1 月 9 日。

我的罪名是为刘少奇鸣冤叫屈。我一再解释说，那是八届十二中全会作出开除刘少奇党籍的决定之前，当时我说党的政策一贯是批判从严处理从宽，说不定最后能给刘少奇保留个中央委员，但是没人听你的解释。我被关押之后，和一个打架生事的关在一起。有一天他为了立功，揭发我夜里起来面对领袖像撒尿。当时是冬季，夜里气温零下一二十摄氏度，厕所离得非常远，全连都是尿在旧脸盆里。我夜里起来，没有电，黑灯瞎火的，至于是不是面朝墙上张贴的领袖像，哪里说得清。再说就算是面朝领袖像又算是什么罪名？但是连里却觉得又抓住一条“现行反革命”罪状。此时我知道，这是欲加之罪在劫难逃了。

右三那位，平时自学逻辑，喜欢和人辩论。一次又在高谈阔论：世界上一切事物都是一分为二的。有人给他挖了个坑：“那么 ××× 思想呢？”“当然也是一分为二的。”在普通人眼里，一分为二就是有好有坏。于是这句话成了铁板钉钉的罪行。

我们两人挨了多少次批斗，已经记不清了。开始我还好好记着，到二十次以后就懒得再记了。我那几位朋友也受到牵连，只准老老实实，不准乱说乱动。

到了秋季，又揪出一批，有了新的斗争对象，对我们的管制放松了。

师里照相馆的人到连队巡回照相。我们这“一小撮”就想拍张照留作纪念。大家决定离连队远一些，不要让人觉得是要示威。我们结伴叫上拍照师傅往营房南边地里走时，还是被人发现了，于是有人传开：这“一小撮”贼心不死，又凑到一起了。

照片拍得很悲壮，满脸都是不服气，像要英勇就义。

粉碎“四人帮”后，我先是被选派到青海日报社学习，回来后调到团政工科当宣传干事，直到回城。那一位“难友”恢复高考后考取青海师专，然后考取北京师范大学哲学系逻辑专业研究生，毕业后分配到中国海洋大学任教。

这都是后话了。

（原载《老照片》第 133 辑，2020 年 10 月出版）

记忆中的广西路3号

张晓明

1960年，我刚满六周岁。

这年10月，父亲张敬焘由上海市委副秘书长调任青岛市委第一书记（后兼市长），主要任务是纠正前任市委第一书记制造的多起冤假错案，同时肩负着带领百万青岛市民尽快扭转工农业生产颓势的使命。

初冬，妈妈带着我们姊妹兄弟四人从上海来到了青岛。

记得到青岛时已近黄昏，市委张心语副秘书长去火车站接的我们一家。新家的地址是广西路3号。

广西路3号坐落于江苏路与广西路交会处的西北角。因日照路从东南方向斜插至西北端，广西路3号被切成了一个三角地带，楼宇建造在西侧，东边是一个三角形的花园。花园里绿草茵茵，周边种满了粗壮的国槐树。院墙是美式风格的矮墙，不过一米三四高，石柱之间用的是绿色方格木做成的围挡，从外向里看，一览无遗。

从广西路南侧看这幢西式别墅，虽然外表并不怎么华丽，也没有过多的艺术造型，但掩映在绿树中间的柠黄色外墙戴着红瓦的帽子也煞是好看。楼体墙面以水泥涂敷，显得沉稳而厚重。

据小学同学的女儿（她供职青岛市城市规划院，曾参与过保护青岛著名历史建筑的工作）介绍，这幢别墅建造于20世纪30年代，占地一亩多，是青岛圣弥厄教堂德籍主教维昌禄的公馆。维昌禄是筹资建造青岛浙江路天主教堂的功臣，他的墓穴就在教堂的西花园里。50年代初，时任青岛市委第一书记的王少庸在这里住过。1955年受“向明反党宗派集团”的牵连，王被打

图 1　父亲与我们在广西路 3 号合影

成"反党分子"，遭撤职查办达七年之久，1962 年平反后调到上海，担任华东局宣传部副部长。

广西路 3 号的院门分行车门和行人门。房子的入户门朝南，面向大海。推开入户门，是一个换衣换鞋的门廊，大约四五平方米。进二道门后，就是宽敞的大厅和通往二楼的拐角式楼梯。房子一层二层的房间布局几乎是一样的，各为三间，可能那时的我太小，感觉每个房间都超级大。一楼的三间房子朝南、朝东各一间，还有一间客厅既朝南也朝东。客厅南边是花岗岩砌成的大阳台，向东是一间半圆形的花房，花房窗户采用的是意大利文艺复兴时期兴起的彩色玻璃。朝南的房子是一间乒乓球室，朝东的一间是随父亲一同来青岛的姬秘书和警卫员小李叔叔住的。房子的西边是一字排开的卫生间、餐厅和厨房。卫生间每层一个，都是干湿分离的，所有房间都是有窗户的，而且采光极好。房子的最西边是一间车库和锅炉房。

二楼的三间房子一间是父母住的，一间是客厅兼书房，这间的东边是一个半圆形的大阳台，也就是楼下半圆形花房的顶端。站在阳台上，可以眺望美丽的小青岛和前海沿，安静的时候还可以听到海浪撞击太平路沿岸防护坝的声音。

我们四个孩子和娘娘住在另一间向东的房间里，娘娘是当年从山东带到上海的阿姨，又从上海带到青岛来的，上海人将女性长辈统称为“孃孃”，到了山东入乡随俗，自然就改成了“娘娘”。

初到青岛，最难忍受的就是吃饭了。时值“三年困难时期”，青岛和上海的饭食简直是天壤之别。在上海记忆最深的就是大饼油条，烤至金黄色的

图 2　1962 年，母亲于波和我们在青岛鲁迅公园的留影。戴大红花的孩子是笔者

大饼撒落着香喷喷的芝麻粒，包裹着酥脆的油条，闻着就垂涎三尺，可到了青岛却是上顿玉米饼子，下顿地瓜面窝头，实在是难以下咽。哥哥姐姐上小学了，懂些事了，爸爸给他们做做工作也就勉强吃了，我和弟弟还小不懂事就拒绝吃饭，因为饭不好吃，我和弟弟一个劲地央求妈妈："这里不好，我们还是回上海吧！"面对着两个不懂事的孩子，我妈妈也只能暗自苦笑。

妈妈为了给我们四个孩子增加点营养，每周每人奖励半包青岛名特产钙奶饼干。记得有一次，我用茶杯把饼干全泡了，觉得这样好吃，想泡在杯子里分几天吃掉，后被娘娘发现："快解解馋一顿吃了吧，泡在杯子里会馊掉的。"

到青岛后的第二年我就要上小学了，1961 年 8 月初娘娘带着我，拿着户口本高高兴兴地去江苏路小学报名。可学校只收 8 月 21 日以前出生的，而我是 8 月 23 日出生的，好说歹说，校方就是不收，让明年再来报名。看着和我一起从上海来的牛牛报上名后得意的样子（他就是 8 月 21 日的生日），我一肚子火，回家躺在地上就发脾气，非要上学不可。那时真的不时兴走后门，一切按章程办，甭管你是什么背景，也没有托关系送礼一说。

那时我父亲虽然是市委第一书记，但我家也没受到任何的特殊照顾，地瓜叶子、槐花玉米糕是家常便饭，最困难的时候连喂猪的酒糟也吃过。我姥姥那时六十几岁，为了省点好吃的给我们四个孩子，经常不吃或少吃饭，长期的营养不良导致了肝硬化，后合并严重腹水而去世。姥姥是个慈眉善目的胶东老人，她最骄傲的一件事就是姥爷曾去过莫斯科，还见过列宁。我好奇地问姥姥：姥爷去莫斯科干吗？她说姥爷做得一手好豆腐，听说卖豆腐在苏联可以挣大钱，就舍家撇业去了莫斯科，卖了三年豆腐挣了些钱，回黄县（今龙口）老家盖了新房，还买了三十亩梨园，从此改善了一家的境遇，送我大姨和妈妈上了学堂。民国初期就具有这种远见和胆识，姥爷也着实让人佩服。不过这三十亩梨园和一幢新房并没有给我妈妈带来好运，"文革"时造反派就此要打我妈妈为"地富分子"，其实土改时我姥爷家定的成分是富裕中农，三十亩地早就上交大队了，我大姨和我妈妈先后离家出来参加了工作，房子也就给了亲戚。

有一次我和姥姥在院子里摘槐花，墙外有几个十几岁大的男孩也来帮着摘。那时槐花可是上乘的果腹食品，孩子们来帮忙摘，也是想要一些回去吃。谁知，他们刚摘了一小筐槐花，竿子啪的一声断了，几个孩子吓得跳下墙头就跑。姥姥见状，大声呼喊着："别怕，孩子，先把这筐槐花拿回去吃吧！"那个年代的孩子也真是老实，弄折了一根竿子就以为做错了多大的事，一溜烟儿就跑没影了。

当然周围也不全是好孩子。广西路3号附近有个外号叫"大眼"的孩子，比我大几岁，是个降班生，块头也大我一圈，经常在去江苏路小学的路上拦截我、威胁我，今天跟我要支铅笔，明天又跟我讨块橡皮，到后来发展到跟我要钱，五分、一毛地要。开始我害怕，不敢和大人说，后来实在没办法了才告诉了我妈妈。我妈找到"大眼"，和他谈过后，"大眼"就再也没有欺负我。现在"大眼"也该七十多岁了，不知他还记不记得这段时光，也不知他以后的人生轨迹是怎样的。

"三年困难时期"，青岛人民的生活也是很艰苦的，地瓜干卖到七元一

图3　兄妹四人在广西路3号南向大阳台上的留影。从左至右依次为张晓东、张晓红、张晓明、张晓光

图 4　1962 年，笔者在广西路 3 号二楼半圆形阳台上留影

斤，那时普通职工的平均月收入只有四十四元，这点钱养活一家人是何等不易！现在的年轻人可能诧异了，四十几元钱还买不了十斤地瓜干，怎么够吃呢？须知那个年代是计划经济，国家是根据人们不同的年龄和劳动强度供应定量的粮食，一般是每人每月二十五斤左右，小孩子更少一些，这个定量要用粮本才能购买，所以那时候粮本和钱包同样重要。粮本上计划内的粮食是不太贵的，每斤地瓜干大概也就一毛多钱，可是那个年代没肉没油的，吃的清汤寡水，靠定量粮食根本填不饱肚子。这就催生了议价粮食的买卖，类似于现在的市场交易，随行就市，货物紧俏时价格自然就水涨船高，周瑜打黄盖——愿打愿挨。可那时的老百姓兜里又没钱，没有多少家庭舍得花高价买议价粮食，吃不饱多半也只能干饿着。据父亲讲，那时中央曾召开救灾会议，周总理点名让江西省支援山东省三千万斤大米，尽管江西老表也很难，但主管江西省农业的刘俊秀书记表态勒紧裤腰带也要帮助兄弟省。刘俊秀书记是参加过长征的老红军，不追浮夸风，扎扎实实地在江西兴修水利、大搞农田基本建设，把江西省的农业搞得风生水起，连毛主席都称赞他是农业专家。“三年困难时期”国家从江西省调出的粮食总量达三亿斤，毛主席、周总理都说刘俊秀是个识大体顾大局的好同志。那个年代来自江西省的粮食援助，不知道帮助了多少山东人。

当时的山东省委第一书记谭启龙也是江西人，他难忘江西人民的大恩大德，1965 年夏天特别邀请江西省委第一书记杨尚奎来青岛疗养。谭书记专门打电话给我父亲，让他清晨五点前赶到大港码头迎接杨书记一家。父亲安排他们在山海关路 5 号住了一个多月。上海市委书记处书记王一平是父亲的老战友，也亲自带着上海产的汽车、纺织设备等工业制成品支援青岛，帮助青岛市解决了很大的困难。1983 年父亲从山东省副省长任上退居二线后，还专程去上海和南昌看望了这些老领导和老同志，对当年给予山东省的无私援助，再一次向他们表示了衷心的感谢。

广西路 3 号对面是北海舰队直属政治部的军营，每天看到戴着飘带海军帽、穿着水兵服的战士们出出进进，很是羡慕，特别是每个周六的晚上，军营里都要放映露天电影，从我家二楼的阳台上就能看得到，但毕竟离得太远，看不太清楚也听不太清楚。有一天听说军营要放映新电影《51 号兵站》，我和弟弟就跑到门口哨兵处，和哨兵叔叔说想进去看电影，哨兵叔叔看我们俩是小孩，又是对面邻居，就很客气地让我们进去了，可看完电影回家时大门已锁了，进不了家门。我俩又返回了军营，有个班长叔叔热情地把我俩拉进他们的房间里。房间很大，双层床住十几个人，我俩一人和一个战士躺在一张床上正准备睡觉，我家娘娘和警卫员小李叔叔就找来了，娘娘和战士们絮絮叨叨地说这俩孩子真不听话，晚上出来也不和家里说一声，害得到处找。我心里却暗自得意：要是和你们说了，我俩就出不来了。

小学三年级始，学校要求在暑假期间成立课外学习小组，班主任司老师首先想到我：张晓明你家房子大，就在你家办个学习小组吧。我毫不犹豫地答应了下来，可回头一想，这事还没和爸妈商量呢，回到家怀着忐忑的心情问了妈妈，没想到妈妈非常支持，还在花房里为我们安了一张小桌子，便于我们四个同学做作业。我记得是靠近广西路住的几个同学到我家来，有广西路的张洪昌、平原路的王善君，还有一个是谁记不起来了。司老师有一次和我说，你爸爸在大会上讲话总把揪（jiū）念成秋（qiū），请你爸爸纠正一下，回家后我就把老师的意见告诉了爸爸，爸爸笑了笑说，认真接受你们老师的意见，改正。父亲在青岛市民中的印象一直是个没有官架子的好干部，谦虚和蔼，平易近人。今日头条平台上曾刊载了一篇评价自民国起任职青岛的二十几位市长的文章，有一个“80后”的年轻人跟帖说：“我爷爷说沈鸿烈好，我爸爸说张敬焘好，我们“80后”都说俞正声好。”这个说法虽有些夸张，但多少反映了青岛老少三代市民的心声。

那时弟弟还小，我和哥哥姐姐经常在院子里玩跑圈比赛，用闹钟计时，围院子跑一圈一般是30秒钟，只多不少，很难突破。有一次我投机取巧，跑到后院当哥姐看不见时少跑了一小段路，回来时达到了28秒，哥哥姐姐直夸我跑得快。而自己心知是做了假的，感到十分愧疚，便主动做了自我批评。从此再也不敢说假话了，这种品行一直陪伴我长大成人。

父亲总觉得住这么大的房子太浪费了，有些脱离群众，就想换个小一点的房子住。市委办公室的同志推荐了金口一路42号和44号两幢房子让挑选，我妈妈看过后，感觉金口一路42号还马马虎虎，因44号比现在的房子还大，岂不是更浪费了。金口一路44号是国民党四大家族之一宋子文在青岛建造的公馆，依山傍海，非常奢华。“文革”时，青岛市革委会主任杨某某住进了金口一路44号，且重新装修了，和夫人出出进进的，好不神气。杨某某倒台后，44号被青岛市民砸了个稀里哗啦，我也曾去看过，那么好的房子，顷刻间变得千疮百孔。后来，42号那栋房子我们家也没有搬去住。正巧当时的市委书记处书记王卓青调往江西省工作，空出了沂水路14号楼的第三层，父亲感觉一层楼大小正合适，我们家就此搬到了沂水路14号的三楼上。

离开了广西路3号以后，就很少再去那个院子了。1970年，我们家离开了青岛。80年代，有一次回青岛时发现广西路3号已经挂上青岛市衡器检验所的牌子，变成办公室了。2000年后再回青岛时，里面变成了职工宿舍，据说住了十几家，连车库和锅炉房都住上人了。房子看上去已不成样子了。

后来再去，院子里的绿植都被铲平了，偌大的院子变成了停车场，足足可以停下十几辆汽车。这么好的历史建筑已失去它本来的面貌，儿时的美好回忆也消失在一片杂乱当中。离开时，心里五味杂陈，真不知是个什么滋味。

（原载《老照片》第145辑，2022年10月出版）

母亲的泪眼

祝　杰

一

从青海返回青岛已逾三十多年，母亲去世也二十多年了，可是只要一提到去青海支边，我脑海里总是浮现出母亲那双凝望的泪眼，让我愧疚，让我心痛……

二

小时候，家境还算优裕，父亲是税务局干部，母亲是居委会主任，还担任法院人民陪审员，一家四口，其乐融融。

母亲很要好儿，人总是打扮得整洁端庄，家也收拾得窗明几净。母亲总愿意带着我出门儿，遇到街坊邻里，都夸母亲俊，我听了心里也美滋滋的。在我的记忆里，母亲确实漂亮，一双大眼睛，清澈，单纯，阳光。私下里我常常抱怨自己怎么长得就不像母亲。那时的母亲很快乐，没有一点烦心事儿，她的笑都是发自内心的。

可是，一天放学回家，家门紧闭，窗帘也拉上了，昏暗中我看见母亲在哭泣。见我回来，母亲装作没事，问我作业写完没有。我感觉家里发生了什么不幸。几天后，真相大白，父亲打成了“右派”，离家去月子口水库劳动改造，母亲也被迫辞去了居委会的工作。我和哥哥并不清楚“右派”是怎么回事，可此后一家人就跌进了深渊。父亲的收入已少得可怜，母亲也只能在

图 1　1948 年，母亲年轻时

家做些加工活维持生计，哥哥和我从此就背上了压得透不过气的政治包袱。

二十多年后，改正“右派”时，我们才听父亲说，当时他一直积极要求入党，真心想帮助党整风，他只是看不惯科长的作风，提了意见，就成了“右派”。

三

寒往暑来，艰难的岁月熬到了 1965 年，我初中即将毕业，报考中专（出身不好的学生一般不选择继续读高中）。我所在的中学，校长是军人出身，贯彻阶级路线十分坚决，要求家庭出身有问题的学生都要做好“一颗红心两种准备”——升学或上山下乡。我自恃学习成绩不错，还残存着升学的一线

图 2　1952 年，一家四口其乐融融

希望，发榜的时候，竟然还奢望能收到录取通知书。

母亲心里很明白。那些天，她总在安慰我，说升不上学没关系，就业挺好，还天天做我最喜欢吃的芸豆蛤蜊汤面。可是我注意到母亲的眼睛红肿，像是哭过。自从父亲被打成“右派”，母亲就变了个人，沉默寡言，很少出门。她拼命做活，尽量让我和哥哥不至于捉襟见肘，遭人冷落。她张开羽翼努力呵护我们，可除了浓浓的母爱，纤弱的她怎能挡住这险象环生的政治风暴。

后来证实，我们的学生登记表里直接盖着“不宜录取”的印章，根本不可能升学，只有沦落在社会底层，别无出路。

四

新学年开始后，社会上上山下乡的宣传动员也开始了，街道上办起了“劳动后备讲习所”。母亲当过街道主任，人缘也不错，没有人来家里动员。可我自愿选择了“支边”，去青海农场，以为这样就能逃离压抑的环境，寻找新的生活。何况，贺敬之《西去列车的窗口》的诗句“边疆处处赛江南”的歌声早把一干学生的激情点燃，已经热气蒸腾，血脉偾张，谁也挡不住。

母亲不同意我离开家，却又怕惹麻烦，那个时代，“抵制上山下乡运动”的罪名对“右派”家庭来说绝非儿戏。母亲妥协了，只是偷偷地掉泪。对我和哥哥所受的委屈，她总是很自责很内疚。那些天我不敢与母亲对视，不忍心看着母亲在家里一边为我准备行装，一边哭泣，就借口与同学们告别，在外面瞎逛。

1966 年 4 月 1 日，青岛第二批知青出发去青海。母亲没去火车站，她害怕眼睁睁看着我被西去的列车带走。

列车徐徐启动，我向挤在人群里的哥哥挥挥手，任凭这庞然大物把我们八百名十六七岁的少男少女载向西北的荒原。

我们乘的是专列，从青岛直达西宁，无须转车。组织者作了精心的安排，没留下任何能影响知青情绪的破绽。当列车快速把泪流满面的父老亲朋抛到身后，车内的年轻人便开始憧憬着光明的未来，“火热的胸口在渴念人生的第一个战斗”（贺敬之）。随后的五天也是一路欢笑，一路歌声。

在古城西宁，我们受到盛大欢迎，副省长亲临车站接见，各族人民夹道欢迎，锣鼓喧天，彩旗飞舞，像是迎接凯旋的英雄。我们犹如打了鸡血，亢奋，沸腾。本来从西宁到马海的汽车旅程很艰苦，我们却全然不觉。前两天，日月山、黑马河、德令哈、大柴旦、鱼卡，一连串陌生的城镇在窗外次第掠过，第三天驶入马海地界。“满怀热望，满怀理想，跨山涉水到边疆”的歌声不得不停下来了，因为车摇晃得厉害，这儿根本没有路，汽车是在细如面粉的尘土里艰难爬行，粉尘几乎把车完全包裹，窗外除了尘土什么也看不见，人也是土头土脑，像一块块撒满糖粉的糕点。不知谁喊，马海到了，大家都吃了一惊。应该说，第一批来马海的知青对这里的恶劣条件已经作了最坏的打算，有充分的思想准备，可真到了，我敢说，马海的荒凉远远超出了所有人的想象，更遑论去寻找歌词里“处处赛江南”的边疆景致了。

五

马海农场海拔三千多米，是全省条件最恶劣的农场。后来有人传出：我

图 3　1953 年，我们弟兄俩与母亲、姥姥

们是三进马海，之前已有二进二出，如果把我们以后的结局加进去，就是三进三出。最早这里是劳改农场，种不出粮食，废弃。50年代后期，四千名河南青年迁徙来此，不幸的是“三年困难时期”接踵而至，农场颗粒无收，以至于饿殍枕藉。因场部恶意囤粮，还发生过抢粮的事儿。河南青年无以果腹，只有逃跑一途。尽管逃跑的人被抓回来必定投入监狱，仍然不能遏止。当时有一条规定，如果司机带走一名青年就会获刑三年。有一名河南青年夜里偷偷钻到车底抱住钢梁潜出马海，当司机停车发现时，人已经冻成冰棍。此后马海农场又一次废弃，多年不复耕。

我们进驻几个月前，海西州从德令哈劳改农场抽调三十名管教干部和几百名刑满就业的职工来马海，维修旧土坯房，掩埋风干的尸骨。连队下地，老连长弓着腰跑在最前面，把路边露出的尸体用土盖住，以免让我们看见，影响士气。

经过动员，连队很快转入兴修水渠，开荒造田，战天斗地，向戈壁要粮的艰苦劳动。千百年生长的红柳、胡杨被连根刨起，粮食没打出来，却导致沙尘暴肆虐。直到我们返城后，这里才开始退耕还牧，植被有所恢复，成了牧场。

六

边远的马海信息有些滞后，渐渐也有北京大学生串联，点火。言路稍稍放开，这里河南青年的事也多多少少传回青岛，很多家长忧心如焚，甚至要组织到马海来一看究竟。

1966年年末的一天，我收到家信，字里行间感觉母亲身体不好，很想让我回去看看。紧接着第二封信来了，撕开信封，一愣，竟然有五十元钱（那时五十元不菲啊）。不通过邮局汇款，想必是怕人疑心。家里要我回去。“支边”才一年，不允许探亲。逃跑？自己先吓了一跳，要是被抓回来必定招来横祸。思母心切，顾不了这么多。夜里，我找了老大哥阎林讨主意，密商逃跑计划。接下来一周，准备就绪，恰好有一辆柴达木运输公司的卡车来连队。阎林与司机搭讪，帮我联系搭车去大柴旦。我事先请好假，别人并不怀疑。

到了大柴旦，我没按照常规去西宁转乘火车，而是搭乘卡车翻越当金山口，经敦煌去了柳园——乌鲁木齐开往上海特快的必经之地。

用站台票挤进车厢，我一颗悬着的心才放下。我们在马海与世隔绝，不知道内地已开始红卫兵大串联。所有的车都人满为患，过道、椅子底下、行李架上面全是人，别说查票，插腿的地儿都没有。只是两天两夜鱼干般挤在一起，疲惫不堪。

虽说家里知道我可能回来，进了门他们还是感到突然。母亲正在绣花，见我进门，直愣愣地看着我，不敢相信这是真的。我永远忘不了母亲看我的眼神：诧异，恐惧里流露出爱怜，像盯着失而复得的羔羊，唯恐再度失去。母亲的变化却令我吃惊，蓬鬓添霜，面容憔悴，原来明亮清澈的眼睛，现在布满血丝，近乎浑浊。我去青海才一年啊，竟至如此！从哥哥那里得知，自从我去了青海，母亲经常在窗前发呆，夜里偷偷饮泪，饭桌上固执地要摆上我的碗筷，有几次夜里突然醒来，让父亲去开门，说听到敲门声，定是杰儿回来了。听了马海的传闻，再也坐不住了，为了给我寄路费，她天天绣花到深夜，谁也劝不住。听了，我只觉得心如刀绞。

几天过后，母亲的情绪也渐渐平复，但照旧熬夜绣花。父亲“右派”帽子摘了，工资很微薄，哥哥在家待业，日子本来很拮据，加上我一个吃闲饭的，母亲只能加倍操劳。母亲对我特好，只要我爱吃的东西，她就说不爱吃，或过去吃伤了，总是最后收拾剩饭残羹。

一个月后，收到战友的信，说“文革”的烈火烧到了马海，连队几乎瘫痪，逃跑的战友越来越多，可以安心在家长住，无妨。

七

一晃大半年过去了，因户口不在青岛，没有我的口粮，副食品（每人二两肉、半斤鸡蛋、一斤油、砂糖等）、布票，就连过节每人供应的一瓶啤酒、两个皮蛋都要分吃家里的。更让人不安的是，没有户口连工作也不能找。远一点想，婚嫁没户口不能登记，若是有了孩子，没有户口去哪里上学？再远一点想，人死了没有户口连火葬场也进不了。一旦户口迁到青海就注定是青海人，死也得死在青海。

全家人开始担忧了，不得不做现实打算——返回户口所在地。为了让母亲放心，这段时间我也把马海描述得就像青岛的郊区，只是路途遥远。

要走了，常常夜里辗转不寐，从吊铺缝隙里看到母亲绣花的身影，已不似先前灵巧，因为视力衰退，时常摸索几下才能穿针。泪水忍不住就涌了出来，真真感受到千般的无奈，儿子竟不能替母亲分忧，家庭的重担只能推到母亲柔弱的肩上！

图 4　1966 年，笔者在水利工地

面对的是一连串的死结，弱势的我们怎么可能一一破解！

八

1967年3月，青海农场实行了军管。年末，全面进入“一打三反”和“清理阶级队伍”运动。

军管组通过个别谈话，打开了潘多拉魔盒，很快，这帮战友开始互相怀疑，揭发，攻讦。一列火车拉来的战友，像魔咒附身，没有了平日的友善，宽容，竟至互相敌视。随之军管组宣布连队“阶级斗争”的盖子已经揭开，气氛陡然紧张，如临大敌。连队还成立起专政小组，对揪出来的“反革命”实行专政。

我在这个时候回到连队，无异于自投罗网。战友们揭发我的“反动言论”早已在军管组立案，于是，无休止的谈话（审讯），检查，帮助（开会批判）开始了。军管组说，我们连队家庭成分高，阶级斗争复杂，揪出来的“老反”太多。我属于站在悬崖的边缘上，推一推就掉下去，拉一拉就回到人民内部的那种。那时，连队像我这种人不算少，就像关在人民内部笼子里的一群鸡，一有风吹草动或阶级斗争出现新动向，就拖出一只，斗给猴看。一把达摩克利斯剑悬在头上，搞得我们整天提心吊胆。还不如直接揪出来，反倒踏实（当时多数人都这么想）。可不幸的是，直到清队运动结束，我始终站在悬崖边上，战战兢兢，如临深渊。

我当时很怕，不是怕批斗，是怕被家里知道。要是母亲知道我被打成“反革命”，后果不堪设想。但最后还是没有瞒住。

那个年代，家里只要有人“支边”，总会把孩子喜欢吃的、用的，省下来捎给他们，如同在填一个无底洞。多年后，我哥哥曾认真地告诉我：“你去青海，鱼吃得比家里多。那些年，母亲洗鱼时，稍大一点的都挑出来晒了，捎给你，家里只能吃点儿鱼头鱼尾鱼内脏什么的。老家送来花生，她也都剥了皮捎给你。只要她觉得是好东西，就不舍得吃，留着，往青海捎。”

我们一起支边的战友，很多家里都是邻居，探亲归队，都要去各家把包裹捎上。我出事后，本来说好去家里捎包裹的战友，怕受牵连没到我家去。

哥哥去找他，见他吞吞吐吐，觉得蹊跷，一再追问下才道出了实情。尽管哥哥没有说得很严重，但母亲哪能不知道那个时代如何对待“反革命”，她日夜替我担心，为我流泪，还要因为我在街坊邻里忍受屈辱。这次给她的打击远甚于我第一次离家来青海，但她在信中却从来没有露出任何蛛丝马迹。

九

天道往还，死死纠缠的厄运总算对我有些厌倦。

清队接近尾声，我所在的班成建制划归团部机务连。在这儿，我遇到了一个漂亮、聪慧的姑娘，她后来成了我的妻子。她是资本家的女儿，贤淑文雅，温存善良。她喜欢文学，我们经常一起谈论外国文学作品。那时西方经典名著还是禁书，只能在地下流传。记得一本冈察洛夫的《奥勃洛莫夫》传

图 5　1967 年，马海二团五连炊事班合影。右一为笔者

到我这儿，限定一天读完，她白天，我夜里，直读得天昏地暗，天亮再传给别人。一本普希金的诗体小说《欧根·奥涅金》在我这儿停留时间稍长，我们俩用日记本全部手抄下来，满满两大本，现在还珍藏在家里。她特别喜欢俄罗斯文学，受其影响极深。那时我的问题还未平反，她也似乎并不介意。一次我们俩闲聊，她对我说，她最崇拜那些陪伴被放逐到西伯利亚的“十二月党人”的妻子。我听了，直后悔没去劳改，竟落得现在这般平淡，让她失望。

我们俩臭味相投，我也适时写点诗词忽悠忽悠，很快我们就坠入情网。我迫不及待地把这件事告诉家里，可家里这些年对好消息总是将信将疑，不敢高兴得太早。直到 1974 年初，我们俩回青岛结婚，才给母亲带来了久违的欢乐。

十

结婚的直接结果就是生儿育女。年底女儿出生，真是让我欢喜让我忧。喜自不必说，忧的是青海条件太差，孩子在这儿如何发育、成长？且不说气候极端恶劣，单是水质苦涩，食物匮乏，奶粉、白糖、鸡蛋、水果、新鲜菜蔬都是稀缺物资，几乎买不到。因海拔高，沸点低，水七八十度就烧开，面条煮成面糊，馒头蒸成糨糊，特别是青稞面馒头，扔到墙上能粘住，战友都用来粘信封。还有蚊子，铺天盖地，总不能让孩子整天戴着防蚊帽，小模样都看不清。

结论是，只能送回家，由爷爷奶奶抚养。青海战友的孩子几乎都对爷爷奶奶、姥爷姥姥特亲，就是这个道理。

母亲这些年太操劳，身体已十分虚弱，可她还是让我们把女儿送回来，她带。后来儿子出生，我们不忍心再给母亲添乱，在青海住了一年，结果儿子严重缺钙，营养不良，腿像面条一样软，我和妻子很揪心。母亲听说了，坚持要送回青岛。我现在还清楚地记得，佝偻瘦弱的母亲抱起孙子，看着一双小腿晃里晃荡站不起来，心疼得老泪纵横。那时母亲已经在大把地吃药维系虚弱的身体。

欣慰的是，儿子经母亲悉心喂养，很快健壮起来，与同龄孩子无异。

图 6　1972 年，母亲在靠绣花贴补家用

十一

自从有了孙子孙女，母亲关注的重心转移到下一代身上。孙辈儿的户口不能回归青岛一直是母亲的心结，直到 1981 年我带着一家四口的户口返回青岛。

返城后也并非全是阳光灿烂，十六年“支边”，如今等于归零，三四十岁的人，没有住房，没有技能，没有人脉，一切得从头开始。我和妻子也是忙里忙外，席不暇暖。母亲拖着病弱的身体起早贪黑，操持家务，照看孩子。

家庭团聚的欢乐并没有持续多久，母亲就病倒了。多年的操劳和精神打击耗尽了她的生命。诊断结果是癌症！这个可怕的字眼第一次与自己的亲人联系在一起，犹如晴空霹雳，几近崩溃，我又一次感到了无奈。自打离家参加建设兵团，给母亲带来的诸多不幸始终是我内心深处的隐痛，总想以后有机会报答。以为返城后就会逐渐好起来，谁知母亲的负担更重，以致罹患绝症。

医院安排了手术，可母亲宁死也不愿意继续医治。母亲做了一辈子活，到头来没有劳保，医疗费全部自费，家里也没有积蓄，她不想拖累我们。我和哥哥凑足了手术费，拿到医院，劝说母亲，最后她含着泪被推进手术室。

两次手术使母亲的生命在痛苦中又延续了几年。母亲最后的日子是在医院里度过的，她坚强地忍着剧烈的病痛，还不断地安慰我们。一天，轮到我陪床，外面淅淅沥沥下着雨，我在床边，看着母亲被病魔吞噬的薄如纸片的身体蜷缩在被子底下，心里隐隐作痛，顷刻，被一种刻骨的负罪感淹没，一任泪水和着雨声奔泻。

母亲去世的那天晚上，我不在身边，听哥哥说，母亲疼痛难忍，要求医生打了一针止痛剂，夜里自己拔掉了氧气，走了。我真后悔母亲走时不在身边。听人说，父母去世时儿女在不在身边是命中注定。这更加剧我的悲痛，难道我十六岁离家去青海，远离母亲也是命运使然？

母亲的伟大在于，她为了儿女倾其所有，直到耗干了生命。她只付出，不索取，无怨无悔，而儿女们往往以为是理所当然。等儿女们幡然悔悟，想尽孝心，父母却走了。

十二

逝者如斯，不舍昼夜。时间最是无情无义，把老一辈人送走，又把我们推入退休老人的行列。回望，怀旧，成了战友们精神生活的主调。

这些年，陆陆续续有战友回青海故地重游，不免生出些感慨。我们往往感叹当年自己的千般艰苦，万般无奈，放逐青春，老大徒伤之类，很少听到替父母叫苦、喊冤的声音。可在我看来，父母为儿女“支边”所遭受的磨难远非支边者自身可比。

当时有个说法，谁家的孩子支了边，谁家就从此不得安生。想想，儿行千里母担忧，何况是去千里之外的大漠戈壁。我们满怀激情走了，父母在家哭泣。接下来，无休止的拖累就开始了，吃的，用的，源源不断捎往边疆，

图 7　1976 年，母亲抱着孙子开怀大笑

每次探亲归队还要把家里洗劫一空。成家了，孙子、外孙再送回来，稍有点门路，还要挖空心思为孩子办调动。返城了，无处落脚，又把父母挤进角落……

父母因为我们“支边”，殚精竭虑，倾其所有，以为在为自己，其实是在替那个时代救赎。我们往往忽略了父母的付出和艰辛，而对自己曾经的苦难却耿耿于怀。其实我们的伤口尚有时日愈合，已是风烛残年的父母们的伤痛怕是终其余生也难抚平。

我曾读过贾平凹的一篇散文《我不是个好儿子》，很感动，很内疚。我现在觉得我这个曾经支边的人，也不是个好儿子。

（原载《老照片》第 135 辑，2021 年 2 月出版）

父亲已远行

高小龙

2017年9月5日凌晨4时48分，我的父亲，在经历了整整两个月ICU病房的煎熬后，告别了这个世界和他的亲人，享寿八十八岁。

父亲自2007年第一次脑梗直至他的离世，庶几是在病痛折磨中度过。在这十年当中，父亲接连又做过两次大的手术，术后各种后遗症直接影响了他的生活质量，我眼见生命气象曾经如庞然高山一样的父亲，一点点地衰颓下来。

我从小的印象，父亲一直是一个气势如虹的男人，所到之处，云卷风啸的，会把一种凛凛的气场，或是一种压力带给周围的人，在1949年以前从延安出来的那一批红色文艺人中，父亲总是最显挺拔英武，有轩昂派头的那一个，然而他又是一个与他的这些老战友群体颇为游离的人。1947年，父亲从延安西北文艺工作团被抽调去加入了由钟敬之、苏云、成荫、凌子风等人负责的一支电影工作队伍“西北电影工学队”。从此，他离开陕北群体，去了东北，参加初建期的东北电影制片厂（后来改名长春电影制片厂）的工作。所以，十多年后父亲再由东北回到西安，加入西安电影制片厂的初建工作时，当初他的那些陕北文艺工作老战友们，分散在西北五省各个省会城市的主要文艺团体，多已从事文学歌舞话剧曲艺类工作，“搞电影”的我的父亲，与他们渐成陌路，颇有疏离，父亲成了一个颇有“新意”的人，同时，也当然成为他的老战友群体里的“异类”。

就这样，从青年到晚年，父亲把这种“离心”状态，索性养成遗世独立的个性气质，养成了一种“势”，这种“势”，直到他被病魔击倒之前，从来没有示弱过，也从来没有散乱过。

从我的童年开始的印象中，父亲的日常着装，一直是朴素甚至简朴的，但是每天出门前倒是永远不忘从头到脚把仪表仪容细细料理统正，不容疏忽苟且。

父亲性情中最大的特点是，耿介，不唯上，不媚下，工作中的暴脾气对事不对人。多少年下来，一部分人记住的我父亲，是话糙理不糙，刀子嘴豆腐心，这部分人理解他，并不记仇，不做计较；而当然会有另一部分人，尽管可能获得了父亲的很多关照和提携，可是都不会记得，而唯一的一次有口无心的言语相伤，可能就被这些人深刻牢记，“文革”当中，以造反的名义，直接向我父亲拳脚相加，恶意报复，即为此类宵小。

我的姐姐告诉我，“文革”后，有曾经对我父亲施过暴者，来家里给父亲道歉，跪在地上不起来。父亲是个吃软不吃硬的人，见这情景哪里受得了，赶忙热情招呼，劝扶起来人，并吩咐我姐姐帮忙倒水沏茶款待。姐姐因为目睹过这人在“文革”中对父亲曾经施加过的残忍行为，拒绝听从父亲的指示，昂首而去，一时令场面极为尴尬。俟来人走后，父亲转而非常粗暴地训斥我的姐姐，怪她不懂事，怎么可以这样没有礼貌地对待上门道歉的人。父亲就是这样一个情感柔软的人，暴脾气从来是虚张声势，不会走心。

晚年，父亲没有生病的时候，偶尔还会高喉咙大嗓门儿地跟我吼上几吼，家人都认为他的心脑血管疾病，与他一辈子这种爱激动而过于刚烈的性情，难脱干系。

父亲的肉身，或者还有灵魂吧，已经无法见到了，这个与我结下五十二年父子亲缘，活生生的男人，已不存于斯世，犹如心头剜去一大块血肉，只知疼，可是找不到哪里疼，好像整个空气都是疼的。从此，四季于我会多了一季，疼痛季，循环往复，直至我不存于世。

从此，我与我的父亲，只能隔着照片互相观望，照片这个东西，价值最大化，就是通过凝望，长久地凝望，达到抒怀和思念。照相术的发明，是上帝对人类最大的恩赐。

感谢上帝，我的父亲给我们留下了很多照片，无论照片中的人是他，或者是他拍的别人，都存着他的气息，这比他的灵魂真实，比他的灵魂更容易让我抚摸和拥抱。

20世纪50年代到70年代，中国有照相机的家庭和个人，尚属少数。父亲年轻的时候也是一个追求时髦的人，在同辈人中比较早地有了自己的相机，可是父亲似乎并不敏感于影像艺术，手里一台苏联仿德国徕卡旁轴135相机，常伴其身，这是他青年时代的一件奢侈品。父亲一生有两件奢侈品，另一件就是他的小提琴。

父亲这台老苏联相机用了大概四十来年，留下的照片和底片，都不是那种摄影艺术爱好者的作品，而是一种类似社交礼仪式的摄影。那时候的人和人之间，纯以性情志趣好恶而分类结群，没什么太功利的交往，所以，父亲和照相这件事的关系，也很简单直白，他就是个爱给别人拍照片，然后送给各个被摄者以留作光影纪念的一个人，一个热心肠的人。

生活中，父亲颇讲究仪式感，他觉得和很多人在不同的地方相遇，都是一个有意义的时刻，所以要留下照片，这是件认真严肃的事情。因此，他总是认真地拍照，然后认真地冲洗放大，一宿一宿不睡觉，家里的厨房和卫生间常常就是他的暗房，白天锅碗瓢盆成堆的地方，入夜之后立刻被清理成一间红色的迷幻感很强的房间。我性格里暗藏的很多神秘主义的诡异念想，大概是在很多个这样的夜晚，给父亲打下手的时候养成的吧。木头夹子夹着一张白色的方块纸，有节奏地在水盆里晃几晃，认识或不认识的人，就渐渐浮出纸面——

太阳正红的天气里，父亲会守着一块玻璃板，看那些像膏药一样贴在上面的放大好的照片，一张一张卷起来，“啪啦”一声，脱落到地上，然后，再一张一张捡起来，利用桌子边沿，以一个手的手指配合另一个手的手掌，把这张弯成U形的照片，抻展压平，父亲手掌的小山丘厚厚软软的，看他压平照片的过程，很踏实可靠。

翻找父亲早年给亲朋好友拍下的照片，有一个发现，这些被拍照者的角度，从我母亲到我，到我的姐姐以及几乎所有人，是经历过一个悄悄变化的过程的。50年代，拍摄角度以平视为主，逐渐到了70年代，家里照片也集中在这个年代最多，这个时期的照片，所有拍摄基本采仰拍，斜侧四十五度，被拍摄人物不分男女老幼，都被烘托成高大全的英雄形象。后来历史看多了，我个人觉得，这是父亲那一代中国电影人，受了 70 年代强调工农兵占领文艺舞台，江青对电影界做出若干明确指令的那个大局面的影响。父亲每一次对被摄者的“摆布”，摁下快门的每个瞬间，都是时代烙印的灼烫。

以下照片，是在父亲遗留在世上的海量照片里粗粗摘选出来的，每一张照片里父亲的身影，都是仍然存在于现实生活中的我和我的亲人，与已经走进另一个世界里的父亲，唯一的对话媒介。我想起苏珊·桑塔格的话，并略作引申：我们通过照片，可以最亲密最令人心碎的方式，追踪观看我们已经远行的亲人，如何走完他的一生的现实——

图 1　父亲十五岁时

图1这张照片大概是父亲留在世上最早的一个身影。这一年他十五岁，在米脂中学读书，“米中”校舍建在李自成位于蟠龙山的行宫里，建筑结构和气势一眼可见李自成那一腔掩饰不住的帝王大梦，所以米中也称“蟠龙山中学”。也是这一年，在延安的鲁迅艺术学院去米中招收学生，父亲被选中，从米脂到延安，父亲离开了他的家乡，走入他后来一生事功旅程的起点——延安桥儿沟鲁迅艺术学院。

父亲在“鲁艺”音乐戏剧专业学习音乐，师从吕骥、刘炽、贺绿汀等。一年后，父亲即被征选入当时西北地区最大的一支红色文艺工作团队“西北文艺工作团”，简称“西工团”。

1949年，中华人民共和国成立后，在几期“西工团”工作过的干部和学员，分别进入西北五省各大文艺团体。各地文化文物部门的主管官员，话剧团、歌剧舞剧院、地方戏剧团体、电影院、作协、音协、美协，等等，几乎都是“西工团”里走出来的人，他们互相提携，也互相竞争，合纵连横，西北文艺界这种特别的人际关系，这种特殊的文艺体制“生态”，以陕西西安

图2　西北电影工学队合影

图 3　年轻的父亲

为例，直至 20 世纪 90 年代初一直鲜活地存在着。

1947 年 10 月，中共在西北地区为培养电影专业干部和人才，分别抽调陕晋两地比较优秀的文艺工作者组成了西北电影工学队，父亲被吸收加入。工学队由钟敬之、苏云、凌子风、成荫等带队，从山西兴县徒步行军八个月奔赴东北（图 2）。彼时，中共接收了满洲映画社，并改造为归属中共东北电影局管辖的东北电影制片厂（长春电影制片厂前身），西工队这批队员到达东影，旋即被分配在东影的各个艺术和技术部门工作。

父亲在“长影”工作了十年，起先在录音股，跟从留用的“满映”著名录音师高岛小二郎学习电影录音技术。后来先后担任过十多部译制片的录音师、录音车间主任、长影厂党委宣传部常务副部长等职（图 3）。

和所有中共各级干部任用制度一样，那个年代，组织上认为你应该去哪里，会随时派去哪里的。父亲曾经的理想是坚持把音乐学好，他一直拿马思聪当他的偶像。直到有一天，听说马思聪“叛国”了，父亲跟我说，从那时候起，他觉得拉琴像做贼似的，也是从那时候起，拉琴没有离开过弱音器。

父亲在担任长影党委宣传部干部的时候，正是长影全面开展“反右运动”的时候，很多与他很熟悉的干部，忽然变成“右派”。父亲还算镇定，论人不论事，他会一如既往和这些之前的熟人相处，正常往来，父亲的身份令他必然要去完成很多上面交代给他的任务。著名导演郭维，彼时已经被划为“右派”，灰溜溜抬不起头，某次父亲奉命前去通知他什么事情，进门看到郭维，说了一声：“郭维同志，党委派我来……”郭维听到“同志”二字从我父亲嘴里说出来，很是激动，连说小高你是好人，你竟然还能叫我同志——父亲说：“郭维同志，我是实事求是而已，上面并没有宣布您是敌人，我当然要称您同志。”

“文革”后很多年，郭维已垂垂老矣，记得一次郭从北京来西影出差，见到我父亲，还念念不忘这件事，跟我母亲说：“小高是好人啊，那个时候，我在接受审查期间，敢叫我同志，真是大胆，善良。”

父亲任录音师的译制片获得过时任中国政务院副总理兼文化教育委员会主任郭沫若签发的集体质量奖锦旗，属于当时电影界的最高荣誉（图 4），他个人也荣获了东影先进工作者奖励。

东影翻译片组，当时主要译制苏联电影。父亲到了东影后，之所以被组织上分配去译制片组，理由是，苏联电影多数是历史剧，英雄史诗式的故事和剧情，气势磅礴，场面宏大，比如《库图佐夫》《苏沃罗夫大元帅》《海军上将乌沙科夫》《他们有祖国》等，这些电影的配乐，都是大型交响乐一铺到底，领导认为，你高某某来自鲁艺音乐系，那么一定是对交响音乐很在行，那么做苏联电影译制片的录音工作，便是理所当然的了。那时候，分配和调度工作就是这么简单，非常时期，都是上火线的架势，一切不容分说。

图 4　父亲获奖时的合影

图 5　父母亲与大姐、二姐

1955年、1956年，我亲爱的大姐二姐在长春相继出生（图5）。后来的几十年，我这两个姐姐，侍奉和照顾年迈多病的我的父亲和母亲，做尽了所有应该由我来做的辛苦劳累事，这种愧疚感，我今世怕是不得释怀了。

1957年，为支援西安电影制片厂的筹建，父亲受组织委派，带领一部分长影的电影专业和技术骨干回到西安，为初创中的西影加强干部力量。这一行几十位老长影人，均为西影建厂初期各个部门的扛鼎者（图6）。

父亲晚年才告诉我，当年，他和另外两位干部，被长影派回西安，原本是要让他们三人分别做好奔赴甘肃、青海、宁夏的准备。当时国家有计划要在陕甘宁青的四个省会城市，分别建立四个电影制片厂。后来，“大跃进”及中苏交恶等一系列原因，这个计划中止了，于是父亲和另外两位干部，就在西影工作了一辈子。

“文革”期间，电影生产全面停止，父亲遭遇蹲牛棚、关禁闭、挂牌子

图6　父亲与同事

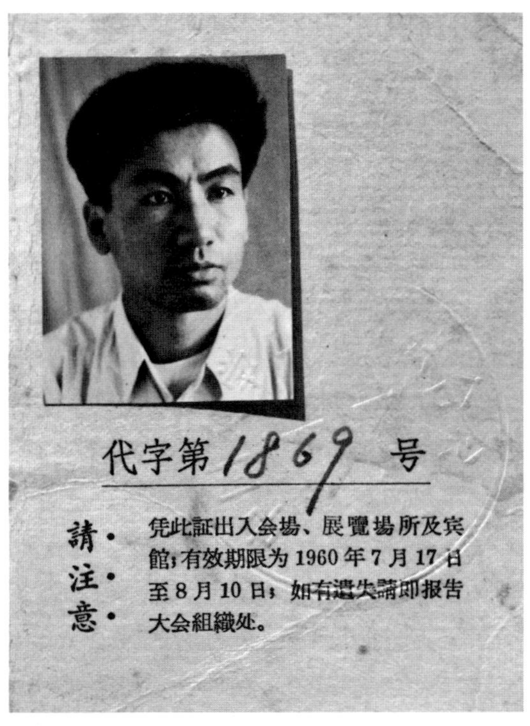

图 7　父亲的代表证

游街挨斗的命运，长期忍受着来自造反者的各种人身攻击和肉体折磨。后期稍微缓和些的时候，父亲和长影一起来的几位老友，都是被停职务和反省的，他们私下成立了“西影高级动物园”，以狮子老虎大象狗熊互相起了绰号，以凑在一起打打扑克，互相串门儿聊天的形式，悄悄议论各种政治八卦，以这种自嘲、自黑的方式，打发百无聊赖的郁闷生活。父亲的绰号是狮子，盖因他是这些人里嗓门儿最大者。

1960 年，父亲作为陕西省文艺界（电影组）代表之一（图 7），出席中华人民共和国第三次文艺工作者代表大会，在人民大会堂受到毛泽东和周恩来的接见。

父亲这一次的经历，对于他这样一个基层文艺干部来说，一生不忘，这是他认为的一生中最大的荣耀，也给他带来很多的傲气和虚荣。父亲这一辈人，追求功成名就的心思还是很重的，马列主义理论诸多教条，似乎都不如“吃得苦中苦，方为人上人”这样的古训或者祖训，要来得更真实更励志。所以，他们教育子女的方式，价值观、世界观，往往是呈现很多互相有冲突的，互相有抵牾的诉求，这也给我们的成长多少造成一定的无所适从，反而养成了我自己的一种面对这个世界，会怀疑，会叛逆，会不相信，会调侃和不恭敬等，成人之后，我反而会感谢这样的一种经验。当然，这样的获得于我而言也许终生受用，可是，我父亲生前，我是万不可能和他讨论这种得失的，即使现在，父亲在另一个世界，我也不想让他听到太多颠覆他一辈子的价值观的片言只语，尽管，在他生前，我也常常会刻意冒犯一下他，现在想来是很有些懊悔。

父亲三十五岁这一年，我出生了（图 8）。

而又一个三十六年后，我也生下了我的儿子。

父亲这辈子，属于他自己最重要的两件奢侈品，一是苏联卓尔吉仿徕卡旁侧取景相机（图 9），还有一把 40 年代购于长春的小提琴。这台相机已经由我收藏，小提琴后来好像是损坏了，不知去向。记得 70 年代初，父亲曾经努力想让我能继承他的小提琴技艺，可惜，父亲的教授方式简单粗暴，加上那时候敢放开音量教我练习的曲目只能是《东方红》以及《闪闪的红星》和“陕北民歌”，他自己想练习其他西洋曲目都不敢，实在技痒，只好加上弱音器，偷偷拉两下，且情绪压抑愤懑，有气，自然就会撒在整天练习“索索索拉索，啦米咪哆”（《东方红》旋律）的我的头上。如此景况，我这个学生，不厌烦不逆反才怪。

这一年，我和父亲母亲去陕西周至县马召公社“探视”被上山下乡的我的大姐，这一次我最清楚的记忆，是回西安的路上，母亲一路不停地啜泣，一路不停地落泪。图 10 中我母亲的表情已经能看出她刻意隐忍的情绪。

记忆中，这样的全家福（图 11），是每年春节必然要拍的，地点总是只

图 8　父亲与我

图 9　父亲和我与他的相机

图 10　我们与大姐

图 11　全家福

有两处，西影家属院的林荫道上，或者大雁塔脚下。

九岁那年，我在无锡参加西影“文革”后恢复生产拍摄的第二部故事片。那年某天，我在西影院子里瞎转悠，被路过的导演孙敬（30 年代上海滩名导演，“文革”前为西影拍了一部广受好评的黑白故事片《桃花扇》）看到，问我是谁家孩子，我说了父亲名字，孙敬找到家里，说要拉我去做小演员。孙敬尽管也是刚被“解放”（就是“文革”期间被勒令低头认罪，“文革”后恢复工作）的人物，可他是当年西影导演里面的大牌。父母当然认为对我而言是个绝好的锻炼机会，出去闯闯，增长见识，所以，欣然应允孙敬先生的提议，我跟着《阿勇》摄制组去了无锡，一去就是四个月。

这是父亲借出差无锡电影胶片厂的机会，把我从《阿勇》摄制组接出来，在他的无锡老朋友陪同下，我们去了鼋头渚、三山公园等，这是我童年时代

图 12　我和父亲在无锡

图 13　父亲接待日本客人，张艺谋亦在场

最珍贵、最“豪华”的一组黑白照片（图 12）。

图 13 是 1988 年父亲接待日本富士胶片厂访问西影代表。当时中国无论第几代导演和摄影师们都是一味迷恋柯达伊斯曼彩色电影底片的，对富士电影胶片多有偏见和不待见。富士代表来中国，企图破冰，西影找当红影人张艺谋参加会见，对富士算是很高礼遇了。只是，没什么作用，富士胶片那种柔柔粉粉的文艺理性主义调子，很难打动刚刚洞开国门之后，血往上涌的中国电影影像艺人们对柯达电影胶片那种热烈饱满的色彩情绪的青睐，尽管使用富士胶片成本相对低廉，也难撼动柯达的地位。

图 14 父亲和他的孙儿最后一张合影。这时候，孙儿已经懂事多了，从大洋彼岸回来看爷爷，一进门，第一次直接走到爷爷奶奶身边问好，看到父亲被保姆搀扶起身，第一次走上一步主动说出“要我帮忙不”……可惜，这是第一次，也是最后一次了。

2007 年，父亲第一次脑梗至去世之间的整整十年，我两个姐姐（图 15），照看一次一次入医院治疗的父亲和母亲，是她们两个家庭的主要日常生活，尽管我也是五十岁的人了，她俩还当我是小她们十岁的弟弟，各种的不放心，啰唆，强迫性的关心和担心……我姐姐一位老同学有一次电话里跟我喊道：你姐为你可是操碎了心啊！

对姐姐有太多的话想说，可是说不说都无益，姐姐们什么也不说，却是替我做了所有在伦理上应该由我去做的事情。7 月初至父亲走的最后这两个月里，两个姐姐每天轮换睡在 ICU 门口的地铺上，父亲浑身插着各种管子，意识模糊着躺在里面……

若论养儿防老，大概率而言，养儿无用，这是一句狠话，也是一句实话。我父亲的晚景，可以佐证。

2017 年 9 月 7 日，上午七点五十至中午十二点整，在西安殡仪馆和西安高桥墓园，经过了吊唁和告别仪式，我和姐姐们喊着爸爸放心走吧，目送着他的躯体被送进高温焚化炉，再目睹父亲成为白骨，经敲打，碾碎，再一铲一铲地填满一个体积不大，但是颇有重量的骨灰盒，我一路怀抱着，送到墓冢，入土为安，从此，天人永隔。

我的现实生活中不再有我经常张口叫着的老爸、老父亲、老爷子了。那

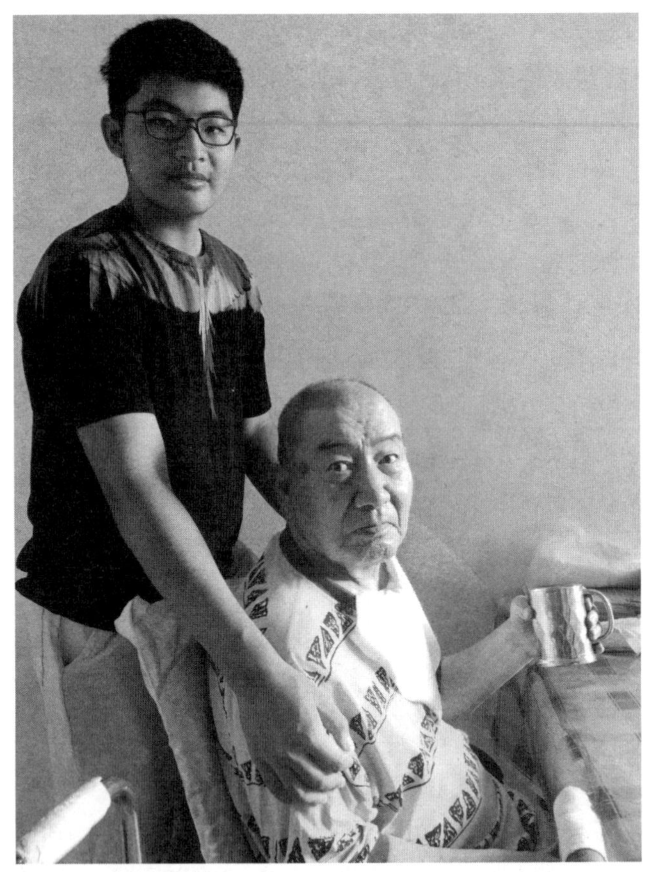

图 14　父亲和我的儿子

天我的发小发微信问我："龙，你老神父咋样了？"我才恍然想起幼年时有那么一阵子，我和我这个发小日常会把彼此的父亲或者别人的父亲叫"老神父"，你家老神父，那个谁谁他老神父，等等，不记得这个老神父的出处，总之里面带有一些对父亲的敬畏，还略带一些对父亲权威的小挑衅和小调侃，隐含着亦敬亦畏亦谐的潜意识。如今，无论什么，日常称呼和现实交流中可以拥抱，可以捶背揉肩的那个老父亲，已经不在了。一世人生中这个重要的血亲，这个重要的角色：父亲，已经变成生前所有记录在字纸、语音、影像里的素材，唯余无尽的怀念，和失去至亲的那种永远的伤痛。

图 15　我的两个姐姐

图 16　我的父亲母亲

2017年12月17日，在父亲离世一百零三天之际，我的母亲，放心不下他相守一生的男人，随我父亲而去了。临走前两天，母亲跟我说："我这会是要走了，要去你爸那了，那个地方（指与我父亲合葬的墓地）不错，山明水秀，我不反感——"

父亲母亲（图16）同年出生，母亲长我父亲两个月，母亲家姊妹兄弟五人，母亲行二，因此，我父亲一辈子称呼我的母亲"二姐"，父亲临走这一年多，须臾不能离开我母亲一步，视线内稍微不见母亲身影，即"二姐""二姐"叫个不停，大概是前世有约，今生两人一定要一同来一同走，所以，八十八年人生路尽，就这样相跟上一同去了。我们子女们哀痛不已，爸妈在他乡，却可能两情两心终得喜乐和安息。

（原载《老照片》第118辑，2018年4月出版）

难忘的农村户口

李承言

1976年夏，山西临汾师范学校想办个英语专业班，把我从雁北地区一所农村中学调了过去担任专业课教师兼班主任。因为我妻子是农村户口，按规定不能分配家属房。可是我老家在浙江，妻子虽是本地人，但是按照她家乡的风俗，女儿嫁出去是不能回娘家住的。当时又不可能租到房子，但总得有个住处，学校决定对我特殊照顾，把操场边一间八平方米的破旧房子分给我，“文革”期间，曾有支教的解放军在这间房子喂过马。我高兴极了，管它是马厩还是猪圈，住进去再说。就这还引起了许多家在农村的老师们的羡慕呢！

教学工作开展得很顺利，生活却处处碰到困难。在那个买什么都要凭“证”的年代，就连买块豆腐也要副食供应证，口粮也无法解决。妻子、女儿都是农村户口，农民在城市里即使有住房，也是很难生活的，因为不能安排工作。当时国务院规定，机关干部每年有千分之三的“农转非”指标，就是说，每年每一千名干部中有三家可以从农村户口转为城市户口。听到这个消息，我马上写了个申请，校长同意申请并签字“情况属实，同意转为城市户口”，并盖了学校公章。我高兴地把它交到地区革委会文教部，日日盼望传来好消息。一日，遇到文教部秘书，他是个十分正直的人，主动对我说：“你别以为交了申请就有希望了，文教部下属卫生、教育、文化、体育四个系统，一千五六百人，一年是有五个农转非指标，但是地区医院里的院长、科主任和许多老医生的家属也都是农村户口。地区和文教部的领导平日里生病都是他们给医治的，你说，如果有一个指标，是先批给你还是批给他们？我那里

图1 1978年11月12日，妻子和二女儿在临汾师范学校的家门口

就有一百多份申请，所以你不要抱什么希望，还是自己另想办法吧！”

自己能有什么办法呢？

1978年3月，全国科学技术大会在北京人民大会堂召开。大会闭幕式上播音员朗诵了中科院院长郭沫若的书面讲话《科学的春天》。从此，知识界掀起了学外语的热潮。一位老师启发我，现在英语吃香，你干脆到山区去教书，条件是让他们给你妻子安排正式工作，这样，孩子的户口也就随之解决了。在那个一切服从组织安排的年代，带着条件提调动，这是不可想象的。但也别无他法，我决定一试。果然，吕梁山深处的隰县中学欢迎我去。隰县教育局局长是个大学生，既懂教育又爱惜人才，当时他们急需一名英语教研组长。事后才知道，县教育局局长接到我的联系信后，立即请示县委书记。书记说：“安排正式工作没问题，每年我们都有就业指标。问题是你们一定要了解清楚这个人的情况是否属实。是否身体有病，能不能坚持工作；还是调皮捣蛋不好好工作，人家不要了甩包袱。”正好隰县中学的教导主任有个同学在临汾师范和我是同一个教研组，他回复说：“人品没问题，业务知识也扎实，确实是户口问题。”这样，他们才放心了，立即给临汾师范发商调信。

没想到，新问题又来了，地区教育局局长不批，他说：“英语班刚进校，你走了，那两位刚毕业分配来的老师我不放心。”我说：“调动就像找对象，要双方同意才能成。在临汾，你不能解决我家属的户口问题，现在隰县要，你不让去。等到英语班毕业，人家已经找到了另外的人，就不要我了。”我跟他开玩笑说：“临汾和隰县的教师都归你管，我从临汾到隰县，还是你手下的人，你没损失啊！”这位局长是从中山大学毕业的广东人，大概对南方人在北方工作的艰辛也深有体会，最终还是批准了：“好吧，破例放过，下不为

图 2　1978 年 11 月 12 日，我和大女儿在临汾师范学校教学楼前

图 3　1978 年 11 月 12 日，全家在临汾人民公园合影

例。”果然，后来临师有多位教师也学我的做法，要去山区，都没有被批准。

1978 年 12 月，我来到隰县中学。妻子终于有了正式工作，两个女儿也随之转为城市户口。为了报恩，我全身心地投入教学工作中，因材施教，分层辅导，优生争取拔尖，差生也很快得到进步，家长满意，学生高兴。苍天不负有心人，1981 年，我的学生张剑平在高考中英语单科成绩取得了全省第一名的好成绩。省报和省电台都做了报道，“深山飞出了金凤凰”。人们奔走相告，小县城沸腾了，这是史无前例的！平川地区的老师们都感到震惊。已经调到临汾师专担任副校长的县教育局原局长贾江，当天专程从临汾赶回隰县，一进我家就激动地说：“李老师啊，今天你总算让我挺直腰杆子了。你不知道，我也不能告诉你，当年把你从临汾请来，我顶着多大的压力啊！你知道，那时中学的校长和许多老教师的家属都是农村户口，他们说：‘我大学毕业就来山区，干了近二十年，家属还是农村户口。李承言刚来，为什么就这么照顾？’我只好说：‘咱们现在最缺的就是外语教师，你不给人家一点好处，人家来山区干啥？’现在好了，我可以理直气壮地说，你们在山区干了二十年，连个地区第一都没有考过，人家刚来两年，就考了全省第一，说明我的眼光没有看错。”当时全国正在补调工资，临汾行署分管教育的副专员给县里打电话，让他们给我调一级工资。县政府还把我评为当年的县劳动模范。

那年秋季开学时，邻县几位要报考英语专业的高三学生慕名转到隰县中学。1982 年我带的文科毕业班五十多人，考取大学的十三人，其中五人是英语系本科。往后几年，隰县英语学科在高考中的成绩始终名列地区前茅。

为了支持我的工作，在学校幼儿园当园长的妻子包揽了全部家务，照料我和两个女儿的衣食住行，没有一句怨言，她确实是一位贤妻良母。而我却无暇顾及女儿的学习，以致大女儿在本校上初一时英语成绩却不及格，成为全校老师的笑料。两个女儿都没能跨入大学的校门，是我这辈子都无法弥补

图 4　1978 年 11 月 11 日，临汾师范学校英语班欢送笔者（第二排左六）荣调

图 5　1982 年 8 月 5 日，我与大女儿在天安门广场

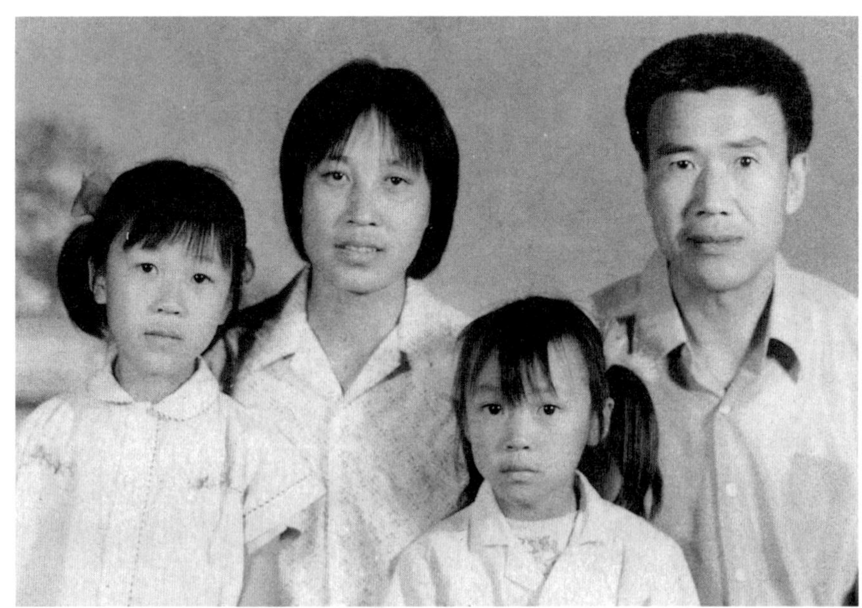

图 6　1983 年在隰县中学的全家照，妻子和女儿都成了“城里人”

图7　1988 年 4 月 7 日，隰县中学外语组欢送笔者（前排右四）调出。笔者 1987 年 7 月调走，此为 1988 年 4 月搬家时补照

的遗憾，实在对不起两个女儿。直到今天，她们也成为母亲，因工作繁忙无法辅导自己孩子的学习时，才真正理解了她们父亲当年的无奈。

由于我的学生考了全省第一，我在地区和全省的中学外语教育界都小有名气。1987 年 7 月，我被调到临汾市教育局搞英语教研工作，被评为中学高级教师，还被选为临汾地区中学外语教学研究会副理事长，帮助地区和省教研室做了不少工作。

今天，城乡统一的户口登记制度全面建立，各地取消了农业户口与非农业户口的性质区分，农村人可以在二、三线城市自由落户。“城里人”和“乡下人”户口身份之别不复存在。想当年，“城市户口”是多少人羡慕和梦寐以求的目标啊！为了妻子和女儿的城市户口，我竟然在山区整整奋斗了八年半。真是难忘的农村户口！

（原载《老照片》第 128 辑，2019 年 12 月出版）

红星大队的故事

王秋杭

崇　明

1972年我在继父战友的帮助下，从黑龙江生产建设兵团把户口迁到老家山东，再迁到余杭县（现杭州市余杭区）云会公社红星大队。我被安排在大队部，住在一个面积很大的队部的小阁楼上，一个人，非常孤独。

这时一个当地小男孩常来我这间小阁楼和我做伴。他叫崇明，小学还没毕业就不读书了，和大人一样干农活，插秧、割稻、耘田、挑担，样样会做。甚至连江南水乡不可或缺的摇橹、捻河泥都会，比我这个二十多岁的大小伙子强多了。我在他面前反而像是个啥也不懂、啥也不会的小弟弟。他很帮我，常为我出头露面讨公道。有几个当地小孩嘲笑我不会这、不会那时，他竟会出面训斥他们。

记得有一天下大雪，我正在为午饭没有着落想绝食一餐时，他突然来敲我的门。我打开门，只见他打着一把巨大的油布伞请我去他家吃午饭，我感动得不知说什么好。于是我认识了他父亲，一位不干农活的老人，在当地算是有文化的。这一天他父亲喝了点酒，问我：你知道农村里的人最盼望的好日子是什么样的吗？我说不知道。他把下巴往上一翘道："房梁上挂一只火腿！"我抬头望上去，果然高高的房梁上有一只大铁钩子。这难道是专门用来挂火腿的吗？我不知道。于是问："你这梁上挂过火腿吗？""老底子么，不空的！"我当时趁着酒性心里暗暗想，啥时候我回杭州买一只送他挂挂。我们家是北方人，从不吃火腿的。回到杭州我还真去南货店看过，一只火腿

图 1　崇明。摄于 1973 年

居然要二十多元钱，巨款哪！我两个月的伙食费啊！后来我问沈会计："崇明他家老底子房梁上常挂火腿吗？"沈会计笑道："一只火腿挂十多年，只看不吃的，江南都有这个风俗。"

为了记住崇明，我从极珍贵的胶片中匀出一张，为他拍了这幅照片。

莲藕丰收

杭州有一款名小吃"西湖藕粉"，儿时经常吃。因为我们家兄弟姐妹五个，粮票不够，母亲就常买藕粉来补充。记得那时候的西湖藕粉是浓浓的、稠稠的，色泽透明，吃到嘴里香香的、滑滑的。如果撒上桂花糖，那更是香甜可口。每次吃完了，必要伸出舌头把碗、勺舔得干干净净。吃藕粉最关键是冲泡，在家都是母亲冲泡好了给我们享受，我们不知其中奥妙。长大后赴黑龙江兵团支边，临行前，母亲在我的旅行包里塞进两盒西湖藕粉，说肚子饿了可以冲泡了喝。可我就是冲泡不好，老是冲得一块一块的，成不了糊，

图 2　杭州知青陈孟林（右三）摆出一副很虚心向贫下中农学习的样子。摄于 1973—1975 年

图 3　洗净的莲藕装上了船。摄于 1973—1975 年

全糟蹋了。回杭探亲时我向母亲请教，才知道藕粉先要用冷开水少许浸润，用勺背用力将藕粉碾成糨糊状，再用滚开水，一边搅动藕粉糊一边慢慢冲下。后来我不知试了多少次，就是不如母亲冲泡的藕粉均匀、稠厚。

知青大返城时我回不了城，只能在离杭州城五十公里外的余杭县塘栖区云会公社红星大队插队落户。那是个百塘之村，到处是水塘，水塘全都种的莲藕。后来才知道新中国成立前这一带的“三家村藕粉”名声几乎和西湖藕粉齐名，但产量高多了，几乎全部销往上海。新中国成立后公私合营，统购统销，便取消了“三家村藕粉”的商标，统一叫“西湖藕粉”。

红星大队每年夏天过了，莲蓬收了，秋风起了，就要翻塘收获莲藕了。先是几架或十几架脚踏水车没日没夜地车水，把水塘的水抽干了，社员们就卷起裤管下到齐膝深的泥塘里。先把荷叶割了，再用脚踩，用手挖出脚下踩着的莲藕。然后挑到另一个清水塘里洗净、装船，运往加工厂。那一年是1972年，莲藕丰收，全大队的男女老少和我们知青齐上阵，一连干了好几天才收光。

搞定沈书记

那是个无产阶级全面夺权的年代。各省、市、县、区、人民公社都成立了革命委员会，造反派作为新生力量掌握着各级革委会的主要领导岗位，成为一把手。老干部们在经过了重重审查和洗心革面的检讨之后，作为配角被结合进领导班子。连基层政权都算不上的红星大队，也不例外。一把手是党支部书记，而不是大队长。他年纪很轻，姓沈。

听大队知青私下里议论，说红星大队刚被杭州招工抽调上去的一位知青是沈书记的朋友，他走了以后，原先他手腕上那块三十元的紫金山无钢表戴到了沈书记手腕上。那个年代手表可是“三转一响”之冠，是有工作的城里人生活条件的最高配置。农民连饭都吃不饱，手表是连想都不敢想的，知青当中多半也没有手表。

我妈的战友叶青叔叔，神通广大，不知通过什么关系认识了在云会公社医院的王医生。王医生也是山东人，把他认作我的亲戚后，我投靠他作为回

图 4　模仿大寨大队样板照拍下的照片。摄于 1973 年

乡知青，没人会怀疑。而王医生和红星大队副书记陈国来关系不错，叶青叔叔还从浙江省生产建设兵团后勤部搞来一吨日本尿素和两吨螺纹钢等紧俏物资作为回报，于是我就被落户到了红星大队大队部。沈书记是位标准的泥腿子书记，总见他光着双脚，裤管卷得老高，水田里上来也不洗泥，走东家串西家忙得不得了。我看他手腕上是没有表的，心想或许是知青因抽调不上去瞎说的。可那一天沈书记突然约我上他家吃晚饭，书记请知青吃饭那可是天上掉馅儿饼的事啊。

“小王！我们红星从来没有进过那么多尿素和螺纹钢啊！今后可要靠你了！”沈书记举过满满一碗黄酒对我说。我眼前一亮，只见他手腕上戴着一块表。仔细一看，哪是紫金山啊？明明是上海半钢哦，城里要凭工业券再加一百元钱哪！那时候学徒的月薪才八元。

“哪里，哪里，沈书记今后可要多多关照！”我发现他的双眼一个劲地往我左手腕里钻，我戴的可是我父亲淮海战役缴来的全天候国际时间表，瑞士产，还带夜光，全余杭县恐怕也找不出第二块来。我的心跳开始加快。“来来来！你这个朋友我交定了，今后你就是大队采购员，不要干农活了，专门搞水泥钢筋化肥去，工分按全劳力照记！”他一口气又喝干了一碗。我明白如果有朝一日我要是被招工回杭，这块表又要到他手腕上了。

“我其实不叫现在的名！”沈书记喝得两眼通红，直直地看着我说：“叫雷华，我母亲说生我的时候天上打雷……”后面的话就听不清了。那一晚我怎么也睡不着，心想得想个办法搞定了他，省得他老操心我这块表。我想到了政治，对！政治挂帅！

于是在我的亲自导演下，召集大队党支部全体支委，再加上大队会计等，按照大寨大队的样板照，拍下了这张照片，然后放大五英寸，每一位党支部委员一张。他们这辈子从没被这么重视过，这不亚于要上《人民日报》头版啊。我趁机对沈书记说：“千万不能忘本，要沿着毛主席的革命道路一直走下去，要狠斗私心啊！”他没话说了，接过照片时，双手是颤动的……

打倒林彪！打倒孔老二！

1972 年，在一个阴天的黄昏里，京杭大运河杭州段塘栖云会公社纽家塘的河堤上，走来一位青年。他行装简朴，衣着陈旧，但是在他那心爱的军用书包里，却装着两台照相机：一台是他从黑龙江带回的“海鸥”4B 双镜头反光，另一台是他继父的苏制“卓尔基 -6”和一堆处理品黑白胶卷。

那个人就是我！

没有人给我布置拍摄任务，也没有任何媒体会接受我的投稿。可我三年下来坚持拍摄了数百张照片，而且这些底片都被我一直保存到今天。

这是其中的一幅，现在想想真是难以相信，我只是个知青，说是想要给这个我经常要去买烟酒的供销社拍照，好寄到《浙江日报》，而且跟他们说有可能报社会因此发现我这个人才，并由此改变我的命运。他们便很自觉、很主动地布置了这样的场面，让我拍摄。

我们不应该忘记那个谁都可以被打倒的年代……

图 5 “打倒林彪！打倒孔老二！”摄于 1972 年

毛泽东思想宣传队

说来也许没人相信，那时候的农村青年是不能自由恋爱的，基本上是换婚。姐姐或妹妹必须为自己的哥哥或弟弟做出牺牲，听由父母安排，和本村或别村的有姐姐或妹妹的男子结婚，以换取那位男子的姐姐或妹妹嫁给自己的哥哥或弟弟。那时候村里根本就没有文艺活动，人们除了干活就是吃饭、睡觉。

为了活跃村里的文化生活，我在全大队挑选了最年轻漂亮的青年男女成立了“红星大队毛泽东思想宣传队”。我自任导演，并天天排练到深夜，白天睡大觉照样拿全劳力工分。春节到公社参加会演，捧回了好几个奖状。

可是终于出事了。一天凌晨 4 点，那位宣传队的男台柱从女台柱的闺房窗户里刚爬出来时，就被十几双长满老茧的手紧紧抓住，五花大绑。问他：

图 6　毛泽东思想宣传队。摄于 1974 年

“改不改？”“不改！”“后不后悔？”“不后悔！”按照当地的老规矩，对这种通奸者最严厉的惩罚是扔进粪缸。可这十几位长者以抬不动他为理由，改判用粪勺往他头上浇粪。偏又让一位年纪最大的老者来执行，那个老者把粪勺在粪缸里搅了半天，结果勺底朝天勺上来就往男台柱头上浇，当然啥也没浇下去，只滴了几滴粪汁。绑着男台柱的好几双手立马就松掉了，那男台柱就像头豹子那样窜到河边，一个猛子扎了下去……后来我问那老者：“为啥不狠狠地浇他？”老者说：“年轻人这种事难免的，真要浇他一头粪尿，要倒一辈子霉的！”

第二天，我见到那男台柱问：“怎么样？”“合算的，便宜总算让我赚到了。”不久，那男台柱便离乡出走，不知去了哪里。那女台柱也被嫁到很远的地方，宣传队也就不欢而散了……

这就是当年红星大队毛泽东思想宣传队的合影，因为导演兼了摄影，所以不在其中。

沈会计

他是塘栖中学高三的高才生，毕业时面临着“穿皮鞋和穿草鞋的抉择”。就是说，考上大学今后就穿皮鞋，考不上只好穿草鞋。他说他从刚进入中学校门时就牢记这句话，于是拼命学习，因为他认为读到高中毕业还回农村老家，是人生的退步，否则还念什么书？要念就是为了穿皮鞋而念。到了高中毕业临考大学时，他胸有成竹，而且目标非清华北大莫属。他的功课名列塘栖高中前茅，许多老师都给他下了保票。可谁知他高考那年正好遇上“文革”，大学不办了！他为穿皮鞋奋斗了大半辈子青春的结局，最后还是只能穿草鞋。他回到红星大队当了会计……

我和他一拍即合，两人凑到一起就喝酒，惦记着“四人帮”什么时候下台！多少个夜晚，我和他喝得天昏地暗，骂江青、骂王洪文、骂张春桥……为邓小平复出举杯庆贺，又为邓小平被二次打倒而惋惜。

图 7　沈会计在算账。摄于 1972—1974 年

图 8　沈会计接待各小队计分员报账。摄于 1972—1974 年

他在大队可是内当家，除了沈书记就是他说了算。他的外号叫“小平”，不仅因为他长得矮小，更因为他处事精明。

阿　凤

来到红星大队我才知道，当地的贫下中农根本看不起我，因为我不会种田（插秧）、不会挑担、不会捻河泥、不会摇橹、不会割稻、不会踩地力……原沈阳军区黑龙江生产建设兵团带岭武装连的排长，在这里竟然一文不值。好胜的我，曾好几次跟他们比割稻，结果割破手指，还是比不过他们。越是比不过越是被他们嘲笑，因为在他们眼里，干农活的好手才是受人尊敬的。

可是，有一位女性却很尊敬我。她叫阿凤，是大队的妇女主任，丈夫也是村里的，但当兵去了。在那个自卑的年代，能受到一位大队干部的尊敬是很荣耀的事。我住在大队部的楼上，大队干部开会就在我脚下，听得一清二楚。因为阿凤是大队干部中唯一的女性，因此，男干部们开会时经常争先恐后地用下流话挑逗她，而且要比田里听到的那些下流话露骨多了，有时候干脆就动手动脚……我才知道女性即便当上了大队干部也是受气的，也是男人们的消遣和玩物。有一次晚上我在大队部门口的拐角，看到一位男干部和阿凤从大队部里出来，那男干部见四处没人就抓住阿凤要摸，被我大声呵斥。从此，我和阿凤的关系就更进了一步，她经常到大队部楼上我的房间来和我聊天，甚至还要为我洗棉被或床单什么的。后来她要我组织大队文艺宣传队，我一听就来劲了，她又找来大队团支书阿相，一商量就真组织起红星大队毛泽东思想宣传队来了。阿相从团费里拨出三十元钱和我一起到杭州买乐器。年轻人争先恐后来报名参加。从此，红星大队的夜晚再也不是死气沉沉的了，二胡声、快板声、锣鼓声、笛子声、男高音、女高音此起彼伏。我是白天睡觉晚上排练，又编又写又教。在公社的会演上一举囊括一、二、三等奖。

从此我再也看不到嘲笑我的目光了，更多的人开始像阿凤那样对我尊敬

图 9　阿凤的衣服是自己织的粗布做的

图 10　飒爽英姿五尺枪，阿凤排在第三个

图 11　我把阿凤叫到荷花池边拍照，可另一位女赤脚医生非要凑上来一块儿照

起来。

我在红星大队照的相里，阿凤的身影最多。不过，阿凤可不是小芳哦……

阿　才

我成了大队的“采购员”以后，不干农活照样拿工分，而且经常是大队书记、生产队长家酒桌上的常客。又会照相，又会喝酒，又会吹牛，因此被社员和队干部们看作是神通广大的人——该生产大队从未一次性调拨来这么多紧俏物资。大队会计沈振扬也常在他家设“宴”款待我。一把青菜、一碗炒黄豆就是好菜了，酒是三毛钱一斤的黄酒，黑心的供销社售货员还要往里掺水，匀出来的开磅酒自己偷偷享用。沈会计见我好酒量，就不止一次地对

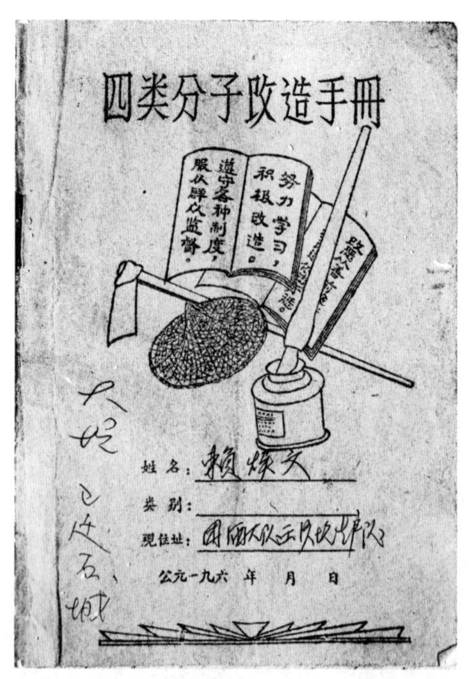

图 12　四类分子改造手册封面。作者藏品

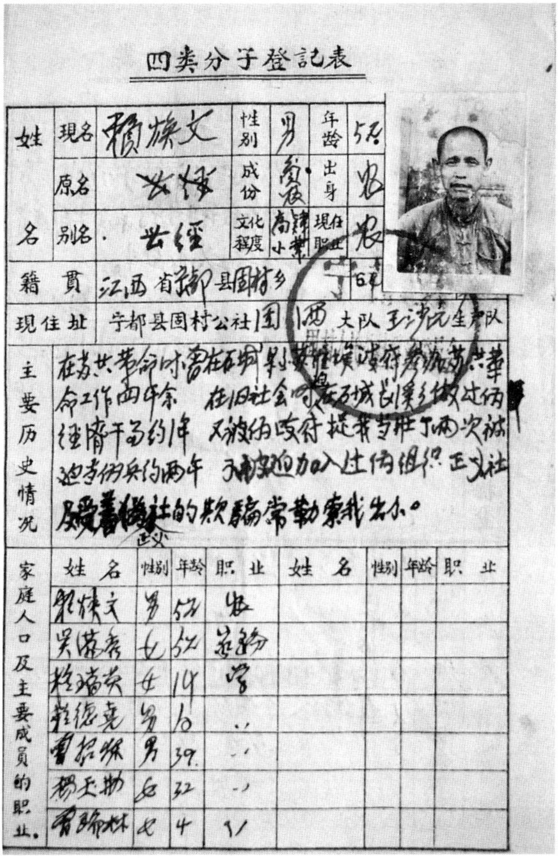

图 13　四类分子改造手册登记页面。作者藏品

我说，这附近有位乞丐，不讨饭的，专门讨酒喝，或讨钱买酒喝，是个酒鬼。我说自己都不够喝，还给他喝？沈会计说：“比如我们现在在喝酒，他来讨了，总要倒给他半碗的，我们不喝酒时，他从门口走过是不会来讨的。嗨！人到了讨饭这一步，也就到了生活的最底层了，总要给他一点的。他叫啥不知道，就知道叫阿才，本来是四类分子，被民兵打得要死，大年三十都没得休息的，要筑路铺煤渣，雪落得那个大哦。后来他吃不落了，干脆讨饭啦，也就解脱了。”“那他妻儿老小呢？”我问。“哪个晓得？总走开了啰！”

这一年秋天，大队副书记陈国来家的大儿子结婚，派人来叫我去吃喜酒。那是我到红星大队第一次吃喜酒，知道要送红包但不知道要送多少？就问沈会计，沈会计说："不一定的，一般都是一块的，但要两张五角纸币包的，不作兴一张的。你和国来要好，总要两块才行。这里结婚红包最高就是两块了，没有再高的了！"我就封了个两块两角两分的红包，并写上自己的名字，换了一身新衣服去了，我知道当地喜酒要喝就要喝一天的，从中午一直喝到晚上。进门后先将红包送到一张八仙桌上，专门有两人坐着记账，当我随便找了个座位坐下时，就听到一声喊："小王，两块两毛两分！"全场一阵骚动，国来马上过来把我拉到上旺头和他并肩而坐。我听到大家在议论："小王见过世面，这两块两毛两分是有讲究的，是出头的意思，大吉大利啊！"沈会计也来了，他看到红榜上公开的红包账目对我说："你排头一个，你现在的地位是最高的，酒尽管喝！"我远远看过去大厅里共摆下十多桌，可有一张桌子特别小也特别矮，而且放在门外，没有凳子。沈会计告诉我说，那张矮脚桌是专门给乞丐准备的。当地的风俗是喜宴上来乞讨是不能拒绝的，但也不能进门，就在门外的那张矮脚桌旁席地而坐，专门调度送菜的主妇就会把桌上吃得差不多的剩菜端到门外那张矮脚桌子上去，还要送碗酒给他喝。

好不容易等到开喝，我先自灌了三大碗。也不知道什么时候门外那张桌子上坐了一个人，穿得破破烂烂的。沈会计说："呵呵！今朝阿才也来哉！"我才知道他就是那位只讨酒、不讨饭的乞丐。我站起身，端着酒碗就走了过去。国来老婆过来拉我，说你怎么和要饭的坐在一起？我说今天来的都是客，没有穷富之分！她忙改口说：对对对！！！就不拦我了。我走到阿才面前和他一样席地而坐。这时我才看清，他身材不高，一头乱发，都凝成了一块一块的。乱发下是一双混浊的眼睛，眼角挂着白色的污垢。几个月没洗脸，脸上看不到皮肤，只看到层层硬壳。衣服是破棉袄，大块大块的黑棉花露在外面，腰上缠着一根草绳。膝盖以下全裸，鞋是一双破套鞋。他对我的入座十分惊骇，拼命向后挪着身子。我掏出一包大前门抽出一支递给他说："我是刚来的小王，回乡青年，今天是大喜的日子不作忌的，你尽管吃！"他看了我好半天才哆哆嗦嗦地双手接了过去。"叭！"我把东北带来的大揭盖儿打火机打开伸到他眼前，他竟像触电一样站起身来，忙弯下腰来双手托着烟，长长地吸了两口后，伸出他那右手的无名指在我的左手背上轻轻地点了两下，然

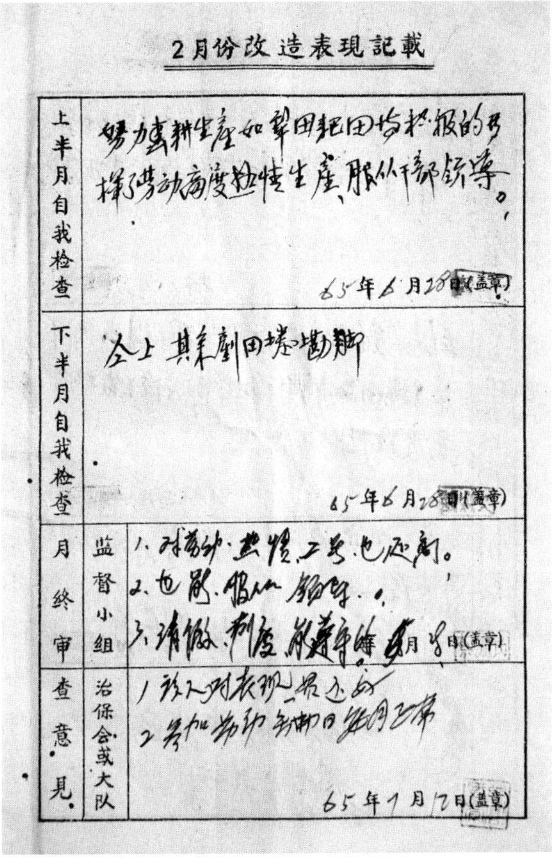

2月份改造表現記載

上半月自我检查	65年6月28日(盖章)
下半月自我检查	65年6月28日(盖章)
月终审 / 监督小组	月 日(盖章)
查意见 / 治保会或大队	65年7月7日(盖章)

图 14　四类分子改造手册每月交代笔记。作者藏品

后拼命向我点头。我走南闯北，还是第一次遇到这样私密的礼节。国才老婆这时端来了几碗满满的红烧鸡块和炒三鲜，外加热腾腾的一壶黄酒。阿才眼都直了，紧着吃、紧着喝。几杯酒下肚后阿才来了精神，自己动手从我桌上那包烟中抽出一支，拿起旁边放着的大揭盖儿打火机，右手指一个漂亮地反打，左手大拇指高翘迅速护住火苗，斜叼着的烟微微一低，抬起头来烟已点燃。那动作干净利落，派头十足。只见他抬起头向着天花板“哆”地吐出一个浓浓的、圆圆的烟圈，那洁白的烟圈柔柔地、缓缓地向上飘去。这时阿才再深深地吸了一口烟，凑上去，把嘴噘成个鸡屁股，用右手的无名指很有节

奏地飞快弹着右腮帮，一个个小烟圈从口中吐出来，从大烟圈中间穿过。“好啊！这叫真本事！”沈会计手端着一大海碗黄酒，站在我身后大声道，其他人也来纷纷凑热闹了。阿才见人多了，便来了劲，睁着通红的双眼大声地说：“我年纪轻格辰光，拉哈上海滩开奥斯汀的。”我还以为他是酒喝多开始吹牛了。没想到国来也趁着酒兴过来道：“阿才，听说你解放前在上海滩是开妓院的，妓女总是每天夜里有得困的哦？”“哈！哈！哈!!!”大伙儿哄堂大笑。“你们不晓得，我开的是长衫堂子，不卖身的，不卖身的！”阿才涨红了脸拼命争辩。“你嘎老实，啥人相信。”“开妓院哪有不卖身的？哼！”“你是老板啊？你要困哪个，哪个敢不跟你困啊？嘻嘻！”大伙儿七嘴八舌地议论起来。国来大声道：“阿才！你老实交代！到底有没有困过？不老实再捆起来吊到大队部去你相不相信？”“没有困过就是没有困过，打死我也不相干的，过去开堂子是有规矩的，哪好乱来的呢？又不是开妓院。”我发现阿才有些激动，因为他端着酒碗的手在颤抖着。国来仍穷追不舍地道：“格么你交代过的，妓女坐在你大腿上，瓜子肉儿磕出用舌头摆到你嘴里，总是有的吧！”“格是生意不好的辰光，姆妈叫我在橱窗门口摆摆样子招揽顾客的。”国来他们看看没什么好闹的了，就纷纷散去，又只剩下我和阿才两个。我提起那把盛黄酒的大茶壶，给阿才的酒碗和我的酒碗都洒满后，端起自己的碗和他的碗碰了碰，一口闷下，抹了抹嘴问道：“我相信你没和她们困过，但相好的总有的啰？”阿才来了精神，端起酒碗一仰脖子，喝一半，漏一半。而后凑过来神秘地对我说：“告诉你，一个还不止呢！”他打着酒嗝道：“谁不想跟我从良，哪怕做个二房也好。可姆妈看得紧，不让我和她们好的，说她们命不好。哎！女人家到了这一步，也是做人做到底了，罪过相的，不好再去寻她们开心，弄讼她们的。”“那你没有老婆啊？”“哪里！儿子都有两个呢！解放前我叫老婆带着两个儿子先去了美国，我想晚一步再去的。都是为了那栋小洋楼，二十根大黄鱼啊……”

这一年的冬天，雪下得特别大，鹅毛大雪一连下了好几天。这一天晚上，沈会计请我到他家去喝酒。只见他把炉子烧得通红，一把大茶壶放在火炉上面，里头不是水，是黄酒。“落雪天黄酒要喝得烫，但不能滚，滚了就没有酒劲了。今朝有好菜，不敢独享，特邀王兄！”“啥好菜？”我忙问。“不要急，我老婆在烧，我们先慢慢喝起来！”几口烫黄酒下肚，一把烘青豆慢慢地嚼着，浑身舒坦。不一会儿他老婆端上来一只青花大碗，定睛一看，哇！红烧鲫鱼两条，这可是神仙享用的江南佳肴啊！酒过三巡，老沈突然想起来道：“哎！你晓得吧，阿才死了！”“什么？就是那个不讨饭、光讨酒的阿才？”“就是他，你还跟他喝过酒的。前天晚上去的，今早在破窑里发现的。大概是酒喝得太多醒不过来，活活冻死的，发现的时候人都实硬了。”我顿时觉得酒菜索然无味，心想：要是当年他撇下那栋小洋楼，跟老婆孩子一起走了该多好啊！

摆 拍

自从林彪爆炸，我的当兵梦因超龄化为泡影后，我又开始了我的第二个梦：当记者。

当我来到红星大队的第一天起，我就感到我不可能在这里待一辈子的，因为我会摄影、会拍照片，这在当时是一门非常稀有的技术。尽管我不会干江南的农活，社员们经常嘲笑我，但还是有个别人对我十分欣赏。有一位富农的独生女高中毕业后一直待在家里，他老爸老请我去他家喝酒，混熟了以后终于说出他的心事，想让我做他的入赘女婿。“你什么都别干，只管拍你的照片，我和我女儿养你……”说心里话，我还真动摇过，二十四五的大男人，有毛病的才不想女人。可我还是拒绝了，因为我觉得我应该是一名摄影记者，哪能在农村待一辈子呢？

从红星大队回杭州要步行十里到良渚，再乘公交车两毛七分钱到杭州。回杭州绝不是为了贪图享福，而是跑《浙江日报》和浙江省摄影展览办公室的记者、领导，以拜师为名，替他们干活儿、帮忙，最终目的是想进报社当一名摄影记者。那时候报社的老记者我基本上都认识，他们一点架子都没有。像《浙江日报》的摄影部主任肖峰，老记者徐永辉、王奎元、袁善德；浙江省摄影展览办公室主任谭铁民，副主任黎纳、吴根水；红太阳展览馆摄影部主任戚心安；浙江工农业生产建设展览馆摄影部主任潘文甫，等等。我最敬重的是黎纳老师，他是原浙江幻灯制片厂的党支部书记，整个浙江省摄影界数他资格最老，延安时期就是新华社记者，跟石少华、吴印咸、沙飞、吕厚民等在一起共事。他的代表作是《查铺》，跟吴印咸的《白求恩大夫》等名作一起被载入红色影像史册。可惜他没有多少文化，所以一直升不上去，但一直享受高干待遇。有一次我看到他跟谭铁民主任争吵，他结巴了半天才蹦出一句话："你，你，你一个月才拿几个钱？"因为浙江幻灯制片厂属于浙江省文化局领导，所以他认识我已过世的生父，对我特别照顾，有采访任务尽量带着我，让我给他背摄影包、扛三脚架。那时候无论去农村或厂矿采访，都是拿着介绍信先找到单位的领导，告知拍摄的重要性和要求，然后领导根据我们的要求挑选场景、安排人员。黎老每次都要特别关照，安排的人员必须是成分可靠，最好是劳动模范、优秀党员。有好几次黎老等到场面和被摄人员安排好了，干脆把"哈苏"相机交给我让我拍摄，他在一旁提示，谁的眼睛再睁大一点，某某的神态再自然一点，手再抬高一点，等等。可我最喜欢拍摄的是场面，大场面有气派，人员调度就像拍电影一样，经常爬到很高的梯子或搭起来的桌面上。黎老经常教导我，这胶卷就像子弹，必须要节约，

图 15　插秧季节。摄于 1972—1975 年

图 16　晒谷场上。摄于 1972—1975 年

图 17　水利建设。摄于 1972—1975 年

千万不能浪费，尽量做到张张保险，所谓保险就是要拍得张张清晰，符合要表现的主题。回到红星大队我就按照黎老的要求，大肆摆布，拍摄场面照片。崇明自告奋勇当我的助理，搬梯子，吆喝这吆喝那……拍完后，回杭州冲洗、放大、烤干、装裱后还要配上文字，很认真地拿给这些记者们看，请他们提意见。黎老最认真，几乎对每一张照片都有评论，赞扬和批评兼而有之……

《急诊》

从云会公社红星大队到良渚镇要步行十里，在快要到良渚镇的丁字路口的大路右侧有一排平房，墙面和门窗都是木板做的，很老旧。第一次见到她，是那一年的夏天。我挨着那座平房走着，忽然身边平房的一扇木门“吱呀”一声推开了，走出一位身材高挑的少女，穿着短衣短裤，洁白的皮肤一下子

图 18　《急诊》。摄于 1974 年

图 19　赤脚医生。摄于 1974 年

吸引了我。两人挨得那样近，她似乎感觉不到我的存在，若无其事地转过身去关上门，随后光着脚绕到屋后去了……我仿佛遇到了天仙一般，傻眼了。一路丢了魂似的不知怎么回的杭州。从此以后，每次往返杭州和红星大队，路过那排木屋、那扇木门，我的双眼就像磁铁一样盯牢不放。可是那木门总是紧闭着，再也没有打开过。但我不死心，经过时依然保持着渴望的目光。

有一天红星大队来了一位县里的摄影干部，推着一辆加重自行车，脖子上挂着一台刚刚生产的“海鸥”DF 单镜头反光照相机，后车架上是一个巨大的摄影包。沈会计把他领到我住的大队部。“他就是拍照的小王。”沈会计向他介绍。我才知道他叫李耕书，是余杭县文化馆的专职摄影干部，不知从哪里获知我会摄影，专程从临平城里赶来找我，因为县里要成立工农摄影创作学习班，要办摄影展览，需要人手。很快，我被借调到县文化馆参加了摄影创作学习班。

说是学习班，实际上就是下乡采访、办展览以及参加市里和省里的摄影展览。在班上老李和我是唯一能够独立完成采访任务的摄影师，其他学员只是给我们当助手。重点采访任务，则是全班人马出动。那时候余杭县五常公社有一位省级劳模，是我们重点采访对象。场面和被摄人员都安排好后，老李问我有没有问题？因为他知道我跟黎老的关系。我说是否能侧面拍摄？用慢门追随拍摄法来体现动感？当场就被老李否定！“正面人物必须正面拍，怎么能拍侧面呢？”老李正色道。我也就没说什么了，整个拍摄就老李和他们忙乎，我提不起精神，因为太千篇一律了，都是一个套路。没过多久，老李告诉我，这张题为“五常在前进”的作品入选 1974 年浙江省摄影展览。

图 20　余杭县工农摄影创作学习班合影。摄于 1974 年

图 21　我和学员们在讨论作品。摄于 1974 年

他用了笔名“耕杭”，还专门送了一张原作小样给我留作纪念。

有了空白的县文化馆采访介绍信，相机里装的是“南方”正品 120 胶卷，我整天想着如何拍出高水平的作品。我终于想到了她，良渚镇那排木屋，那扇木门……一切都是那么顺利，也是一个夏天，那扇木门终于被我敲开了……就在那木屋的后面的桑树林里，她按照我的要求，从大队部借来医药箱，戴上草帽，脖子上围着毛巾，将刚换上的新衣裤的袖子和裤管卷起，那双雪白的双脚还必须到泥塘里沾上两腿泥，然后在田埂上来回走。追随拍摄法是我从摄影书上学来的一种高难度拍摄方法，使用 1/30 秒以下的慢门，镜头要跟随移动的人，而快门必须在移动中按下，以造成主体人物清晰、背景模糊的动感效果。成功率非常低，胶卷很浪费，如果黎老此刻在我身边，是绝不会让我这么糟蹋胶卷的。一卷十二张，我用十张来抓捕这一个场景，剩下两张拍了她的半身像。直到太阳西下才收工……

回文化馆冲洗出来一看，有一张追随极其到位，人物清晰，背景模糊，动感非常强。立马进暗房放大，果然效果惊人。我欣喜若狂，问老李是否能参加下届省影展？因为那时候选送作品必须一级一级往上选送，不接受个人投稿的。老李看了后问："她叫什么名字？"我告诉了老李。第二天老李对我说，打电话去良渚问了，她家庭成分富农。我瞬间崩溃了！心想这余杭县怎么这么多富农？而且还都让我摊上了。后来每次经过良渚那排旧木屋我都绕着走，生怕她从那木门里走出来问："照片登了吗？"

返城后，随着改革开放的到来，香港电影、画报逐渐进入内地，被我们如饥似渴地欣赏着。那时，陈复礼先生办的香港《摄影艺术》杂志被我们内地摄影发烧友视为最高艺术殿堂。我始终忘不了这幅题名《急诊》的作品，因为在当时是我最得意的创作成果之一。我把它重新放大后寄给了香港《摄影艺术》杂志。终于，一本厚厚的挂号信寄来，我的作品《急诊》发表了！那是我第一次在境外发表作品，喜悦之情，不言而喻。后来我调入杭州市文联出任杭州市摄影家协会驻会秘书长，这幅作品起到了关键的作用。

但我一直没有忘记她，没有忘记当年木屋后桑树林里那段愉快的时光。有一次沈会计来杭州看我，我特意将《急诊》的放大照片和香港《摄影艺术》复印件并附上我的信，一并托付他去良渚找她面呈。沈会计很快打来电话说，非常遗憾，她早已出嫁，很少回来，他把我的信和照片留在了她娘家。不知他们后来寄给她了没有？

从此，再也没有得到她的音信……

（原载《老照片》第 112 辑，2017 年 4 月出版）

军营生活点滴

陆中朝

一眨眼，参军距今已五十五周年了。人老了，经常会回忆过去，趁现在还记得，写下军营生活的点点滴滴，记录下这段不应忘却的人生。

蝎子山　永宁　延庆

结束了两个月军粮城（地处天津的部队农场）的劳动，回到温泉教导队后，我们二十多个新兵，就由李裕信中队长带领，去空军技术勤务一团四大队十中队。

解放牌敞篷卡车开了一个多小时，到了八达岭，大家下车休息。第一次看到长城，都挺兴奋的。当时的八达岭，不收门票，谁都可以随便上去。我们登上万里长城，抒发革命豪情，终于个个都成了“好汉”（毛泽东诗词中有“不到长城非好汉”语）。

稍后继续启程，又开了一个多小时，终于抵达了四大队。营房坐落在延庆县（现北京市延庆区）永宁镇蝎子山脚下，地处燕山山脉的军都山系。营区没有高墙大院，一排排红砖营房依山而建，倒也错落有致。这本是一座无名小山，十来分钟就可以登顶，因山里多蝎子，被老兵们称为蝎子山。听老兵讲，当年四大队选址的时候，北空司令李际泰坐着直升机在延庆上空盘旋，看到这里群山环绕，交通闭塞，有利于保密，用手一指说，就这里了。其实，就是上海人所说的“乡乌头”（“偏僻乡下”之谓），有战友把分到四大队用了“发配”一词，可见当时四大队有多么偏远，去四大队就好像古代发配边

图 1　笔者刚入伍不久的留影。可见营区在群山环抱中

疆一样。我在这里一待就是整整十一年，除了几次探家之外，几乎没有走出过这里的大山。蝎子山可以说是我的第二故乡了。

当时正值夏季，第一感觉就是凉爽，晚上睡觉都要盖被子，在那个连电风扇都少有的年代，这个好感度一下上升到五颗星。永宁一带有山无水，不像南方，挖几十厘米深就会有水渗出来，周围村庄里的井都深达几十米，水桶扔下去，好半天才听到“咚”的一声，然后摇好半天轱辘，才能提出一桶水来。山上都是些一人高的小松树，在石头缝里顽强地生长着。因缺水，据说这里的老乡是常年不洗澡的。春天种玉米的时候，要把水挑到地头，挖一个坑，放进几粒玉米，埋上土，然后再浇一勺水，没有这一勺水，玉米是长不出来的。好在部队用的是机井，可以保证我们的生活用水，还可以浇灌菜地，改善生活。

四大队偏于一隅。那时，团部还在北京黄寺，“山高皇帝远”，平时所见的就是大队的一百来号人和周围的群山，颇有身处世外桃源的感觉。去不了北京市区，也挺好的，六元津贴，管够花。离营房最近的消费点，在蝎子

图 2　1969 年“九大”召开时，营区前竖起了一巨幅毛主席画像，战友们纷纷站在画像前留影，笔者亦然

山南面的张庄，一个村小卖部，可以买到手纸牙膏等用品。有一次帮助老乡干活之后，大家都口渴难耐，一个无锡兵，在这里买了一瓶二锅头，当场启开，一饮而尽，居然面不改色。平生第一次见这样喝酒，很是佩服。从营区到永宁镇大约十里路，一般一至两个月会去一次，来回步行一个多小时。镇上就是一条街道，两边是一些商店，还有一间新华书店，是我经常光顾的地方。街上乱哄哄的，但是够热闹，尤其是碰上赶集的日子。至今难忘的是，一家小馆子里的炒鸡蛋，一盆只要一元钱，端上桌来，色泽金黄油亮，香味

浓郁扑鼻，我也不喝酒，慢慢品尝，吃完，一抹嘴，心满意足。现在不管是吃什么山鸡蛋、跑鸡蛋，都没那味道了。

延庆县城离驻地几十里路，一般是没机会去的，唯一的机会是出公差。所谓出公差，其实是苦差，就是冬天乘卡车到康庄火车站拉烤火煤，通常每个组（中队直接辖组，没有班排的编制）抽一个人，经过延庆县城时，可以顺便下车转转。延庆县城不过比永宁多几条街道，有几幢楼房而已。拉煤，全凭人力铁锹装卸，尽管穿着皮大衣戴着棉军帽，坐在无篷嘎斯车上，依旧冷风刺骨，风卷煤屑扑面，没有口罩，也不知吸了多少煤灰，回来后一个个都成了“非洲兄弟”。

营区周围除了山，就是典型的黄土高原了。起起伏伏，沟壑交错，满目苍凉。每年只有春播以后，庄稼出苗，大地才有了绿色，等到玉米高粱长高了，变成大片的青纱帐，进去了，不熟悉的话，在里面东一头西一头，很难钻出来。

那时候还没有环境保护的意识，常常要上山砍柴伐木，储备冬天的柴火。砍柴不是在营房周围的山上，兔子不吃窝边草，而是到几十里外的深山老林里。有一次进了一个深山的村子，那里的老百姓还把我们当八路军了，村子里当年只有抗日游击队来过。由于很多都是本村人近亲结婚，村里不少人有些呆傻。永宁的方言也与北京市区完全不同，听不太懂，我现在还清楚记得两个老乡见面时的问候语：一个人问：“干刷咧？”（干啥呀？），另一个人答：“瞭瞭咧！”（看看呗！）

延庆县现在是北京的旅游风景区了，有“首都后花园”之誉，看到有的战友故地重游拍的永宁镇的照片，也已经是旧貌换新颜了，有机会还是要去看看我的第二故乡的。

十中队

我到十中队时的中队长是李裕信，北京兵，虎背熊腰，个头很大，典型的北方大汉，性格豪爽。打篮球时，中队长总是镇守后场，你要上篮，他屁股一撅就把你弹开了。给我印象很深的是，他抽烟很有特色。第一步先把烟

图3　笔者（后排右二）与中队的战友在营房后面的蝎子山中合影

吸在嘴里，但并不马上吸入肺中，而是从嘴里吐出一串烟圈，然后猛一张嘴，把自己刚吐出的烟圈统统回收到肺里，这一步才是真正享受香烟的味道，屏息数秒后，才从鼻孔里缓缓喷出两道浓浓的白烟。我虽不吸烟，看他陶醉的样子，也挺享受的。以后大个子中队长进步了，由小个子副中队长接任，也姓李，名正郁，湖南兵，高一米六左右，瘦瘦小小的，和大个子中队长反差极大。小个子中队长思路敏捷，动作灵活，在篮球场上，满场飞奔，防不胜防。他烟瘾也很大，不买香烟，买烟丝抽，比抽香烟省钱。但他不像其他买烟丝的人那样用纸卷着抽，而是用烟斗，吸烟的动作中规中矩，吸一口吐一口，嘴里叼个烟斗，也就有了几分英国前首相丘吉尔的神气。不知道是烟丝的质量问题还是烟斗的构造问题，吸着吸着火就灭了，吸一次烟，往往要点好几次火。

那时没有吸烟有害健康一说，想吸尽吸，条件好点的吸大前门，差点的吸自制的卷烟。自制卷烟，是我当兵后才第一次见识的，并不复杂，只要裁剪好一摞扑克牌大小的纸张就行了。想抽烟时，抽出一张纸，卷成一根细长的小喇叭，塞入卷烟丝，即可喷云吐雾，优哉游哉了。到了冬季，门窗紧闭，室内烟雾缭绕，白茫茫一片，吸烟者吸自己的一手烟，不吸烟的跟着共享混杂的二手烟。呜呼，吸了十一年的二手烟，也不知道对我的肺产生了什么影

图 4　笔者在蝎子山上留影。山间的植被清晰可见

响。现在走在室外，看到吸烟人吐出的白烟，我会立即避开，再也不想吸二手烟了。

这两任中队长，都喜欢打篮球，所以中队里的大部分人，也都喜欢打球，基本上是乱仗（自由组合）天天打，十天一小打（各组之间的比赛），百天一大打（各中队之间的比赛）。在四大队，我们十中队篮球水平是最高的，这和我们中队官兵都十分喜爱这项运动是分不开的。说实在的，当时除了打球，其他娱乐活动好像都是不允许的，后来慢慢地有所放松，星期天可以打扑克牌了，只要到了星期天，每个宿舍都会摆出一两桌。最奇葩的是，不知道是谁出的主意，请中队会做木工活的刘振江战友做了一副康乐棋盘，一种类似于斯诺克玩法的游戏，不过用的不是球体，而是象棋棋子那样的扁圆体子，“文革”之前，上海的街头巷尾都有玩的，和今天的棋牌室一样普及。这副康乐棋除了因木材质量弹性稍差之外，其他都没问题。得此玩物，大家重显身手，削薄弹，打双花，自拉洞，不亦乐乎，人多的时候还要排队等候，成了十中队的一道独特风景线。

回想起来，那时候我们最期盼的文化享受，就是观看团演出队的演出。台上演出的战友们，个个青春靓丽，绝不逊色于今天的网红明星们。尽管是业余的，可我们每个节目都觉得好看，会拼命鼓掌，希望他们再演一个，每次看了演出，都会兴奋好几天。在那个时候也看不到什么专业的演出，看业余的就等于看专业的。转业后，我分配到上海戏剧学院工作，经常能看一些专业演出，可是偏偏就没有了当年看演出的兴奋感。每个时代都有自己的偶像，现在的年轻人，喜欢看小美女和“小鲜肉”，是可以理解的。

正是有了这些文体活动，才摆脱了山沟封闭环境下的枯燥，起到了凝聚人心的作用。

“老三样”和肉丝面

延庆的冬季漫长，从 10 月份，到来年的 5 月份，地里就长不出蔬菜了。一年里的七八个月，就靠白菜、土豆、萝卜这三样菜来打发，大家把这三种菜称为“老三样”。其实这三样菜，一个星期吃一两次，还是不错的，可是，再好吃的东西，天天吃，顿顿吃，也要倒胃口的。更何况，四毛五分一天的伙食费，缺肉少油，这菜的味道也就可想而知了。记忆里，每年过节会餐的时候，除了鸡鸭鱼肉荤菜以外，蔬菜里最好吃的一道菜，是烧茄子，茄子没油也很难吃，可是用油闷烧出来，就是一道美食。吃了十一年“老三样”，我的胃对“老三样”产生了排拒，以至于回到地方后的最初几年，就基本上不碰这三种菜了。

三种菜里面，土豆和萝卜最好弄，放进仓库就不用管了。难伺候的是白菜，要储藏在地窖里，一棵一棵、整整齐齐地码成垛，整个冬季，每隔十天半月，就要派公差，把这些白菜倒腾一遍，将腐烂的老叶剥去，重新码好。一棵白菜，这样倒腾到开春，通常就只剩下菜心了。在冰冷的地窖里干半天，十指冻得生疼，真可谓，谁知盘中菜，片片皆辛苦。白菜是北方的当家菜，过年过节包饺子，必定是白菜、大葱、猪肉馅，咬一口，满嘴流油，葱香菜

图5 笔者（中）与战友在蝎子山上合影。前景里的那尊岩石，已不是第一次出现在镜头里了

图 6　笔者持枪照。其实身在技术兵种，舞枪弄棒的机会并不多，留下这张照片，也不枉当兵一场

糯，回味无穷。如今，饭店里的饺子，有各种各样的馅料和口味，但我最喜欢的还是白菜猪肉馅，正宗的北方水饺，就好像在上海吃馄饨，一定要吃荠菜猪肉馅的。

再说说肉丝面。所谓肉丝面，其实就是值夜班吃的面条。由于平时吃的菜里面肉实在太少，打给你的一盘菜，能找到三五根肉丝，就是烧高香了。尽管米饭馒头可以敞开肚皮吃，不会感到肚子饿，可是总有一种油水不足的缺憾。曾经有无锡兵到集市上买回大块的五花肉，放进水壶里，在冬天宿舍里取暖的炉子上烧煮，煮熟以后，大快朵颐。我也跟着吃过，虽然没有任何调料，那肉也是软糯香酥，入口即化，满嘴留香，有一种说不出的舒服感。看到二大队有战友回忆说，他们曾经捡了死猪肉煮了吃，大碗酒，大块肉，意气风发，爽快无比，那个年代过来的人，完全能够理解。相比平日里的一日三餐而言，夜餐面条里的肉丝就可观多了。肉多了，油水就足，这油汪汪的肉丝面，令人垂涎欲滴，吃进嘴中，肉香汤鲜，胡乱咀嚼几下即滑入胃囊，而且不限量，吃饱为止。值完上半夜的人，吃饱了还要在漆黑的荒郊野外溜达一会儿消消食，才心满意足地回宿舍睡觉。尤其是在夏天，外面凉风习习，听着各种昆虫的鸣叫，看着漆黑的夜空里明亮的星星，真是有说不出的满足和畅快。本来，值夜班是很痛苦的，特别是值下半夜班，被人从睡梦中叫起来，那难受劲就别提了，可是大家都还挺期待着上夜班，就是为了那碗肉丝面。吃穿住，吃才是人类的第一需求。剩下的面条，第二天中午炊事班兑上一桶开水，就成了高汤了，排在前面的几个人，靠平衡和手感，还能捞到面条和肉丝，后面的人，就只能喝汤了。

现在回想起来，这普普通通毫不起眼的夜餐面条，绝对是“天下第一面”了。

在部队里，每年四次的过节会餐，是吃得最痛快的。会餐这一天，通常是吃两顿饭的，吃完早饭之后，就时刻惦记着下午的会餐了，好像小孩惦记着过年。会餐后的第二天，伙食必定是一道大杂烩，炊事班将会餐吃剩下的残汤剩菜，一锅煮了以后再给我们吃，倒也是鲜美无比，一道菜汇聚了十几种风味，好像现在的火锅高汤。不怕各位笑话，直至今天，家里的剩菜，都是我第二天杂烩以后吃掉的，套用一句广告语：“味道好极了！”哈哈！

愚公移山

那年头，每个中队都有一块划拨的菜地。当年的伙食标准，每人每天四毛五分，依稀记得，好像还多出几厘。伙食的好坏，很大程度依赖着那“一亩三分地”的收获。

某日，小个子中队长宣布了一个惊人的决定，要把营房后面，一条十几米深、几十米长的山沟填平，再造一亩三分地。

说实话，我心里是有畏难情绪的，这得干到猴年马月啊！但军人的天职是服从命令，每个组长、每个人，都表了决心，要以愚公为榜样，每天挖山不止，填平山沟，造出良田。那时，政治学习和战备值班，是雷打不动的，挖山填沟只能利用饭后的自由活动和星期天的休息时间来进行，一时间，中队里所有人，都成了挖山不止的“愚公”。偏偏这座山不是土山，而是石山，用铁锹根本挖不开，必须用大锤和钢钎，把石头一块一块地凿下来。抡大锤既是力气活，也是技术活，几十斤的大锤，抡十几下，就气喘吁吁，汗流浃背了。抡大锤光有力气不行，还必须砸得准，偏出一厘米，扶钢钎人的手就废了，而我等之辈，只能干扶钢钎的活。各位看官，别以为扶钢钎就是轻松的活儿，大锤每砸一下钢钎手掌虎口就是一阵发麻，更要命的是紧张，大锤每砸一下，心脏也同时咯噔一下，随时担心自己的手会被哪一锤砸断了，一次作业下来，冷汗出得比热汗还多。已经记不得干了多少日子了，终于有一天，劈下的山石，填平了山沟，再一筐一筐地挑来黄土，造出了一块良田。小个子中队长的钢铁意志，变成了现实。地多了，种的菜就多，从此，中队的伙食有了较大的改善。

2020 年我到河南旅游，走在太行山悬崖峭壁上几十公里长的挂壁公路上——那是当地的老百姓用大锤和钢钎一锤一锤砸出来的。我不由肃然起敬，因为我理解这项工程的艰辛，真心佩服他们的毅力，愚公真的能移山。

西灰岭带来的“震撼”

团部搬到西灰岭后，四大队世外桃源的状况即不存在了。凡是开大会、看电影、观演出，四大队都要整队集合，行军到西灰岭，来回大约一小时。多数情况，是去团部看个电影。放映的多是八个样板戏和“三战”(《地道战》《地雷战》和《南征北战》)，剧情和台词都已背得滚瓜烂熟了，还是兴致不减地去享受这难得的文化生活。去西灰岭的路，是大大小小的鹅卵石铺成的，也没个路灯，一脚高一脚低，屁颠屁颠的，倒也不觉得累，那年月能有个电影看，你就偷着乐吧！后来有电视机了，大队领导说，只要你们各中队有钱都可以买。于是掀起了一股搞副业的高潮，各中队都憋着劲，争取先买回电视机，每个人只要有空，就去周围的荒山野岭，搂回大把大把的野草，晒干以后当作饲料卖出去。三个中队几乎同时都买回了电视机，我印象深刻的是，平时看电视的人并不多，但只要是放南斯拉夫和罗马尼亚的电影，就必须早早地去占位置，去晚了，就只能在后面站着看，甚至在门外窗外看。我曾听到一个天津兵说，他退伍以后，拿到的安置费什么也不买，只买了一台彩色电视机，天天在家看电视。

回到正题。所谓“震撼”，是指思想上、头脑里的。就我个人而言，最大的震撼，是在西灰岭大礼堂，听传达中共中央关于林彪叛逃的57号文件，第一句话就听到：“林彪于1971年9月13日仓皇出逃，狼狈投敌，叛党叛国，自取灭亡。”如同一声惊雷，全场鸦雀无声，真的肃静到了连自己心脏的跳动都能听到的地步。大家的面部表情都凝固了，我的大脑也似乎麻木了。从此，人们的头脑里，开始产生了各种各样的问号，许多问号是没有答案的，直到今天，坊间还流传着各种各样的说法。听完报告回来以后的第一件事，

图7　在营区里，笔者（后排右二）与同组的战友合影

图 8　在营房前，笔者（后排左）与战友合影

就是物理上的清理，所有林彪的照片、文章、题词都统统撕掉销毁，思想上的清理，就是长达数年的“批林批孔”运动了。

第二次“震撼”，是尼克松访华之后，西灰岭团部放映了一部美国拍摄的阿波罗登月纪录片。片中巨大的土星五号火箭腾空而起，实在是令人震惊，而阿姆斯特朗踏上月球时的那句名言“个人的一小步，人类的一大步”，也同样令人震撼，令人深思。纪录片里展现的美国民众挥舞星条旗的场面，返回舱系着巨大的降落伞，缓缓落在蓝色大洋的画面，至今还记忆犹新。这是我当兵十一年中看到的唯一的美国纪录片，所以印象特别深刻。

第三次“震撼”，是在西灰岭看苏联电影《列宁在 1918》，片中有一段数分钟的古典芭蕾舞《天鹅湖》的片段。小天鹅那优美的舞姿，曼妙悦耳的音乐旋律，又一次震撼了我：芭蕾舞展现的人体是如此之美，而且这种美是可以展示的，人们是可以来欣赏的！后来听说，有些人反复买票看这部电影，看完这段芭蕾舞就走人。毕竟那时只有在这部电影里，才能欣赏到西方经典芭蕾舞。电影里还有一段经典台词，瓦西里的那段话“面包会有的，牛奶会有的，一切都会有的”，被人们牢牢地记住并广泛地应用，成了国人一道最美味的心灵鸡汤，也反映了在那个物资匮乏的年代，人们对美好生活的向往和追求。

十一年待在一个封闭的山沟里，是西灰岭（团部），给我带来了精神的震撼和思想的启蒙。

转业之路

到了十中队之后，各级领导在教育我们的时候，经常提到三句话：红在一团，专在一团，死在一团。就是告诫我们，在技术团，要有长期干的思想准备。一开始，我觉得长期干也不错啊！“文革”时期，参军入伍，比现在当公务员还荣耀。作为刚离开学校的年轻人，真感到部队的集体生活还挺带劲的，官兵之间关系融洽，战友之间亲如兄弟，打球、唱歌，朝气蓬勃。最初几年，确实丝毫没有不安心的念想。

四年之后，可以探家了。连续二十天吃家里的饭菜，一下子恢复了舌尖上的记忆，因为在部队的四年里，已经习惯了“老三样”，似乎忘记了上海小菜有多么好吃、多么精致。回来再次吃“老三样”，真是难以下咽了。归队时，在王家山车站下了长途汽车，走回营地。正值早春，这里还是寒风料峭，没有了江南的花红柳绿，放眼望去，除了干旱的黄土地，见不到一个人影。形影孤单地走在小路上，心里有一种莫名的沉重感，长期干的思想出现了一丝裂缝。裂缝的加深也和这次探家有关，因为提干了，可以戴手表了，父亲给我买了一块瑞士的英纳格日历手表，在那时算是很时髦的了。但是仅仅过了一年多，我的这块表就离奇消失了。平时同一寝室的战友关系都不错，我打球或洗涮的时候，都是摘下手表，随手塞在枕头底下，可是偏偏有一天，打完球以后，枕头底下的手表竟不翼而飞了。报告了中队领导，他们也没办

图 9　笔者已着四个兜的军上衣，此为提干后的佩枪照

法，只是在点名的时候，要求大家“斗私批修”，可是思想教育不是万能的，最终手表也没有下落，事情也就不了了之了。随着时间推移，年龄增长，个人问题也摆上了日程，归心似箭的感觉越来越强烈。

70 年代后期，邓小平复出，开始了较大规模的裁军。前面两批，已经有战友陆陆续续转业了，到了 1979 年，传说第三批军转干部是末班车了，只好直接找大队长张特世要求转业。我知道张大队长是希望我长期干下去的，因为我的三等功就是大队长临时上报争取的，当年班组和中队都没有评选过三等功，我也不知道有这回事，直到有一天，通知我到西灰岭参加立功受奖大会，我还蒙在鼓里，不知咋回事。那天登上主席台，由领导颁发证书，其他人的立功证书，都当场颁发了，只有我的证书还没制作好，是事后补发的。我立三等功，是因 1973 年我当班时，搜索发现了某大国介入中东战争的运输航线，大队长事后为我力争到了这项奖励。直到今天，我还是要感谢大队长对我的器重。找大队长要求转业时，我心里真是忐忑不安，觉得愧对了大队长。好在大队长没有为难我，那一年我的转业申请报告被顺利批准了。

现在回想那三句话，“红在一团”，我显然没做到，在技术团我不怎么求上进，带“长”字的工作，哪怕是副班长、副组长我都没干过；“死在一团”，更别提了；只有“专在一团”，自认为算是基本上做到了。总体上是五分缺点，五分成绩。但我可以无愧地说，我人生最珍贵的青春，给了十中队，给了四大队。有道是“铁打的营盘流水的兵”，部队毕竟是年轻人的世界，老兵退役，新兵入伍，才能保证部队的战斗力。最近看到战友故地重游拍摄的四大队营房的照片，昔日的营盘已荒废破败了，令人唏嘘不已。

1979 年 9 月，战斗、生活了十一年零两个月之后，我走出营房，离开了蝎子山，离开了永宁镇，离开了延庆县，内心真是百感交集。在山脚下，我最后回望了一眼蝎子山和部队的营房，既有对部队的留恋和惆怅，也有对未来的期望和憧憬。

（原载《老照片》第 148 辑，2023 年 4 月出版）

我的高考

魏兴荣

又临高考日，加之2020年高考前夕突然集中爆出的一桩桩寒门学子被顶替的黑幕，不禁戚戚然悲思缕缕。联想起自己不太寻常的高考经历，遂提笔追溯那些貌似远去的日子。

我亦寒门女，高考是我走出穷乡僻壤改变人生命运的独木桥——还有人说高考是第二次投胎。我是经历了三次高考才跳出农门的，其中的万般况味千般艰辛及坚韧，值得书写于此。

我的高考梦被蹉跎了若干年，曾几经梦碎。

第一次蹉跎是“文革”

从小学到高中，我的学习成绩一直名列前茅。也因此，上学始终是我最大的快乐。

记得上初中时，教数学的许恩然老师爱给我出一些课外的解方程应用题。不管题有多复杂，我很快都能解出来。他总是啧啧称赞说：嗯，怎么也难不住你啦！教语文的王秋德老师在班上念我的作文，念完后他问大家：写得好不好？同学们说：好！

那种被肯定、被表扬、被关注或被羡慕的感觉，对生命是一种沁人心脾的滋养，对学习也是一种再激励。

但及至升高中时，赶上了前所未有的推荐模式，即取消考试，推荐上高中。

图 1　小时候的我

我所在的联中（相邻的几个村联合办的初中部）就在本村。那时是"贫下中农管理学校委员会"（简称"贫管会"）掌控推荐权，而"贫管会"的主任、副主任分别是村支书和副支书。见他们的推荐名单里没有我，有立场且有个性的校长许树炳老师不干了，他对"贫管会"的主管们说：魏兴荣是我们联中的尖子学生，不让她去，这个学校没有一个人有资格去，那样的话，洄河联中就谁也别去了！面对凛然决绝的校长，"贫管会"退却了，我得以进入了高中——陵县六中。

许校长不止为我一人护航，其他同被推荐上的同学也都是学习较好的。而两位“贫管会”领导的女儿一个也未能去成。如果不是许校长秉持大义，我的读书梦先就破碎于高中门槛前了。

由于高中是推荐上学，高中生们年龄便有些参差不齐。我的年龄算偏小的。但三年的高中阶段我一直是学生干部，担任过三级三班的副班长、年级学生会妇女部长及团总支委员。有一次张法杰校长说，有的同学当班干部但学习不够好，魏兴荣身兼数职，学习还这么好，难得。

还有一次，教我们数学的王清泽老师在班里挑了四个学习较好的同学，给我们出了一道有一定难度的数学题。我坐在教室南侧的田埂上（记得那是校园里的麦地），不一会儿就率先解出来了。我拿给王老师看，他说，哎（三声的声调），你这个解法真简单！下课之后他又对我说，把你的题拿过来我再看看，让我欣赏欣赏。老师的满面欣喜，溢于言表。

有人说，有些女生在小学、初中学习不错，到高中就不行了。那是因为高中学业难度加大了，能够检验学生智商的，更多的是高中阶段。应该说我经住了高中阶段的检验，上学以来，小学初中高中，一路高歌前行。

值得一提且令人欣慰的一点是，虽然“文革”十年覆盖了我小学到高中的全过程，但幸运又例外的是，小学及初中时，“文革”的狂涛被隔在我的校园围墙之外，我们没人给老师贴大字报，也没批斗过老师，师者尊严依在，学校秩序井然，学习未受干扰。

上高中时，我们又意外并幸运地赶上了“教育回潮”——啥叫“教育回潮”，网上可查。我的高中期，正赶上从举国教育闹“革命”折回到无须“革命”的正常时期。校园里得以安放着我们安静的书桌，学子们得以奋发读书。

也就是说，我的小学、初中及高中整个学习过程，除了课本不可避免地带有时代特色——小学初中都没有文体艺术之类的课程设置，这些学科都被综合到一门“常识”课里，高中才有的英语课，第一课的句子是“Long Live Chairman Mao”（毛主席万岁）——整个学习过程我们是安享教育的本来面目所呈现的端庄美好的。

我当过多年的学生，也当过数年的老师，为师时小学、初中都教过。我深知，学习好的学生从不感到上学的苦与累，一如喜欢读书的人备享读书的乐趣。上学的乐趣，我一直在尽享中。

记得高中时有一个同班陈姓男生和我说过一句貌似“轻狂”的话：如果高考，我们要考不上谁也考不上。我也狂傲地回答：是的！

可高中毕业时，原本可继续延伸的学习乐和上学路中道而止了。在一座跨不过去的断头桥上，我泪流满面（独自在宿舍哭泣），望洋兴叹。那片阻止我抵达大学彼岸的汪洋，是左右我及无数学子命运的“文革”。

大学梦碎，岁月蹉跎。我回乡务农一年，做民办教师数年。当时心想，这辈子，大概就这样困顿乡间了。

不期然中，高考竟突兀地来了

1977 年冬季（网上查询是 10 月 21 日），恢复高考的消息突如其来地公布，关闭十年的考场将重启。

这对我是猝不及防的喜讯。不管三七二十一，迅即报名。

没有课本，没有资料，没有指导纲目，没有复习时间。一个月后，我和那些被困顿着的考生们一起走进了考场。

很快，我收到了大学初选通知书（那一年还有初选）。我们班收到通知的只有三人，二男一女。全六中被初选的同学骑着自行车一起去县城体检，我们有说有笑，一路芬芳，好像大学的门就在眼前。

可之后，我未能等到入学通知书。一向成绩优异踌躇满志的我，未免一阵惆怅。那一年考了多少分，没有被告知。只记得报考的志愿是山东大学。

我当然还要再考！而且，我还做出了一个连带抉择：退亲。

高中毕业之后，经亲戚介绍，我已定亲。男方是现役军人，他父亲是县民政局局长，母亲（继母）是回乡官员（那时有些官员回乡村，我不知是基于何种政策），两人都正直且有水平。我和男孩没大交往，谈不上有任何感情，可男孩的父母对我极好，我对他们也异常钦敬。但考学在即，我坚信自己能考上。于是，我自作主张寄出了两封退亲信，一封给男孩，一封给男孩父母。

我感觉最对不起也最不舍的是男孩的父母，但我想晚痛不如早痛：退掉

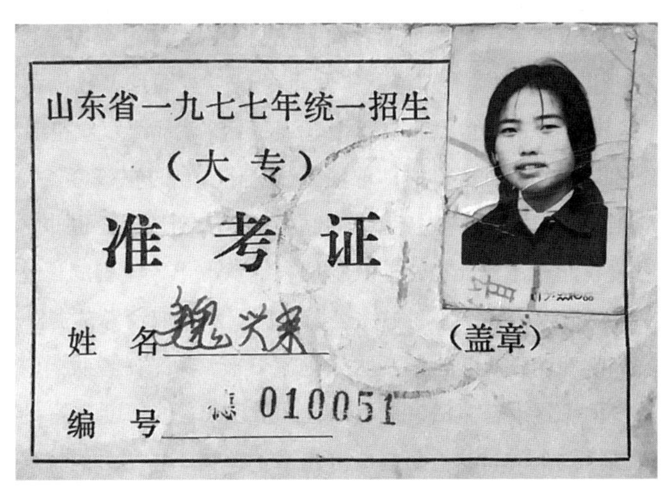

山东省一九七七年统一招生

（大专）

准考证

姓　名

（盖章）

编　号　010051

图 2　准考证括弧里的“大专”，是大学和大专的统称。据说那一年全国参加高考的人数是 570 万，大专院校录取共 27.3 万，录取率约 4.8%

这门亲事，是早晚的事。

没想到退亲引起了轩然大波，还产生了连锁反应。男孩的父母很伤心很失望或许也有责备——说“或许”是我没有接收到他们的只言片纸。但对这种涉及个人处置权的事，他们当然也不可能直接对我说什么。而反应最激烈的是我的父母。他们及媒人说，你的考学八字还没有一撇呢，人家对你那么好，你哪怕考上学再散呢，那样理由也充分些。我说越是对我好越得现在散，考上学再散多没良心。

另外的连锁反应因涉及当事人隐私在此略去，但其对我继续复习所造成的滋扰，一点也不亚于退亲风波对我的影响。

1978 年的高考很快到来了，因为高考的时间已改到夏季，两次高考时间相距仅半年。那次的考点设在离我家九公里的另外一个乡镇，即陵县五中。上午考政治，自我感觉良好。下午考物理。中午，我还在和另一个女同学一起临阵磨枪背题呢。那个女同学和我毕业于同一个中学但低我一级，我俩也是 1977 年恢复高考时，我们全六中参考考生中被初选的仅有的两个女生。结果光顾了背题，下午的考试我们竟迟到了半小时！

这是一种无论如何都解释不清楚的鬼使神差。考试时间事先有通知，考场校园的墙上贴着通告，准考证的背面有注明。两个学习都优秀且头一年都被初选上的考生，怎么就不知道下午几点考试呢？而且，我俩都误认为是2：30（其实是2：00），也没有再互相确认一下，就那么双双错误地认定。

考场纪律规定，迟到半小时即取消考试资格。当时在该考点督考的领导是县教育局副局长纪爱华。她知道我们俩去年都入初选了，也非常焦急，但没人敢做主放我们进考场。在通信并不便利的情况下，纪副局长还请示了地区教育局，请示完下来一个小时过去了，我们双双被取消考试资格。

那个女同学叫苗俊英。她的泪水当场流下来，后来她说我当时的脸色煞白，没有了血色。我没有流泪，也不知道后来几天是如何度过的。

我们继续考剩余的科目。最终成绩出来了，在一科零分的情况下，我们的分数都离大学录取分数线相差无几。

这样的一种非常态的落败，当然不会让我就此甘心告别高考。于是一边做民师，一边继续复习。后来，母校的教导主任（教过我数学）阎老师叫小弟捎信给我："叫你姐姐回校复读吧，应届生都争分夺秒，怎么还能一边工作一边复习！"

我回母校复读了，插班到八级一班的尖子班，和我的小弟同班。

那一年的复读，是我人生最苦最累最疲惫的一段学习生涯。两年的蹉跎，两个事件的严重滋扰和一次迟到的考试，使我的心理和精神已千疮百孔。那些无尽的复习题和夜以继日的煎熬，让人心疲力竭不胜其苦。为高考而高考的强迫性苦读，使我再也找不到学习的乐趣。熬啊熬！终于熬到了1979年高考。

那时候的高考，因为大学和中专分报分卷，不像后来一张考卷分批录取。待到报名时，父母知道我那两年是如何度过的，他们担心再有闪失后果难以想象，于是坚决不让我再报大学了。作为恩师也是教导主任的阎老师，反复做我的工作，并把我父母叫到学校，说我一定能考上大学。可我父母比我坚定得多，坚决不同意我再报"大专"。

前两年报考的大学都是理科，也是阎老师建议的。他说你文理都好，而且"文革"结束，百废待举，最需要的是科技人才。可我并不喜欢"科技"，我真正喜欢的是文科或者说文学（尽管那时读书不多）。再说经历了那么多

图 3　家庭合影。摄于 1981 年 8 月

“磨难”，我自己可能也信心陡减。借着父母的坚决态度，我最后选择了报中专（在报考志愿时偷偷选择了省警校）。为动员我报大学，学校一直在做我及我父母的工作，还推迟了上报名单一周。想来真是愧对母校！

苗同学是和我一起复读的，她说我都报中专她也要报中专。阎老师和她说，你和魏兴荣不同，你是干部子女（她父亲当时是县化肥厂厂长），出路比她多，年龄也小一点。你就别和她比了。幸亏她未被我带到沟里去。1979 年，苗同学考上了武汉大学生物系，后又去日本读博，现为山东大学生命科学学院教授。

几度“蹉跎”后，终于考出来了

1979 年夏天，我的第三次高考，终于“成功”了。我如愿考上了山东警校——刚上学时叫“山东省公安学校”，1981 年毕业时，改为“山东省人民警察学校”，现在已升格为山东警察学院。几经蹉跎，寻寻觅觅，警校成了我通过高考走出乡村后的第一所学校。山东警校是 1978 年开始招生的，我们 1979 级是第二级。这两届的学生也成了山东全省公安系统最初的一批“科班”出身的警员。我们两级的学生也常常戏称我们是山东警界的黄埔一期二期。警校，这是我和她不解的缘分吗？

考上警校后，高考之路暂告一段落。后来我又在工作中花了很多时间弥补学历学识的不足，继续不断地求学，此为另一种辛苦。

另外的欣慰是，我插班复读时和小弟同班，小弟的学习成绩在班内一直

图 4　毕业合影。摄于 1981 年 5 月

稳居第一名。因为一班是尖子班，他也等于是稳居年级第一名，甚得老师和同学们的喜爱与高看。高考时他突发急性肠炎，是拔掉吊瓶赶去参加高考的。为防意外，医生还在场外“保驾”。最后成绩公布，小弟以全县第一名的佳绩考上了天津大学，那一年他十六岁。因为都是贫苦子弟，对“志愿”无甚研究，他是否报低了志愿也未可知。

我虽几经蹉跎，但考学的心力终究未衰灭，终于还是考出来了。而且，作为农家子弟，一个“重点”中专，一个名牌大学，一省会，一津门，一家同年考出两个孩子，父母也甚感欣慰和荣光。

回顾过往，我亲历的高考“蹉跎”岁月当然曾令我伤痕累累，但它也改变了我的人生轨迹。但是，时过境迁，时光疗愈，它大致未在我心中留下什么梗儿。而我曾经的“聪慧”在后来的日子里也渐渐复原，我依然是一颗保持着原生质地的独特生命，人生的路径伸展得也还算差强人意。

应该说，高考，是为出自寒门的子弟们矗立了一架英雄不问出处的云梯。希望这架云梯公允地矗立于耕耘者的脚下，如出海的航船，载着学子们驶向远方，而不被暗流颠覆。

写至此，唯祈愿：人生不易，愿我们的生命不再被各种不测所蹉跎；愿社会中的各种反常与丑恶渐行渐少，留下清明在人间。

（原载《老照片》第 133 辑，2020 年 10 月出版）

教书逸事

小　非

谷雨过后，大队李副书记找到了我，我不知何事，心里有点紧张。插队已经大半年了，日子单调而重复。

这是1975年的暮春，到处都在批判资产阶级法权，我们也搞不懂究竟是什么名堂，但针对知青的两句话——“扎根农村干革命，铁心务农谱新篇”——却成天在耳边响起，弄得大家心里有点紧张，担心这辈子就窝在这个小山村了。我们那个村子的名字倒是很响亮——蓬莱县龙山店人民公社正晌大队。不过却窝在一条比较闭塞的小山沟里，虽然地理概念上属于胶东半岛，但离海边挺远。

没想到，李副书记找我是好事。他让我到村里小学代两个月的课，因为有位女教师要休产假。我挺高兴，觉得这是一个机会，真是走不了，也算是一条出路。但一转念，又有点担心自己“可以教育好的子女”这个身份。没想到李副书记看出了我的忧虑，安慰我说，没关系，这个事儿咱村自己说了算！我不知为什么选中了我，大概是经常办黑板报的缘故吧！

说实在的，村里的乡亲都挺厚道，平日里并没有歧视我这样的人。当然，入党、当兵、推荐选拔上大学则是另外一回事。还没代课，就赶上了县里要召开知青代表大会，知青点的带队干部老呼推荐我去县里搞材料。人一熟，知青办竟让我在会上宣读致全县上山下乡知识青年的一封公开信，号召大家当“扎根”派。我虽然知道这是人家瞧得起我，但依然左右为难。读吧，那是自套绳索，当着大家的面说了大话，以后招工怎么开口？不读吧，又辜负了上级的“厚爱”。但最后还是没敢悖逆领导。

图 1　出席蓬莱县知青代表大会的龙山店公社正晌大队代表合影。前排居中者为大队党支部副书记李丹仁，前排右一为作者

回来以后，我心事重重。李副书记劝我说，走不了也没关系，咱村挺好的，干上民办教师，别人会高看一眼，将来找媳妇也容易。其实，这也正是我的想法，只能循着李副书记设计的人生轨迹慢慢前行了。

民办教师不拿工资，大队按整劳力上工分。但小学教师每月有五元补贴，联中能拿到八元，高中则有十元，也许这就是李副书记说的“高看一眼”的原因。

村小的负责人唐老师是唯一的公办教师，当时没人叫她校长，兴许是学校太小了吧！她的爱人在胶南工作，相距几百里地，一年只能见两次面，秋假她去，春节她爱人来。她在村里找了一个住处，孩子交给了婆婆，她最大的心思就是调到胶南与丈夫团聚。

我代课的班级是复式教学，一年级和四年级在一个教室，教完低年级再教高年级，循环往复。而且语文、数学、音乐、体育全是一个人，好在那个时候不讲升学率。

很快，那位女老师五十六天的产假就要到了，我的代课生涯即将结束。不知怎么，竟然产生了一丝留恋。我虽然也是半瓶子醋，但学生却对我比较认可，也许我身上有些青春的活力吧！村子不大，学生们的反映很快传到大队干部的耳里，关键是唐老师比较欣赏我，虽然她说了不算，但可以上达。

那位女老师白白净净，但教学水平确实有限，压不住堂。村上的人给她起了个绰号“地瓜芽子”，意思是太嫩，水平不行。她也挺不容易的，爱人在七机部研究院工作，她是农业户口，几乎没有到北京团聚的可能，挺孤苦的。但村里的妇女们对她并不同情，鄙夷地说，活该！非得找个“外头的”，嘚瑟得不轻！

这样的说法似乎有些“葡萄酸了”的意思，因为“外头的”还是有些吸引力的。我们这一带的大姑娘曾经的择偶标准是“一军官，二区干，小学教师等等看”，而这些人恰恰都是“外头的”。村里有个人当兵提干后，想要

图2　出席蓬莱县知青代表大会的龙山店公社代表合影。第二排左二为正晌大队党支部副书记李丹仁、左五为知青带队干部老呼，第三排右二为作者

图 3　蓬莱县龙山店公社正晌大队全体知青合影。第二排左四为大队党支部书记宋世惠、左三为大队团支部书记毕兴亚、左二为作者

蹬掉以前定好的对象，结果女方要死要活，到部队一闹，男的不久就复员了。姑娘们心里巴望着飞出山沟，只是不少人刚刚起飞就又落了下来，还不如在乡下踏踏实实过日子。

慢慢地，那位女老师听到了风言风语，说是大队要让我替换她。夏日的一个傍晚，她来到知青点找我，还没说话，眼圈就红了，接着眼泪就流了下来。我见不得这样，心里清楚她的意思，立刻表态说，你坐完月子，我就回知青点劳动，你还回去当你的老师。她感激地朝我点点头，走到门口，又回过头来，似乎有些怀疑。我赶忙补上了一句：放心！

唐老师不高兴了，把我叫去好一顿“呲”。虽然当时不讲升学率，但多少还是要顾及一下教学质量，唐老师要考虑学校的口碑。她去找了大队书记，但我却不愿与女人争饭碗，那样会背上骂名。唐老师又找到了文教助理老柳，结果还是人家公社领导水平高。柳助理告诉唐老师，各村马上就要办“育红班”了，回头告诉你们大队把她调到“育红班”，还是当老师。

我心里很高兴，以为这个办法两全其美。没想到，还是得罪了她，因为“育红班”的老师没有补贴。碰面时我一看到她那有些怨艾的眼神，心里就有点发怵。我曾经找到她，说五元补贴干脆一人一半算了，但被拒绝了，我知道她不会要，不过这样做我会好受些。

“三秋”到了，学校放了秋假，唐老师去了胶南，我也回到知青点参加劳动。其实，我是可以找个借口赖在学校的，但我不敢，害怕别人说我偷懒，将来招工没我的份。我那每月五元的补贴，也都拿回知青点让大家打了牙祭，

图 4　蓬莱县龙山店公社正晌大队知青在打麦场表演节目，拉二胡居中者为作者

图 5　第二排右二为蓬莱县龙山店公社正晌大队党支部副书记李丹仁。1965 年在内长山要塞守备区服役时，于黑山岛留影

希望以此换个好人缘。

开学的头一天，唐老师把我叫到家里，显得有点庄重。她炒了两个菜，还给我倒了半碗地瓜干酒，请我吃了一顿饭，饭后又给了我两块青岛“高粱饴”。然后很神秘地告诉我，你要走了！我一愣，不知究竟。唐老师说，上次代课的事，柳助理对你印象不错，这次联中增加教师，点名让你去。我知道，这一切都是唐老师说的好话，我根本就不认识柳助理。离开唐老师家，我剥了一块“高粱饴”放到嘴里，那种甜甜糯糯的感觉让我在压抑中感到了一丝温暖。

联中是另一片天地，它是几个村合办的初中，一个公社有好几处。学校有不少公办教师，不过家都是外公社的，平日住校，周六傍晚回家，周日晚上返校。民办教师大多也是如此，但他们基本上都是本公社的。

我们四个人一间宿舍，其中一位是炊事员老王，长得膀大腰圆，第一天我就领教了他的鼾声。第二天，打完早饭后，同宿舍的一位老师很神秘地对我说，老王是俘虏兵，解放战士。我觉得这是个禁忌的话题，不愿触及。没想到，当晚老王就吹开了。他说在那边的时候，他们是中央军，后勤好，大米白面猪肉管够。到这边后，条件差多了，尤其是在朝鲜，物资送不上来，经常就是炒面，弄得他这个火头军常常不知干什么？我们问他摟过枪没有，他说，我就摟过烧火棍。

老王这人不太讲究，他剁包子馅，嘴里叼着锥子把烟，两把菜刀左右开弓，舞弄翻飞。但剁着剁着，烟灰就掉到了菜上，别人告诉他，他用菜刀贴着案板一翻，然后反问，我怎么就没看见？他炒菜时双手拿着铲子搅动，汗水不断地滴在锅里，别人说他，他左手把锅铲往菜里一插，右手一抹额头上的汗珠，随手就甩到了锅里，嘴里还大声嚷嚷，不吃拉倒！

老王天不怕、地不怕，但只要校长一句“那边的老毛病又犯了？”他立马就老实了。但其他人如果这样说，他立刻反击：老子是解放军！

学校有个猪圈，老王是兼职饲养员。每年寒假前，学校要杀头年猪，教职工都能分点肉，但那挂下水据说从来不分，连校长都捞不着。

这一年，猪养到六七十斤重的时候，不知怎么突然死了，怪可惜的。校长去看了一下，让我们几个年轻教师挖个坑把猪埋了。老王嘟囔说，瘟猪不瘟人。校长瞟了他一眼，没有搭理他。有位老师逗老王，是不是你嘴馋故意弄死的？老王立刻翻了脸。他历史上有短，这种玩笑开不得。

当天晚上，老王在宿舍鼓动我们，那猪埋了太可惜，应该把它挖出来。反正现在天气也不热，估计坏不了。化学老师说，高温消毒以后应该没事，但下水就别要了。

第二天就是周六，我们宿舍这几个人磨磨蹭蹭，待校长和其他教师走后，立刻跑到地里去挖猪。不知谁走漏了风声，又有几位年轻教师折返回来。我们把猪抬到厨房，老王一直忙到七点多才下锅炖上，虽然扔掉了下水，但还是差不多把那口十二印大锅填满了。很快，屋里飘出了肉香。

我们很久没有闻到肉味了，一个个像馋猫似的流着口水。正准备动筷子，校长突然推门进来了，大家一下子愣住了。校长说，我约莫老王闲不住，有点不放心，走到半道又回来了，我是怕你们吃坏了肚子！接着，又从背在身

图 6　蓬莱县龙山店公社正晌大队小学负责人唐老师

后的手中拿出两瓶地瓜干酒往桌上“咣当”一放，说，都喝点，消消毒，我刚从代销点老矫那里赊来的，回头老王你给人家送点地瓜干去，钱我已经付了。那时候，供销社可以兑换地瓜干酒，一斤酒三斤地瓜干，外加三毛五分钱。我们突然觉得平日严肃的校长亲切了许多。那晚，校长也吃了不少肉，而且还有了酒意。

校长恋家，第二天还是回去了一趟。我头天晚上喝多了，一大早爬下床在门口呕吐，恰好看到老王递了个纸包给校长。起床后我问老王送了什么？老王说，兄弟，本来我留了点肉，准备中午大家再撮一顿，没想到人家校长把酒都拿来了，咱也不能不懂事！你说对不对？

我就这样和联中慢慢有了感情。当然，还有一些男女俗套的故事，但我还是把持住了自己。我怕一旦放开，就会永远失去回城的机会。李副书记一直惦记着给我保媒，是他本家的侄女，我总是找理由推脱，他有点生气，骂我是白眼狼。

唐老师到公社开会时一定会拐个弯来看看我，我们像姐弟一样互相有了依赖。唐老师说，你不是这里的人，我有感觉，这里留不住你。后来招工指标果然下来了，李副书记还是推荐我进了工厂。二十多年后，我回到村里看望李副书记，他已经记不得我了。而校长和老王据说20世纪70年代末就退休了，我们实际上是两代人。

我和唐老师一直保持着通信联系。20世纪80年代，她调到了胶南，我们再也没有见过面，不过心里却始终默默地珍藏着那份感情。我很想去看她，不过当时太忙，交通也不方便，咫尺天涯，让我想起了杜甫的那句古诗："人生不相见，动如参与商。"后来条件慢慢好了，我借去青岛的机会转到了胶南，但在此之前一个多月唐老师就去世了，我不禁潸然泪下……

很多年过去了，许多往事渐行渐远。但在某个黄昏或者夜晚，一些沉淀的片段又在不经意间被忽然唤醒，从记忆深处潮水般涌来……

（原载《老照片》第124辑，2019年4月出版）

一次意外的“出镜”

孙家骐

20 世纪 70 年代末至 80 年代初，中国新闻社打破了银幕长期的“英雄模式”，第一次讲述“聊斋”故事，拍摄彩色影片。我们济南市吕剧团有两个女演员被借到电影《精变》剧组，扮演两个丫鬟。拍片后期这两个年轻演员写信给领导，请剧团的人到剧组的驻地苏州交际处，签订合同并且索要报酬，要求一定派得力的人去，说剧团现在需要她们，如果不给报酬，就要撤出去。于是，剧团领导把我派去了。

我到了苏州交际处。一进剧组办公室门，就见挺瘦的一个女人，四五十岁，戴着一副眼镜，从床上颤颤巍巍地爬起来。

引见的小伙子介绍：“这是我们的导演，也是我们的编剧。”

我自报家门：“我是济南市吕剧团的。”

“老师您来什么事啊？”

“我是剧团的编剧，领导派我来谈我们两个演员的报酬问题。”

她听了，好像非常出乎意料，忙着为我让座倒茶：“好好，我们商量一下。”接着她便说起这次拍电影的遭遇。前期还比较顺利，谁想到了七八月，苏州闷热难当，她的丈夫、导演谷雷鸣突然在片场中风，脑出血，送到医院也没抢救回生命。

她看了一下床头摆放的骨灰盒，那里面是她丈夫的骨灰，上面镶着一张小照片。她说自己是这个片子的编剧，决心继承丈夫的遗志，硬着头皮再扛起导演这副担子，“我们剧组已经停机四个多月了。老谷走了，这一走就把剧组放下了。”她不时地掐自己的腰，我问：“你不舒服？”

图 1 我在片场扮演公差

她说："肝区疼，不是什么大事。"又继续介绍："我们一共投资四万元，用的进口伊斯曼胶片。几个月下来，剧组吃住消耗花费了不少，我们制作这个片子已经非常困难。这几天，我们才勉强开机。"

我被眼前看到的景象和听到的事实震撼，有些不知所措。我来之前完全不知道真实状况，但是不能忘了我这次来见她的初衷和使命，只好板着脸把演员要报酬这个意思跟她说了。她说："当时我们住在济南交际处，你那两个演员找我非要进这个剧组，说一分钱不要，只要拍电影就行。她们来了以后，我为了加强她们的形象，给她们买营养品，给她们请武术教师，让她们学习，真没想到俩孩子这样！"

晚上剧组要去公园拍夜景，我跟着去看拍戏。她戴着黑袖章站在摄影机前，一丝不苟地向两个主演说戏，还不时地掐腰，我知道那是肝病又发作了——她那弱不禁风的瘦小身躯到底有多少能量？我被她的表现征服了，她的确是位女强人，又是干编剧的同行，所以我对她既同情又敬佩。

多少年之后，我听一位对她知根知底的老朋友说："韩兰芳，年轻时非

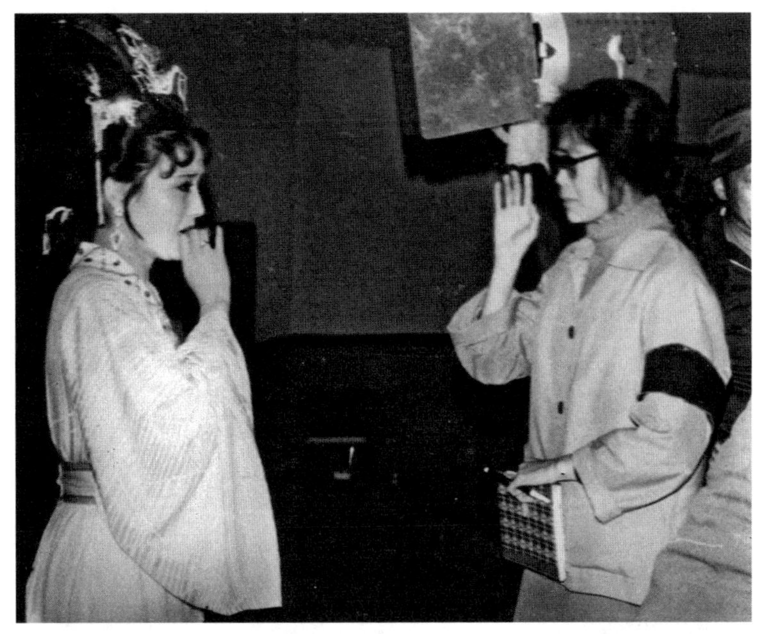

图 2　韩兰芳在片场给演员说戏

常漂亮，是山东师范学院出了名的校花，被雷鸣导演看中了，穷追不舍。虽然年岁差距大了许多，却终成眷属。可是谁也不会料到，事业如日中天之际，丈夫竟撒手人寰，只给她留下一个十岁的女儿相依为命。”

韩兰芳丈夫去世以后，她把泪水吞进肚里，供着骨灰盒，戴着黑袖章，重孝上阵，夜以继日，全身心投入电影摄制中。我觉得，真想搞事业，就应该这样前赴后继、不计个人得失，才能出好作品。果不其然，《精变》与观众一见面就火了，还推出了两位主演魏慧丽和徐少华。后来两位主演接了许多片约，在《西游记》中分别得到了高小姐、唐僧的角色。

韩兰芳的精神感动了我，虽然出发前团长、书记给我打气，到了那里狠要钱，不如意就把演员撤回来，可是我终于有辱使命。改革开放初期，人们多重名而不大重利，甚至羞于谈劳务费。有一天晚饭，饰演狐狸精小翠的魏慧丽坐我对面，悄悄问我：“你听导演说给我多少钱？”我说：“知道，你们主角每月三百元。”

图 3　小翠扮演者、山东京剧院演员魏慧丽

导演却迟迟拿不定主意给我们那两位演员多少钱，她再三向我说明经费实在太紧张，我说："价码随你定，我听你的！"

她对我说："我们剧组与财务一块儿商量商量，你在这儿再等两天。"她见我背着一架老式苏联 135 照相机，便说："请你抽空给我们拍点工作照，好吗？”我爽快地答应了。后来剧组研究决定，给我们剧团的演员每人每月一百六十元，并给团里写了一封信，函封起来给我，跟我说：“你别看，也别跟那俩小学员说多少钱。”可两位演员非得要我这封信，我坚持着：“那不行，我答应人家的事，这个合同是给剧团团长看的，我不能给你们看。”从那时起，她们对我有很大的意见，说我把她们卖了。现在想想对这两个年轻的演员也有些不妥之处，她们在《精变》中的表演非常到位，而所得报酬却不高。这期间我拍过一些现场照片，较好的照片都被韩兰芳派她的剧务专门到吕剧团找到我要走了，包括底版。幸好有几幅因为偏色没有被挑中，留给今天的读者追忆过去。

其间，韩兰芳为了节约开支，有时就地取材抓几个人“当差”。有次实在找不着人了，就问我能不能帮个忙，扮演一个送礼的公差，我欣然应诺。我对摄影说，给我个大特写。他的确拍了，可是等我在银幕上看时，却只剩下个后脑勺。

不管怎样，我总算上过银幕了！我的朋友看过《精变》后都笑着对我说：“一看背影就知道是你。摇头晃脑，是个不听话的公差！”

（原载《老照片》第 131 辑，2020 年 6 月出版）

不幸孩童之“幸福童年”

王繁荣

2017 年夏天，我们兄妹四人去北京给大姑祝八十大寿。寿诞完毕返程之时，大姑拿出一沓老照片递与众侄：“我年纪大了，咱家里这些老照片还是你们保留着吧！”言语中既有岁月无情之感，更有殷殷期望之意。在返回的车上，我抚摸凝视着这些浸满时光岁痕的老照片，回想我们兄妹四人的童年经历，泪水夺眶而出。就这些老照片，我讲一下我们这些不幸孩童之“幸福童年”吧！

一

我出生在山东省章丘县（今济南市章丘区）一个耕读之家。祖父幼念私塾，思想进步，土改时随工作组给农民分地，犄角旮旯的地块，他也能精确算出面积，是村里的文化人。解放初在村里开了家小卖部，日子较为富裕。

祖父有两个孩子，即大姑和我父亲。祖父深知文化的重要，特别注意对孩子的培养，家里大部分收入用于孩子读书。姐弟俩也争气，于 20 世纪 50 年代先后跨入高等学府的门槛，大姑考取了济南的一所大学，父亲考取了泰安的一所大学，读矿业。一家出了两个大学生，这在当时农村文化水平普遍偏低的背景下成了一大新闻，十里八乡的人家啧啧称赞。

姐弟俩上大学期间，正值全国“三年困难”之时，许多省份缺粮，山东尤甚。当时国家号召有条件的工人返乡务农，减轻国家负担，社会上也流传着“七级工、八级工，不如回家种沟葱”的顺口溜，想必工人的日子也比农民好不到哪里去。

1961 年父亲毕业时，根据所学专业本可以留在国营煤矿干技术员，偏巧在井下实习时被铁钉扎破脚，化脓发炎，十多天不能下床。祖父得知后，觉得在煤矿干技术员挺危险，爷儿俩一合计，干脆返乡务农吧！从大处说是响应国家号召，从小处说可就近照顾家庭。就这样，一位“天之骄子”回乡当了农民，用现在的眼光看不可思议，但真实的历史就是这样。图 1 这张照片，是 1961 年元旦父亲在泰安照的。父亲胸戴校徽，袋插钢笔，很有知识分子的范儿。

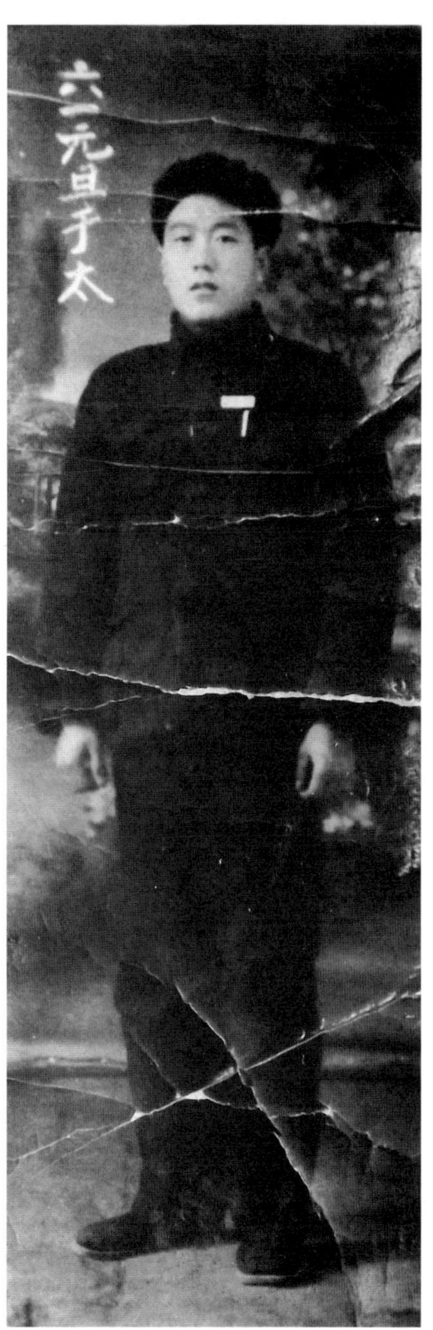

图 1　父亲念大学时的照片

父亲返乡时，正值山东省冶金厅在村西赭山上筹建黏土矿，准备开挖铝土资源。黏土矿处在基建阶段，需要大量劳动力。村里组织一批精壮社员由父亲带工，负责从明水火车站往黏土矿装石料、运木材。父亲身材高大，很有力气，又有文化，工作干得很出色。他本身就是矿业院校毕业的，与筹建黏土矿的地质专家有共同语言。专家称这小伙子很有前途，并送给他一个单位特制的塑料本作为纪念。（图 2）

母亲也是在这段时间响应上级号召，从四十里外一个公社来建设

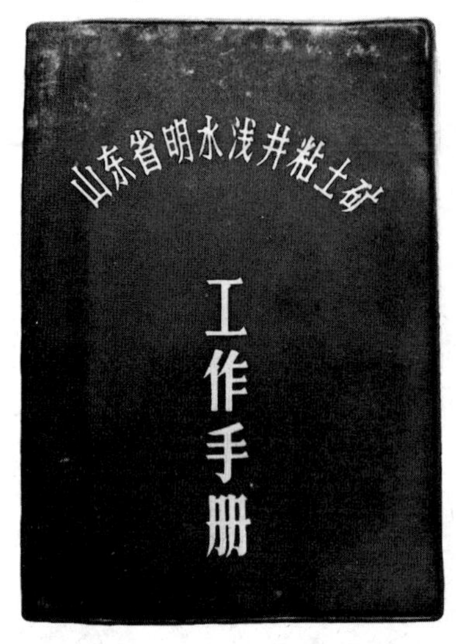

图 2　建矿领导送给父亲的笔记本

浅井黏土矿的。当时矿上没有宿舍，所有人员分散在老乡家里住，母亲和另一个女伴住在我们家。建设社会主义矿山这一共同目标，使父母两人相识并走到了一块儿，天长日久产生了感情，结为夫妻。在父亲返乡后的第二年，即 1962 年，父母在章丘县城明水的照相馆里拍了这张结婚照（图 3）。母亲胸前戴了一个圆圆的徽章，到底是团员证章还是劳动竞赛类的奖章呢？当我拿着这张照片请八十一岁的母亲回忆时，她说早忘了，反正当时工作是挺积极的。

父母结婚后，我们兄妹四人陆续出生。图 4 是祖母抱着哥哥照的百日相，时间是 1963 年冬。从布景看，这张照片和父母结婚照一样，都是北京北海公园，可知是在明水同一家照相馆拍的。那时，章丘县城也就这一家照相馆。照片中祖母小脚上着毡靴，打着绑腿，显得十分干练；哥哥穿着新棉袄新棉裤，戴着精致的儿童帽。单从这顶帽子来看，虽是遭受三年灾害不久，家里的日子还算富足。困难时期小孩出生还能照百日相，这在一般农村家庭是办不到的。祖母旁边坐着的是我本家的一位姑姑。此时我的亲姑已大学毕业，分配在外省工作。图 5 是大姑抱着一岁的女儿照的相。大姑参加工作后，曾在多地从事广播信号的接收传输工作，后来调到北京。

二

如果照此发展下去，我们这个家庭将是幸福美满、令人羡慕的和美之家。然而，天有不测风云。己酉（1969）年九月初一，家里出事了。父亲放弃了煤矿技术员这看似危险的工作，却在生产队装卸工的岗位上出了危险，撒手人寰，年仅二十九岁。

图 3　父母的结婚照

图 4　哥哥的百日照

听母亲说，出事那天，本不是父亲的班。装卸队的一个组长来我家里说，组里的几个社员干活不积极，他指挥不了。父亲一听就急了："好，今天我去看看。"那天，明水火车站来了一车皮东北圆木，那时没有机械设备，搬运就靠人抬肩扛。面对这些又粗又重的圆木，几个社员确实有些怵头。父亲身先士卒，第一个站上货台撬动圆木，不料如山的圆木忽然坍塌，一根木头重重地砸在父亲的胸口上……

把父亲送到县医院，医院没有血库，黏土矿来了一车工人争着献血，但父亲终因伤势过重，抢救无效去世。临死前说了一句话："我太渴了。"盖因失血太多而渴，太惨了！

一年前，我的祖父刚刚去世，现在父亲又遭此厄运，真是祸不单行。当时我们兄妹四人，哥刚满六岁，我不足七个月，中间还有两岁和四岁的两个姐姐，家里如同塌天一般，往后的日子可咋过呢？

我的祖母是极为坚强的。后来的日子表明，我们家之所以能支撑不倒，多亏了祖母的顽强护卫。祖母也是一位很迷信的人。她说出事的前几天，她梦见自己掉了一颗牙，把她都疼醒了。民间说（梦见）掉牙伤子，没想到真应验了。家里出事后，陷入一片悲痛之中，她又莫名其妙地梦见了毛主席。彼时"文革"正炽，伟人像随处可见，一位农村老太太梦见主席也不稀奇。但老来丧子、全家陷入绝望的祖母梦见毛主席，意义就不一样了，它暗示着在共产党领导下，在奔向社会主义的康庄大道上，是不会让一户人家掉队的。祖母是这样认为的，事实证明确实如此。这种信念影响着她老人家领着我们渡过难关。

三

父亲以身殉职，虽算不上烈士，但政府也对我们家给予了一系列优抚，保证孤儿寡母的家庭生活不低或稍高于一般社员生活水平。

政府给了九百元抚恤金，祖母将这笔儿子用生命换来的钱一存就是十多年，直到 1985 年家里盖新房时才启用。母亲仍然和其他社员在黏土矿干临时工，其他社员是挣工分，唯有母亲一人挣工资，每月三十元。此项收入相当于一个工人的月工资，全家度日不成问题。家里猪圈每年攒一栏粪，出一头猪，遇有推粪、杀猪等重体力活时，生产队派专人来帮忙。口粮也是按人口分，社员分多少，我们分多少，有时还专门送到家里来（我们年幼背不动）。虽说 80 年代初取消了政社合一的人民公社，解散了生产队，但我至今怀念集体的温暖。当然，由此带来的大呼隆和生产效率不高，就另当别论了。

没了父亲，我们兄妹四人得到了更多的关爱。这份关爱一部分来自社会，更多的则是周边的亲人，尤其是远在外地的大姑。村里人都说："你姑这出嫁的闺女这么照顾娘家，别说咱庄里，就是全公社也找不出第二个来！”

记得小时候，我常盼着大姑回家。每次回家，她都给我们带来农村见不到的漂亮衣服和新鲜玩具。图6这张照片，是父亲去世第二年（1971年）照的。拿苹果的小胖孩是我，旁边是表姐（大姑的女儿），其余三人是我两个姐和哥。从我们五人着装看，三个小姑娘头上都戴着蝴蝶结，身穿小花裙；哥穿着T恤，脚蹬塑料凉鞋；我穿着一体裤制服。这些装束，没有一件粗布衣服，与城里的孩子没两样。图 7 这张相片，是我五岁时和母亲照的。我穿的这件褂子胸前有花，左下角隐约看出有长颈鹿图案。这件上衣，直到今天我还有印象，当时穿上它觉得特别美。男孩子好舞枪弄棒，同村的小伙伴只能拿树枝当枪，而我却玩“真枪实弹”。你看，站在母亲身边的我有多威风啊！这些都是大姑给我买的。曾有不止一个小伙伴羡慕地说：“你大姑对你们真好啊！”

我除了常盼大姑回家，还常盼邮递员叔叔来。如果大姑不回家，她就会不定期往家里汇款、寄邮包，以至于邮递员叔叔都知道我们家在村的哪条街上，不用打听就送到家门口。这些邮包里，有糖果、玩具、小人书等，都是农村小孩盼望的东西。村里买不到白糖，大姑就经常寄来，有一个玻璃瓶是专门盛放白糖的。有时候和小伙伴们玩饿了，就跑回家拿出一块煎饼来，从玻璃瓶里倒出一些白糖卷着吃。以至于邻居一位小伙伴的母亲对祖母说：“你可别让你孙子在俺孩子面前吃白糖了。他向俺要，俺可没处去买。”弄得祖母赶紧用煎饼卷了白糖，给人家送去。前几日同学聚会时，发小还说起这事呢！

大姑对我们的关爱，更多的是盼我们成才。为了让我们开阔眼界，她多次邀请我们兄妹到北京玩，领着我们去北海，逛故宫，增长见识。图 8 这张照片，是母亲领着我第一次去北京时在天安门前照的相。左边小孩是我，右边是北京的表弟和表姐，后面是母亲和大姑。从这张照片看，农村孩子没出过远门，胆小腼腆的情景一览无余。图 9 是我哥姐小时候在北京照的相。北京是祖国的首都，能在北京天安门前照张相，是当时人们梦寐以求的愿望。我们虽然是农村孩子，却在很小的时候就实现了这个愿望。80 年代初，哥学会了木工手艺。正巧北京电视台拍摄电视连续剧《四世同堂》，大姑托人安排他干剧务，搞布景搭设。当时社会上还没有“追星”这一说，村里人也不知他具体干啥，都说咱庄一小青年去北京当演员了。

图 5　大姑与周岁女儿合影

最后，再说一下我儿时的财富——小人书。农村的孩子，有小人书者极少。即使有一本半本，也缺皮少页，不知传看了多少回。当时，儿童的文化艺术生活贫乏得可怜。而我却有一整箱小人书，且大多干净整洁。这些图书，都是大姑回家时给我们带来的，这次五本，下次十本，积少成多，渐成财富。同伴来玩，搬出炫耀，评朱论紫，以有易无。我从中知道了许多历史人物、成语故事以及动植物常识。稍大以后，大姑又拿来《北京儿童》《北京少年》等杂志，我写作文时就开始模仿里面的文章，受益匪浅。今天我能出版六辑《章丘文史拾遗》，建了一处小型教育史料馆，与小时候看过太多的小人书不无关系。它在我幼小的心灵中播下了文学、历史的种子，现在终于开花结果了。

今年我五十周岁了，回想童年，感慨万千。童年用过的玩具大多不存。元宵节前夕，我翻检家中旧物时，居然发现了小时候玩过的灯笼，这也是当年大姑从北京买来的。烛光透过旧纸，映红了脸上的皱纹。花灯还是童年的花灯，当年的孩童却成了半老之翁。八十多岁的大姑和母亲两位亲人都健在，还时常叮嘱我要在工作和家庭上努力，只有这样做，幸福才如夜市上的花灯

图 6　1972 年，我们兄妹合影

图 7　我五岁时和母亲合影

图 8　1973 年，我（前排左一）首次去北京，在天安门前留影

数也数不清。于是，我作了一首诗，权当本篇的结尾吧。

天命之年燃花灯，新光旧纸皱纹红。
花灯还是童年物，儿童已成半老翁。

杖朝姑母双健在，耳畔常闻叮嘱声。
家国诸事尚努力，福如夜市看花灯。

（原载《老照片》第 126 辑，2019 年 8 月出版）

中宵不寐忆平生

——母亲殁后周年记

刘书庆

哀哀父母，生我劬劳。

——《诗经·小雅·蓼莪》

我母亲虽然普通，但这一生吃了不少苦，特别是她的前半生。这也是我想为她写点东西的主要原因。她某段时间的苦难经历不唯我们这代人无法想象，就是相比她的同龄人，也可以说是有传奇色彩的。

1961 年，母亲在十二岁的时候，我外公肝腹水已经丧失劳动能力。当时母亲下面还有两个妹妹，也就是我的二姨和三姨。两位姨母分别比我母亲小五岁和十岁。外公已经卧病在床，外婆需要照顾病人和孩子，一家的重担就落在了我母亲身上。

那时，母亲的生计主要是靠贩卖萝卜和胡萝卜缨子。她揣着一元五角钱的本钱，经常一个人来回走上三十多里去北边的大陈家，买回萝卜和胡萝卜缨子卖给本村或邻村需要的人，能勉强糊口。从姚千村到大陈家，现在要经过两条河流，分别是南边的马颊河和北边的德惠河，1961 年的时候只有马颊河，不过当时马颊河的桥很简陋，只铺了两道窄窄的木板，桥宽不足一米，而跨度在一百米以上，两边也没有护栏。

一个十二岁的女孩子，前后两个袋子搭在肩上，回来时装满萝卜和胡萝卜缨子，来回要走这座桥，下面是汹涌湍急的河水，而窄窄的木板桥连个扶手都没有。我至今还时常脑补这样的画面，我怀疑母亲是否来回要爬着过这座桥。

"那这不很危险？"我问母亲。母亲说小心点没事。父亲则插话说胆小的会害怕，但走慢点没事，当时去河北（马颊河以北）都要走那座桥。感觉父母这代人对苦难的感觉都是麻木的。五十多年之后，母亲仍然为自己在最艰难的日子挑起一家四口生活的重担而自豪，但对于这种具体而实际的危险却轻描淡写。

外公死后，外婆与三个孩子相依为命在姚千村又生活了两年，因为没有儿子，按农村的传统观念，守寡就没了意义。外婆的父亲和兄姐就张罗着让她改嫁。当时他们已经决定把我三姨送给孙家村一户人家，让外婆带着我二姨改嫁，至于我母亲，则让她跟着我姨姥生活。我姨姥家住温店镇黑张村，她丈夫因为做过皇协军，长时间不敢回家，夫妻俩也没有亲生的孩子，后来收养了一个儿子，和我母亲年龄相仿。

外婆去姨姥家三天没回，当时正下雨，土房子跟筛子一样，四处漏雨，

图 1　1986 年的全家合影，这是父母留下来最早的一张照片。前排中间是我外婆，两边分别是我父母，母亲怀抱的是我的一个堂侄，后排左边是我大姐，右边是我

母亲就把三姨放到阳台上，把二姨放到墙角，这两处漏得最轻，因为下雨没有干的柴火，根本没法做饭，也没吃的了，饥饿的母亲就领着二姨三姨去邻居家哭着求助。“我这一辈子也不会忘了姚玉和（音 huo）婶子，她从家里挖了几碗高粱面来，给我们蒸了一锅窝头。”多年以后，说起这件事，母亲仍感激不已。

雨停了后，母亲就背着我三姨，领着我二姨一起去姨姥家找外婆。黑张村距离姚千村有七八里路，她们到姨姥家后，发现几个长辈正在商量外婆改嫁的事，加之舅姥（母亲的舅妈）姨姥一众亲戚没搭理母亲姐仨，母亲就觉得被无视了，很生气。母亲对外婆冷冷地说了一句：“你愿意走道就走道，我和二妹三妹就在姚千过，哪里也不去。”然后又背上我三姨，挽着我二姨，头也不回地往回走。背个孩子，来回走了十五六里的路，气愤、辛苦、恼怒、被抛弃感，恐怕母亲当时各种情绪都混杂在了一起。

“我就哭了一路。”母亲说。

回家后母亲就推着石磨碾了小麦，蒸了卷子。“你们不管我们，我就带着两个妹妹好好地活，证明给你们看，当时就这么个想法。”五十多年后母亲笑着对我说。“那时还是不懂事，没有为你姥娘着想。”母亲又补了一句。

后来，因我母亲的坚决阻拦，我三姨没有被送人，和我二姨一起随外婆改嫁，我母亲则随姨姥生活，但也只在姨姥家待了一年。

母亲去姨姥家生活时，已经入冬，没有多少活干，也就拣点柴火什么的，姨姥是个比较悭吝的人，心里不高兴面上可能就显露出来了。后来她的养子偷食一些好吃的，她也怀疑是我母亲。这让母亲愈发不能忍受。

如果从旁观者角度看，这种隔阂，更可能是母亲自己过于敏感造成的，这种寄人篱下的感受对于母亲来说，恐怕很难摆脱。小时候我和母亲去姨姥家多次，她家有一个很大的园子，里面种满了枣树、蔬菜、向日葵，她给我的印象是一个亲切和蔼的老太太。

母亲在姨姥家待了一年，实在待不下去了，就去找我的舅姥爷，让舅姥爷帮她把东西要回来，她要回姚千自己过。母亲去姨姥家时，是带了几件东西的，不外乎就是纺车、水瓮之类，外婆把这些东西分给我母亲是当作未来嫁妆的。后来只有水瓮作为嫁妆返还给了我母亲，至今它在我家还完好无损，

图 2　1988 年，母亲（左一）和几个收废品的同伴拍摄于天津二道闸

盛装粮食用。

外婆听说母亲要回姚千，自然不放心，就好说歹说把母亲接到了她身边。外婆改嫁到了温店镇黄庙村，我姥爷（继外公）身材敦实，不善言辞，但是个难得的实诚人，外婆和姥爷又生了两男一女。因为外婆和姥爷是在2009年同一年接踵去世的，我和他们也有充分的接触，在我看来，姥爷对三位非亲生的孩子没有区别对待。母亲这姐弟六个彼此感情都很好，也没有任何亲疏之分。

因为母亲当时已经十六岁，白天出工干活晚上就住在闺密家里，对这个继父还是隔着一层，据母亲自己说她出嫁前没有喊过姥爷一声爹，后来随着年龄增长，她也有了我们姐弟仨，一些心结也逐渐解开了。她偶尔也会叫一声。但母亲在我们姐弟仨面前承认姥爷是个实在人。

二十岁时母亲和父亲结婚。我父亲儿时的命运也蛮坎坷，他出生一个月我祖父就去世了，祖父和祖母生了三女二男，我父亲是老小，祖母是个小脚女人，她也没有能力挣钱养家。所以父亲实际是由大他两旬的长兄抚养长大，伯父去世时，父亲是给伯父守灵戴孝的。

因为幼年失怙，父亲很早就自己谋生了。十五岁时就开始偷偷地贩卖虾酱，和母亲结婚后，还因为贩卖虾酱被罚没过财物。大约在改革开放之初，我父母还一度雄心勃勃开过轧鞋底的工厂，办厂地点设在我大姑家所在的铁营村。我姑父当过多年村支书，在村里威望颇高，不仅厂房容易解决，也正好利用村里闲置的旧机器。父亲又动员了我们村两个村民，加上我三姨（代表外婆家）、我姑父，还有铁营村一个村干部，合伙投资购买原材料和一些设备，后来因为产品销售不畅，没法及时回笼成本，经营不到一年就散伙了。

我父亲一如既往做各种买卖，到过北方之北的鸭绿江边卖过粘胶，也去滕县（今滕州市）卖过多年的鞋底。去鸭绿江，他是和姥爷一个远房兄弟搭伴去的，离家数千里，谁能想象他们竟是骑车去的？去滕县卖鞋底，也是骑车。农村带货的自行车都是用擀面杖粗的钢管焊接的，老家称之为“大加重”，同时代的载重自行车“大金鹿”负重能力与它相比简直弱爆了。去滕县卖鞋底，则和我们村的人搭伴，父亲每次都带四百多斤的货，从老家到滕县约八百里，这一路上坡多，坡度大时就无法骑行，只能将绳子套在肩膀上，辅助双手拉车。车子一旦倒了，没有同伴根本扶不起来。我们这代人根本无法想象他们吃的苦。

后来父亲一度还炸过馃子和麻花，这个手艺是父亲跟姥爷学的，而姥爷则是跟我二姨的公公学的，有明确的师承关系，父亲的技术水平相当高，后来在我读大学后他还重操旧业干了一段时间。此外，父亲和我二姨父还一起搭伙收过槐米，收过粮食。因为父亲一直不停地折腾，母亲也持家有道，我家虽然说不上富裕，但在村里一直属于中上，直到父亲被摔成脑震荡。

父亲被摔成脑震荡缘于一次意外事故。我的一位堂伯父家盖房子，父亲去帮忙，在拉瓦回来的路上，从高高的拖拉机上被颠了下来，因为是半夜，摔得挺重。父亲被诊断为严重的脑震荡，吃了很长时间的药物，有两三年不能干重活，事故那年我十岁。

父亲不能干重活，自然也不能做买卖。生活的重担就又落在母亲身上。母亲就约上村里几个堂嫂收废品，有时候也在地里捡，最早是在离家近的村落走街串巷，然后活动半径就越来越大，后来更是扩展到济南历城区荷花湾一带，也就是现在的遥墙飞机场这块儿。后来她们也一度去天津收过废品。

母亲对荷花湾这一带很熟悉，她们来到这里多次。因为是收废品，每次走的路线并不完全相同，但大体的行走路线是从老家到温店镇，沿现在的239省道和233国道到惠民县城，然后再沿现在的234省道和大济路经皂户李镇到淄角镇，然后再沿现在的220国道到济阳的仁凤镇，一般她们会在仁凤镇住一晚，第二天再到济南荷花湾附近。这条线路大约距离在三百里，都是骑“大加重”自行车。母亲在她们中是最瘦小的，但往往是收废品最多的，多数时候能带到两百多斤，因为废品多种多样，很多是很难捆扎的塑料布，两百斤废品已经算自行车的上限了。如果满载而归，她们会原路返回，中间在淄角镇住一晚。

收废品的活儿母亲干了三四年，这期间一直是家里主要的经济来源，直到父亲身体康复。

2019年8月份母亲被诊断出肝肿瘤，因为发现得较早，仍然具备手术的条件，住进了齐鲁医院，我骗她说肝脏有个囊肿，医生说最好切除，就是一个微创手术。母亲坚决拒绝了，她说咱们村那些做手术的谁谁谁，你们也看到了，死得更快，受了多少罪。我都已经七十岁了，都没想能活这个岁数，你们也都成家立业了，我也不用担心谁了。

我曾特意自驾车从济南沿母亲多次走过的那条路回家。“大加重”为了载货，横梁和车座都比一般的自行车高，想象着母亲瘦小的身躯，驮着二百多斤的废品，为了蹬上力气，腿短的她需要左右摇摆身躯才行，上坡路时甚至需要压上整个身体的重量站着蹬车。想到这些我泪眼模糊。

回想起来，母亲拒绝手术应当算是理性的选择，从查出肿瘤到她去世整整一年，她没有被严重的癌痛折磨，仍然保持了基本的生活质量。在她癌痛开始时，有芬太尼透皮贴剂的辅助，她能耐受。去世前的头一天，母亲的两个侄子上午来看望她，母亲还坐起来与他们聊了一会儿。中午我买杜冷丁（哌替啶）回到家，和两个表兄弟吃饭聊天时，因我说话声音向来很大，母

图 3　2004 年，父母在家中

亲嫌吵还把我叫过去狠狠训斥了几句，现在想来那时候她可能已经开始疼痛，只是因为亲戚在，一直忍着。

我两位表兄弟走后，母亲突然疼痛加剧。我找来村医给她打上杜冷丁都没有缓解，这次她也终于同意去医院了。到了医院，因为输液又导致严重的腹水，注射了吗啡也不起作用，折腾到大半夜才睡去，腹水和疼痛叠加在一起，没睡几个小时就又醒了，难受疼痛到无法自抑，病急乱投医，我们就想再贴上芬太尼，多种止痛药共同作用或许能缓解。但县人民医院芬太尼断药几天了。打听到中医院有，我就去中医院买药，买药回来刚走进医院大院时，我二姐打来电话，说母亲快不行了，让我赶紧回来。我赶到病房时，母亲其实已经走了，享年七十岁。

细算起来，从她痛到无法耐受到去世，只有短短十八个小时。母亲一生要强，是最不娇气的人，临走也不想折腾自己的孩子。

母亲已经离开我们整整一年。这一年来，经常梦见母亲，她受过的苦，我也经常回忆，也生怕自己忘了，所以我决定把它写下来，就算是为了忘却的纪念吧！写下它，从此我也将轻装前行，更坦然地接受这个世界上最爱我的人确实已经离开我的事实。

母亲的名字不是家谱上的刘姚氏，她姓姚，讳加春。

（原载《老照片》第 140 辑，2021 年 12 月出版）